オルグ・労働運動・戦略

樋口篤三遺稿集【第2巻】

同時代社

オルグ・労働運動・戦略　樋口篤三遺稿集第二巻／目次

第三章　日本労働運動の〈宝〉を掘り返そう

第四章　新しい飛躍をめざしてよびかける

第五章　対抗戦略なくして未来なし

本書の構成について

本書は、樋口篤三氏の遺した各種論文、エッセー、伝記、取材記事などの中から、編集委員会が選択し、これをいくつかの項目に分類して収録したものである。

第一章は主として「オルグ論」、第二章は主として『労働情報』時代に樋口氏が闘争現場で取材しこれを論評したもの、第三章は主として労働運動について、その歴史、その都度の問題点などについて展開している。第四章は、運動野組織の歴史的結節点にあたって、樋口氏が広く労働者、活動家、各界人士あるいは同志に対してよびかけた文章を収録し、第五章は、地域運動、協同組合運動と労働運動の交差など、主として「戦略論」を論じたものを収録した。

原文には相当長文のものがあったが、紙幅の関係で、何編かは「妙録」扱いせざるをえなかった。また、編集にあたっては、できる限り樋口氏の原文を尊重したが、読者の便宜のために、あきらかな誤植、表記違いなどは訂正し、文意を損なわない範囲で補筆・加正した箇所もある。

二〇一一年六月

編集委員　江藤　正修
　　　　　要　　宏輝
　　　　　川上　　徹
　　　　　小谷野　毅
　　　　　山崎耕一郎
　　　　　四茂野　修

第一章

私のオルグ人生から

1　生涯一オルグ――オルグとはなにか〈二〇〇九年自筆メモ〉

オルグは、
人の力を引き出し、運動を組織し、世の中の変革をめざす組織者、コーディネーターである。
①理想主義、ロマン。強い情熱
「終局の目標」人間解放
自主管理社会主義、協同思想。

（「自治・分権・参加」地域主義・「生活・労働・地域」）
②人々の「役に立つ」。──物心の相互扶助
「いま」と「明日」
③足で歩く、人に会う、話す、＋電話
私の場合、ホテルにとまらず活動家の自宅に泊めてもらう。
④相手（地域・職場・人）のことをよく知る、調べる。
──聞き上手、調査なくして発言権なし
己を知り敵をしらば百戦百勝
己知らず的をしれば一勝一敗
己も知らず敵をもしらずば百戦百敗
⑤人脈のネットワーク　総合性と世話役─情報網
思想、理論、文化・芸術、科学、軍事
運動（社会、労働、エコロジー、フェミニズム、差別、アジア、第三世界）
⑥「核」「接点」の人──諸葛孔明、三顧の礼
影響力をもつ人
⑦自己革新
たえざる勉強──歴史と理論、いま、雑学
新聞、ＴＶ、雑誌（各面、政治経済、社会、文化、アジアと世界、スポーツ）
⑧レイドロウ報告──第三世界、ワーカーズ・コレクティブ、協同組合地域社会

・「士は己を知る者の為に死し、女は己を愛するものの為に化粧す」――中国の詞
・人の名前をちゃんとおぼえる
・冠婚葬祭を大事にする。
・雑誌・パンフの原稿を書いてもらう。中身を評価する。――どこがよかったか。
・酒場のオルグ――金達寿の小説
・刑務所のオルグ――中国「紅岩」
・相手の心、悩みにどうつながるか。
・相手の人、運動、理論のすぐれたことをみぬく力。
　――電産中国
　　全金田中機械
・「人間の生き方」のもつ力
　内村鑑三、「後世への最大遺物」
　正義、真実、誠実

2　労働者解放をもとめて四〇年——春はまだかと問う人に冬はしばしと答うべし

一❖戦後革命高揚期の渦中から

「左翼労働運動に命をかけてきた君が、なぜ、いま生協のことをいうのか。その自分史を書け」。生協にかかわる若い人の注文だからと言いそえて安東仁兵衛氏から話があった。私は、一九八三年頃から労働組合と生活協同組合の結合、とくに「労働組合と協同組合の歴史的再会」をとなえてきた。これには、一部からは強い支持があったが、「なぜ？」という怪訝な反応も多かった。安東氏の言葉がその代表であろう。そこでこの一文が生まれた。

＊戦後走りつづけた世代

田中角栄は、ロッキード裁判にあたって「私は戦後三十余年、ただひたすら走り続けてきた」と自らの過去をふり返り、涙ぐんだと新聞は報じた。その時、角栄と自分は体制と反体制と走った道は正反対だが「走り続けたのは同じだなあ」と、戦中派、戦後初期派の「猛烈人間」的共通体験について、ある感慨があった。

私は、ちょうど六〇歳になった。

一九四七年、一九歳の時に労働者階級解放の道こそわが人生と決意を固めて実践に入ってから四一年になる。山あり谷底ありの連続だった。政府、独占資本等から五回の首切りを受け、日本共産党（日共）からは二回の除名という刀傷を受けた。

もうだめだと追いつめられた思いをしたことも、絶望的気分にとらわれたことも何回かあった。とくに次の二回の体験は強烈であった。私は日共国際派に四年間所属したが、とくに被除名者として孤立無援で闘った一九五四年のときと、ソ連共産党二〇回大会でフルシチョフが行ったスターリン批判の秘密報告を読んだときである。へなへなと崩れかかるような衝撃をうけた。自らの初心をもう一度たしかめ、これからの人生と運動の方向を確かめるべく、私にとっての人生の師・尾崎秀実とゾルゲの多摩墓地の墓の前にたたずんだ。

それらをのりこえたのは、革命運動の自らの原点、初心の重さであった。

＊「人生二〇年」

私の第一の人生は敗戦を迎えた一七歳までの少年期だ。私は当時「人生二〇年」と心に期して海軍航空兵を志願していた。

私の父は呉服商だった。近江商人――関東の甲州商人（東武鉄道創業者や小佐野賢治が代表格）とならび称され、西武鉄道の堤康次郎等もその一人だった――で、滋賀県米原町で商いをしていたが、あるとき沼津へ移った。大正天皇の沼津御用邸に出入りするために移住したのであった。

父の教育方針は、姉二人は高等女学校、男は商業学校で、末っ子の私は上級学校とは沼津商業のこと思いこんでいた。店は昭和大恐慌で破産し、父は私が一〇歳の時に死んだ。

私には五人の兄がいた。上の兄三人は陸軍の徴兵で兵隊に行き、次男は日中戦争初期の上海戦で重傷を受け、三男は「中支」で戦死した。下の三人は海軍航空兵で、四男は丙種（水兵出身）、飛行艇でアリューシャン列島のアッツ島から南のラバウル、ブーゲンビル海戦まで生きのびたが、サイパン島方面で米軍と戦って戦死した。二〇歳だった。五男は乙種（今の中学二年）で敗戦四日後の八月一九日、千島列島最北端の占守島に接収にきたソ連艦隊と抗戦して一隻を沈め二隻めに体当りして戦死した。一九歳であった。

この五男については、鳩山内閣の日ソ復交時や、ソ連北海道上陸説がいわれた頃は、「護国の鬼」として「週刊読売」や軍事雑誌「丸」などで、樋口上飛曹は「われ敵船に突入す」と打電したと報じられた。

中国・米国・ソ連を相手に兄弟三人が戦死というのは全国でも稀なことであった。戦争末期、航空決戦が叫ばれ、少年航空兵が大募集された。これに応えるかたちで兄弟三人も出征したので、母は「軍国の母」としてＮＨＫ静岡から放送された。

米軍の都市無差別爆撃下に七月、沼津も壊滅したが、わが家は母と兄嫁の女二人で庭におちた焼夷爆弾六発を消しとめて無事であった。「わが子達がお国の為に戦っているのに逃げるわけにはいかない」と頑張ったのだ。

私も「二〇歳の人生」とハラを決め、甲種予科練で土浦―厚木航空隊にいたが、もはや練習機も石油もなく、最後の半年は、本土決戦に備えた洞窟掘りの毎日であった。当時の日誌を兄が保存しておいてくれて残っているが「一死報国」に自己を純化していく少年の一つの典型として、時代と教育のおそろしさを痛感する。

＊戦後の初心

この戦争体験がいまも私の原点にある。兄三人の戦死という戦争被害者であるが、一方、「アジア（大東亜）解放」「正義の戦争」なるものが中国侵略戦争、帝国主義戦争であったことを知った時の驚きとその加害者の一員であったという反省。わが兄弟のように命がけで一億国民みな戦ったと思っていたら、「財閥」というのがあって戦争でもうけた……。「現人神《あらひとがみ》」といわれた天皇は、「人間宣言」をしてマックァーサー元師の横でかしこまった写真。

そして爆弾を消しとめた気丈な母も、兄達の戦死の報に慟哭した時の母親の愛情の深さ。

私の人生観はガラガラガラと大崩壊し、目の前がポッカリと空白になっていることを痛感した。兄のすすめで横浜高商（横浜国大経済学部）に入学。敗戦のどさくさで内申書も学科試験もなく、度胸で入ったのである。

どうせ戦死するのに英語も数学も関係ないやという口実で勉強をしなかった反動もあり、この時、新たな生きがいを求めて、夢中で学んだ。私の人生に強く刻印された先達の書は、内村鑑三『後世への最大遺物』、賀川豊彦『死線を越えて』、倉田百三『出家とその弟子』『愛と認識の出発』、河合榮次郎の諸著、河上肇『第二貧乏物語』、クロポトキン『青年に訴う』、マルクス・エンゲルス『共産党宣言』『空想から科学へ』等であった。

レーニンの極東民族大会（一九二二年）のパンフの表紙にのった次の短い一言に強く共感した。「万人食を得ざるの時、一人のケーキを食うを許さず」。——別の翻訳では、「この飢えたロシアでミルクの飲めない一人の赤子がいる時、大人がミルクを飲むのを許さない」。社会主義、共産主義の中心思想の一つ、平等を語ったものである。

それは以来今日まで私の信条である。

そして最後の正義、真実、真理のきめ手は、侵略戦争にその人たちがどう対応したかであった。とすれば帝国主義戦争反対で獄中一八年、亡命一六年、命がけで闘った最たるものはコミュニスト達である。

わが家のまわりにも、姉の夫・吉見春雄は静岡の最古参であり、親しかった松本一三（戦後党中央委員、アカハタ編集局長）、正治兄弟らがいて、その生き方を知っていた。

ゾルゲ事件で絞首刑となった尾崎秀実の『愛情は降る星の如く』―獄中から愛する妻と娘におくった書簡集―が私の新たなる道を求める魂をぎゅっと握った。この本は大ベストセラーとなったが、多くの青年が私と共通した念いで泪を流したであろう。

再び帝国主義戦争、侵略戦争を許してはならない。その戦争の根源は貧乏と失業を生みだす資本主義である。その資本主義を倒して社会主義を、その革命の旗の下に一生をつくそう！

価値観の一八〇度の転換である。尾崎の書簡集を二度三度読み、自らの今後の人生を決する気持を確かめ、未知の世界への飛翔に決意を固めたのである。一九四七年三月一五日、第二の人生のスタートであった。

＊「革命の城砦」――東芝堀川町工場

資本主義を倒すのは労働者階級の歴史的使命であり、大工場と労働運動こそその中心戦場である。

かくて、スカウトされた新制中学の教師や就職に見向きもせず、産別会議傘下の大拠点工場である川崎の東芝堀川町工場労組の書記局に入った（一九四八年三月）。

ここは東芝の本社とマツダ研究所もあり、三千人の労働者に三〇〇人の共産党細胞という「革命の城砦」「プチロフ工場」（ロシア革命における労働者蜂起の拠点工場）であった。本の知識と違って見るもの聞くものすべて新鮮、すべて興味ありで、労働組合の力は強大でゆきわたり、わけても団体交渉はすごかった。

国鉄の川崎駅つづきの門に入ると、歩道にスローガンが書かれ、真正面に共産党細胞の大きな壁新聞が毎日きれいな字で張られ、会社のこと、職場のことから中国革命、世界情勢等がびっしり書きこまれている。中国文化大革命の最大の宣伝媒体だったあの壁新聞と同じだが、誰でもそこを通らなくてはならない最もよい場所にデンと立てられ、毎日黒山の人だった。

本社の社長・重役室の便所の中にもベタベタとビラがはられ、労務担当重役とおこなう大衆団交は、ちょうど一九六八年頃の学生全共闘のそれと同じである。立錐の余地もない超満員の会場、スト突入で入りきれない労働者は屋外で座りこみ、スピーカーを通してその模様を聞いている。

当時の高等小学校を出てきた一五歳ぐらいの少年少女達が腕章をまき、天下の東芝重役をどなりつける。決裂するや、工場内デモをしたのち川崎駅前の市役所前通りを街頭デモ。まさに労働者による街頭制圧であった。わずか三年前には組織率ゼロであった労働者階級が、時と条件をえるやすさまじいエネルギーを爆発する。

＊戦後民主革命高揚期の労働運動

この時の体験は、短期間ではあったが、労働運動の力を信ずるに足る、いまはダメでも時到れば必ず変わる、という確信となってその後の私の人生を貫いたのであった。

人物像としては故木村初義書記長、故秋葉栄一教宣部長（パージ後川崎地区労事務局長、川崎市議数期）、岡崎安造（拠点職場アイバンホー出身、のち日共神奈川県委副委員長）、井田誠（細胞キャップ、のち日共中央委員、幹部会員）等の活躍、発言等が印象にのこる。

驚いたのは党員のものすごいセクト主義だった。組合の中央委員会の席上で、党の労働方針にたいする批判があるや、二三歳の斉藤（好感のもてる青年同志であった）が立ち上がり、破れ鐘のような大音声で「反動、裏切り」と罵倒する。内容への説得的反論でなく悪罵のみである。同じ同志であるが「これでいいのか」と悩みと疑問を強くもったが、何も知らない駈け出しでもあり、胸をいためるのみであった。

工場の中は騒然としていたが、その対立の背景は、産別会議に拠った細谷松太、三戸信人ら書記局中枢と、副議長光村甚助（全逓）、執行委員落合英一（全電工、東芝堀川町出身）らによる産別民主化同盟の発足（四八年二月）であり、それが直結したものであった。

二・一ゼネストの自己批判大会（四七年七月）は、本部原案を日共代議員が坊主懺悔とひっくり返し、さらに全国統一闘争方針も地域人民闘争でくつがえされる（同一一月）。細谷は反党日和見主義の中心として次長からヒラに降格。「もはやここまで」と覚悟して細谷らは脱党し、決起した。

大動脈国労では、左右激突し（占領軍、当局がテコいれ）て国鉄反共連盟がすでに四七年一一月に発足していた。春日庄次郎（翌年党中央労働組合部長）は、この時の細谷らの主張を支持していたが（後年私に述懐した）徳田体制下でかき消されていった。

産別民同の声明書は言う。

「共産党フラク（グループ）活動のベルトにかけられた左翼主義に対する、相次ぐ脱退と批判の傾向は、もはやおおうべくもない……。われわれの実践の目標は、一に労働法改悪反対、資本家の御用組合化反対、政党の組合支配排除にあるとともに、相手にも責任を要求し、われわれも責任をとる生産闘争である。われわれの運動は、いわゆる反共ではなく、産別会議の全組織を民主化するため、いっさいの自由な組合をして一大陣列に結集し、民主的統一戦線の実現へ巨大な一歩を踏み出すものである」

だが、この正論も当時の階級対立激化の中で真実の状態での是非ではすまなかった。米占領軍、政府、日経連、大資本はこぞって当然テコいれし、総同盟左派の領袖・高野実は、別の角度から細谷と連携する。

民間の大拠点東芝には、前後して戦前派の大物・小堀正彦と、堅山利文（現全民労連会長）が「反日共」の闘士として送りこまれていた。堅山の兄・利忠は、東大新人会で戦前の共産党幹部。弟もその感化をうけるが、戦後は転向派の大立物・佐野学の労農前衛党員として四八年一月に堀川町の拠点職場に配置された。労組の間では、小堀、堅山の経歴は皆知っていた。堅山は、その時職場の仕事は何もせずに工場内の実態調査や連絡が「仕事」だった、と近時述懐している。

壁新聞は両者の競争対立となり、日共の真横に民同の同じ大きさの日刊壁新聞が立てられた。とくに全電工・落合幹事の出身母胎でもあった堀川町工場は、両者の対立がエスカレートし、「大衆獲得」合戦となっていく。

財界の要望を一身に担って送りこまれた戦闘的経営者・石坂泰三社長は、全国民間最強の東芝労連を三年がかりで解体した功績ゆえにその後「財界総理」経団連会長に栄達した。彼は、四九年の五千人首切りの合理化決戦は、同時期の「下山事件」が大いにプラスしたと『自伝』でのべているが、抵抗した「赤い労連」は強力であった。その中心、三〇〇余人の日共党員（細胞専従二人）は、戦闘的、革命的情熱に溢れ、犠牲的精神にみち、秀れた青年が多かった。が、上から貫く「社民主要打撃論」「セクト主義」ゆえに、大衆感情から浮き上り、或いは「労働者階級の多数者獲得」とプロレタリア統一戦線の戦略的方針が党に皆無だった故に――その後ずっと――中堅労働者、中間層を次第に離反させていった。

四九年の大首切りは、他の労組に比べれば長期戦となり、妥結条件も良かったが、労連傘下諸工場の外堀をうめられ、孤立化する中で敗北、解体したのであった。

＊大反税闘争―大型間接税の原型

一九四八年夏、芦田連立内閣（民主党、日本社会党、国民協同党）は、米軍政による国家財政改革――大増税政策として取引高税を提案した。都市の中小零細商工業者は、死活の問題として猛反対し広範に反税闘争として決起した。党中央―横浜市委員会の反応は早く、すぐに組織化にとりくんだ。関東学院（現大学）助教授・深田耕司は、同時期に横浜市議補選を磯子区で飛鳥田一雄（後の市長）と社共で争って敗けたが、彼と私が担当オルグに任ぜられ、この選挙参謀もつとめた。

商人達は税務署で集団交渉し、殺気立って戦闘的に闘う姿はすごかった。

国会への「請願団」が結成され、横浜生協事務・菊田一雄を団長に与党三党をまわった。社会党は浅沼稲次郎書記長で、党控室で小さな弁当箱で食べていた。若気の至りで私が激しく突っかかるや、彼は大きな地声で「君らは請願なのか、抗議団なのか」と切り返された。その迫力に気をのまれた一瞬、菊田は「まあまあ、天下の浅沼さんが若い人に言われて興奮することはないではないか」と言ったのでその場はおさまった。菊田は堂々としていて貫録があった。

＊在日朝鮮人の同志愛

当時の共産党は、工場、国鉄、郵政、電力など労働運動に急速に勢いを伸ばし、四九年には党員二〇余万といわれたが、その大半は労働者であった。が、党機関は弱体で横浜は各行政区一名の専従オルグ配置が急務であった。鶴見、神奈川の工場地帯を中心に、西、中、南、保土ヶ谷、戸塚、磯子、金沢の各区であるが、私は反税闘争担当から空白の金沢区に任命される。金沢区は日本製鋼、東急車輛、日平産業、文寿堂印刷等が中心で、金沢八景の六浦等は農村であり、戦争中に軍需工場に強制就労させられた朝鮮人がいくつかの集団をつくって生活し、一〇人近い党員がいた。彼らは私の体験を通じて最も同志的人間的であった。青山さんは、御飯のおひつをあけたらほとんどないのに、優先的に一杯メシを食わしてくれたり、何軒かの家ではいつでも泊めてくれた。裸の米兵と一つ部屋に寝たこともあった。

日本人の失業者が溢れていた当時、朝鮮人はよりひどく、生活のための余儀ない手段としてドブロク焼酎の密造か、米兵相手の「パンパン」に部屋を貸して食っていた。彼女らは明らかに戦争ゆえの悲劇であり、部屋を貸す朝鮮人は狭いが為にその間、表で待っていた。

既に朝鮮総連と民団に分裂していたが、長きにわたる民族差別、飢え、貧困下に結束は強かった。

そして反体制反権力を闘う共産党員に非常に好意的であった。秩父困民党の井上伝蔵或いは北海道のアイヌ、被差別部落の人々と戦前の日共党員との関係と共通していた。

＊「革命前夜」の現場

一九四九年。国鉄一〇万人、郵政三・七万人、民間では東芝五千人等々「百万人首切り」のこの年、とくに五月～八月は懸命に闘ったがゆえに今も鮮明に印象がのこっている。

国鉄がいよいよ決戦、という直前の初夏、横浜市委の蓮見は、地区にきて「おやじ（徳田書記長）が一〇万人ぐらいのメシは党が面倒をみるから思いきってやれと言っている」と、伝えた。私は自分さえ満足に食えない――地区オルグの給料は遅配、欠配し、井上光晴の小説『書かれざる一章』と同じだった――のに、と信用しかねた。

国鉄の大首切りは、七月一日の第一次首切りのあと、下山国鉄総裁のれき死事件（下山事件＝五日）、第二次首切り（一二日）と三鷹事件（一五日）のわずか一〇日間であっという間に決着がついたのであった。実力のある国労が闘わずして一敗地にまみれる。松川事件（八月一七日）はそのとどめであった。

三大謀略事件という万人の意表をついた大フレームアップ（松川事件で死刑判決をうけた「犯人」はその後みな無罪となった）で、当の国労も共産党も腰をぬかしたのである。

一方では、鈴木市蔵ら国労中央グループの大ストライキで対決をという方針に対して党政治局の伊藤律、志田重男らが右翼的にストつぶしに動いた故でもある。

三鷹の時は号外で大量ビラがくるというので、正面からその事件の解明、対決をすると期待したら、なんと「神奈川県庁に不正発覚」という一係長の収賄事件がすべてであって、がっくりし、ビラまきに力も入らなかった。

東神奈川車掌区の人民電車事件と臨時市党会議と伊藤律政治局員の演説。日本製鋼横浜製作所への「民族産業防衛」の申しいれ——総務部長が深々としたソファに私を座らせて「私も若い頃マルクスを勉強しました」と調子をくれた——と、細胞の全員首切り。今井正の『青い山脈』を見て、ホッとした夏の思い出。或いは朝鮮人集落の密造場の中でやった学習会等、いろいろあるがここでは省略する。

ただもう一つ、党のセクト主義「社民主要打撃論」のことをのべよう。

党オルグ団は、毎週月曜に定例会議をやる。学生運動は全学連が前年できたばかりなので、オルグはみな労働者出身者で、三菱下丸子の大角（二五歳）を最年長に、二〇代前半の元気ざかり。市党幹部は丸山三之助（四全協中央委員）、増田一郎（格之助の兄弟、のち中央委員候補）らで、京浜出身の中央委員・春日正一が担当であった。

市委員長は池貝鉄工出身の井上で、坊主刈りした精悍な人であった。彼の毎回の会議での「結語」はしばらく同じ言葉がつづいた。「社民の奴ら、革命がおこったら三尺高い台（絞首台）の上で俺がワイヤロープをひっぱってやる」と。それはこの年のメーデーで徳田書記長が「九月には革命を！」と絶叫した「九月革命説」と連なっていた。私の後任の税金闘争オルグの佐藤は、「九月になると革命だから、いま税金を払うことはない」と言って歩いていると報告した。さすがに皆からそれはいきすぎだ、と言われたがそのままであった。

東芝堀川町労組、党反税闘争オルグ、党地区常任。わずか二年間であったが懸命に生き闘ったこの時の党—労組の経験が私の原体験となったのであった。

＊一挙革命論と価値序列

日共・産別会議ブロックの当時、日共は国鉄の拠点機関区、車掌区、検車区、郵政の中心局や電力発電所、変電所等、いまと比べるべくもない比重をもつ交通の大動脈、神経中枢の電信電話や港湾、そして大企業、大工場等の指導権をにぎっていた。

それが四九年「決戦」で瞬時にして惨敗したのは、戦略的日和見主義——全権力をもつ米占領軍の「解放軍」規定が生きつづけたことと、戦術においては決定的瞬間にストライキを回避した日和見主義による。そして中国革命の大衆路線とほど遠いセクト主義、官僚主義的作風であった。さらに言えば、大工場（プチロフ工場）→全国ゼネスト→武装蜂起→権力奪取というロシア革命モデルの日本版の追求（武装蜂起は朝鮮戦争下で「軍事闘争」となった）であった。

一段階革命（社会主義革命、中西功らごく少数）、二段階革命（ブルジョア民主主義革命から社会主義革命、多数派）或いは民族解放革命（神山茂夫）の違いはあるにせよ、「一挙革命」であることは共通していた。市民社会・地域社会論と陣地戦戦略は皆無であった。党—労組の組織論はそれに従属する。

党組織は、とくに京浜など工場・経営細胞万能論で、地域組織は「居住細胞」として党内価値序列は極端に低く、居住出身の幹部はほとんどいなかった。労働組合戦線では、極度の中央集権と産別中心論、大工場主義で地域組織と中小企業は眼中に無いが如くであった（中小企業労働者の組織化は総同盟の方が熱心で、総評は一九五五年の全国一般から本腰を入れ始めた）。それ故に地域に根をおろす地域生協の位置は、「民主勢力の一部」ではあったがあくまで補助部隊であって、川崎、横浜生協等、全国の拠点生協の中心にグループがいながら各種党会議で議題になったことは一度もなかった。

党中央でも労働組合部長は要職で、初代・神山茂夫―袴田里見―長谷川浩―春日庄次郎等、幹部序列（極めてうるさい）四～五位クラスの幹部であった。だが、生協は「市民対策部」の一部で、それは「小市民対策」つまり「プチ・ブル」対策・中小企業対策であり――いまの「市民」とは全く異質――それは今日でもつづいている。生協グループは、労働組合・生協・党の三位一体論であるから「労対部」にいれよという方針だったが、そうならなかった。労働組合方針は大小合わせて大変な数が出されているが、生協方針で成文化されたものは見たことがない（世界的にも二つのインタナショナルで、近来、協同組合方針をもっているのはイタリア共産党とイギリス労働党のみである、と言われている。確かめてはいないが。またゴルバチョフのペレストロイカでは、協同組合が大いに奨励され始めたが……）。

＊東の拠点――川崎生協

私は、一九五六年一月、川崎生活協同組合に入った。

同生協は川協、横浜生協は浜協、と略称で呼ばれていたが、その川協の本部は南部線尻手駅の青果・鮮魚市場の中にあり、総務、経理等の本部（七人）と協同購入センター（七人）の二つの事務所があり、そのセンターの経理担当であった。店舗は、中野島、登戸、中原、下丸子、御幸、南加瀬、四ツ葉、大師、そして個人商店を生協に入れた「商人吸収」政策のなごりで浅田町、鹿島田の一〇ヶ所。働く職員労働者は約七〇人、東日本では浜協と共に最も大きいといわれ、西の灘神戸とならび称されていた。

大師の五十嵐主任は、森コンツェルンの日本冶金でレッド・パージで首を切られ、工場のすぐ近くに川協の店を開いた。東北出身でまじめな男で、少しでも安い仕入れをと毎朝四時に起き、海岸沿いの産業道路を自転車で築地まで通っていた。国電の駅にすれば川崎―蒲田―大森―大井―品川―田町―浜松町―新橋の長さであり、冬など大変だと言っていた。皆よく働いた。

御幸支部の大西信治は、一九二七年、東大のセツルメント・柳島消費組合部――関東消費連盟（関消連）いらいの最古参で、一〇〇％「左翼生協人間」であった。戦前の消費組合の伝統を守って、もう一人の渡辺と手分けして毎朝、組合員の家を一軒一軒、御用聞きをしていた。彼は、労働者消費組合いらいの思想のせいか、酒類は置かず、そのかわりただ一店しかない精米機を置き、毎日まわしていた。

＊右派と「過激派」コンビ

私が最初に「この生協は変わったところだなあ」と思ったのは理事長・佐々木虎三郎が日本社会党右派、しかも有名な松岡駒吉の直系であり、専務の森田三之丞は池貝鉄工神明工場の総務課長から転任した日共党員（のち県議）という組合せであった。

松岡は、戦前の労働総同盟いらい右派の総帥で社会党の西尾末広と並ぶ巨頭であり、戦後は衆院議長をつとめた。組織の中枢ラインが中央では犬猿の仲である右派と日共の組合せ、しかも一時的でなく、四六年の結成いらいずっとというのは、京浜地帯の労組では皆無であった。

右派＝ダラ幹（ダラクした幹部）・労働貴族・資本の手先＝反革命というのが、日共の基本的政治姿勢であった。時には、荒畑寒村や高野実、或いは鈴木茂三郎ら社会党や総同盟、総評の左派に攻撃がむけられる。彼らは左派的言辞をろうするが、それは口先のみで大衆をだまし、さらに決定的瞬間には革命党（日共）を裏切るから最も悪質、というキャンペーンがものすごくやられた。産別会議の一時期や、火炎ビン闘争直後の時は鈴木、高野らはアメリカ帝国主義の「マーフィ大使の手先」よばわりされた。いずれにせよ、スターリン主義時代に確立した「社会ファシズム論」「社会民主主義主要打撃論」である。

＊右派、佐々木虎三郎の原点

佐々木は、戦前に東京神田郵便局で働き、関消連・中央共働社に入っていた。一九二九年の千葉県の野田醤油の大争議の時には、赤松常子らと同盟休校した児童の教育にあたった。その時の様子を大河内一男・松尾洋の『日本労働組合物語』は次のように記している。

子供たちは毎朝争議団本部前に集合、点呼ののち次の歌を合唱する。

行けや剣を手にとりて／世の偽りを打ち破り
正義を守るわれらこそ／雄々しき労働少年（女）軍
貧しきものの富める世を／働くものの力ある
社会をつくるわれらこそ／雄々しき労働少年（女）軍

少年軍は伝令、警備、欠席児童の家庭訪問、屋外清掃を、少女軍は争議団員の炊事助手、洗濯などをにない、長期戦になるや、労働会館や消費組合会館で授業が始まった。

朝のシュプレヒコールもすごいものだった。
「われらは誰とともに闘っているのか」→「父母とともに闘っている」
「われらは何のために闘っているか」→「頑迷なる資本家をこらすために」

「われらはいつまで闘うか」↓「敵をたおすまで闘う」

「未来は?」↓「われらのものだ」

若き青春の時、正義感に燃えて争議団に加わった佐々木にとってこの大争議と消費組合は、その後の人生を決した原点だったのであろう。

当時の私は、このことなど知る由もなかったが、小切手の印鑑を押してもらいに自宅をたずねたりしている中で、「右派だけどいい人だなあ」と感ずるようになった。奥さんも労働者出身で人あたりもよく、家も普通で質素であり「ダラ幹」のイメージとおよそちがっていた。

佐々木の出身の東京製鋼労組は、総同盟を代表する組合で、大正一五年に会社は労組公認、クローズド・ショップと労働協約が結ばれた（半面左翼系の排除でもあった）日本最古の企業別労組である。戦争中の産業報国会の全面化の中で、石川島自彊《じきょう》労組のようにいち早く時局便乗がつづく中で、同労組は最後まで労働組合を固守する。その名門ゆえに幹部層も厚く、戦後の参議院二代目副議長（初代は部落解放同盟委員長で左派の松本治一郎）は製鋼出身の三木治郎であった。

佐々木は、戦争中、製鋼労働購買組合（一九二七年設立）専務であったが、「産報」移行に合せて厚生課に切りかえられた。が、彼は経験を生かして神奈川県消費者団体連盟を四〇年に作り、或いは米穀商業組合と対抗したり、関消連の仲間だった山本秋（日消連書記長・日共党員で「多数派事件」の中心の一人）を神奈川県商工経済会（商工会議所）に引きいれたりした。山本は厚生省嘱託であったが、硫黄島陥落をみて終戦近しと読み、いずれ京浜工業地帯で運動をやる希望を強くもっていた。

一九四五年五月、佐々木会長、山本事務局長コンビが成立し、川崎市工場隣組連合会がスタートした（山本秋『日本生活協同組合運動史』）。敗戦直前から戦後を見こしてスタートした民主主義・大衆運動の準備行為は、これが日本で唯　である。

敗戦。

佐々木・山本コンビは、直ちに超党派的に工場、地域を一本にした全市単一生協を準備し、四六年七月に川崎生協は結成された。東京等の町内会別生協との違いである。東芝小向（一九四二人）、東京製鋼（四九七人）、トキコ等職域十数支部、地域九支部、組合員七千余人、分配総額二七七万九〇〇〇円。翌四七年は職域二一、地域一六、組合員一万四千余人、分配総額四二三万八〇〇〇円。全国で灘購買組合（灘神戸生協の前身）に次ぐ第二位の大生協であった。

川協は四六年一〇月の東芝堀川町の五十余日スト――ロックアウト、二・一ゼネストへのぼりつめる国労に対する争議応援対策を、佐々木・山本コンビでそろっておこなった。四九年の東芝争議、五三年の日産争議等、中央でもその工場でも左右対立が決定的に激化しあう中で、川協で理事会で左右一致して支援を決めたことは、今日からみても驚きである。大西の御幸支部が中心であった。国労、東芝では、左右は決定的に分裂し、右派は総同盟・社会党右派を通じて統制を強めていたことを思うと、川協のこの経験は信じられないくらい貴重である。

それは協同組合はオール一本に、という賀川豊彦とその系統と、山本、菊田ら日共系の共同意思によるとともに、日本協同組合同盟発足（四五年一一月）が大きな運動的、組織的背景となっていた。

私がそれを知ったのはごく最近である。

この労働組合では稀な、社会党右派と「過激派」日共のコンビの実現は佐々木―山本という人格、個性をもつ指導者間の特殊性によるものと、私は川協以後三〇年近く信じてきた。しかし日本協同組合同盟という全国組織がそうであると知った時は、脳天にガンときたような大きな衝撃であった。産別会議と総同盟、山川、荒畑提唱の民主人民戦線の流産、その後の長い強い対立、抗争と批判、罵倒の応戦等々の実態を知り、或いはその渦中で「プロレタリア統一戦線」の模索、努力を精一杯やってきてその困難さを身をもって体験しつづけてきたからである。

＊賀川豊彦の協同思想

統一戦線は、一九三五年のコミンテルン第七回大会におけるディミトロフの反ファッショ人民戦線、毛沢東と中国共産党による抗日民族統一戦線によって日本に大きな影響を与えた。反面、レーニンの戦略的転換であったプロレタリア統一戦線は軽視された。

敗戦直後の日本で人民戦線―世界労連の思想と路線を強く主張し実践化しようとした代表が、日共では神山茂夫、労農派マルクス主義戦線では高野実であった。或いは亡命から帰国した野坂参三、かたや山川均、荒畑寒村らであった。が、労働戦線も民主人民戦線も、社共の実力者・西尾末広と徳田球一の両極によってついに流産する。

この当時のいきさつ、対立の原因等、或いは統一戦線論は、山川均いらい神山茂夫、清水慎三、岩井章、上田耕一郎、笹田繁（安東仁兵衛）等によって展開され、各々が影響力をもってきた。だが、これらの統一戦線を最も尊重し、位置づけた著書でさえ共通して日本協同組合同盟はすっぽりとぬけおちている。もとより私もつい最近までしらず、生協史をよんで驚いたのであった。

日本の生協とこの同盟に大きな影響を与えた賀川豊彦の協同思想をみてみよう。

一九五八年一二月、国際協同組合同盟（ＩＣＡ）第一回アジア協同組合会議がマレーシアで開かれた。

日本代表は賀川日本生協連会長が団長、副団長は荷見全国農協中央会、片柳全国漁協連合会長、田中俊介（灘神戸生協、次の日生協会長）、炭労出身の十二村吉展や農協の一楽照雄らである。賀川はこの会議で中国の合作社加盟を提案し、ブロー会長（フランス生協）、ワトキンズ専務、ボレー事務局長（イギリス）らを驚かせた。今でこそ当り前だが一九五八年八月には、人民解放軍が金門・馬祖島に砲撃開始し、米中対決が戦争直前といわれた緊迫下にこういう提案をすることはありえないことであった。

この時の団事務局長・勝部欣一（専務―副会長―参与）は「生協運動四〇年」（新産別機関誌八四年九月三〇日から一五回連載）でいう。

「賀川さんは思想においては人格社会主義を主張し、反共の立場にあると思われていた人からの提案である。しかし賀川さんは戦後いち早く日本協同組合同盟を創立し、戦前の思想分裂での協同組合運動の弱体化が軍閥の弾圧で運動を崩壊させた原因の一つであり、協同組合運動こそは政治、思想、宗教、性別をこえて団結すべきロッチデール先駆者協同組合の原測を国内も世界も貫くべきという強い考えをもって運動を進めてきたのである。賀川さんにとってこの提案は当然なこととして『世界平和のため、中国合作社を国際協同組合同盟の仲間にすることは絶対必要である』と説いたのである」

私は、ここにみごとな協同思想をみる。川崎生協といい、さらに大きく日本協同組合同盟といい、大ロマンとしての協同社会をめざす協同思想の偉大さを実感する。

しかし、かく思うのは最近のこと、川崎生協の頃は、ただ失望のみであった。慢性的経営危機と人心の離反、理想、思想、路線を失った漂流船のごとき組織。一九五八年アカハタ祭りが新橋の浜離宮で開かれた時、尊敬した大先輩神山茂夫にばったり会った。そこで思いあぐねている生協について「何の為にあるのだろうか?」とたずねた。

彼は、一呼吸おいて「兵糧部隊だなあ」で、これがすべてであった。

だが、現実の川協は、仕入れさえ満足にできず、兵糧なき兵糧部隊であってとてもその規定で納得しうるものではなかった。折から、世界労連第四回大会に出席した川労協副議長・昭和電工労組委員長・伊達一登の報告文は、「並の民同」でない何かを感じさせた。この人ならと思ってぶっつけに出かけ、初対面だが川労協と川崎生協の結合をぶちあげた。と、話は一挙につき提携が始まった。川労協協同購入委員会（川共購）ができ、丑久保《うしくぼ》常務と私が川労協事務所に常駐した。

二❖一九六五年に至る一八年、その後の三三年

*川崎をくまなくまわって

川崎市は京浜工業地帯の中心として日本を代表する工業都市である。その京浜労働運動は全国の牽引車という自負にみちていた。

一九五五年頃、総評・中立系市労協と産別会議系地区労が合同して川労協となったが、組織人員約一五万人、日本一の大きな地区労であった。全金等産業別労組は地区労の「戦闘力」を見くだしていた。

私は川労協共同購入委員会（川共購）オルグで傘下の殆どの労組、寮、社宅を廻った。ひとくちに

労働者、労働組合というが、産業によって気質、体質はちがうことがよくわかった。当時は、家庭電化ブームの直前であったが、日本鋼管の社宅では、農村出のおかみさんが、洗濯は手で洗うものといって洗濯機を拒否し、冷蔵庫等があるのは東京電力の社宅だけだった。

鋼管の職長クラス―川労協議長などが、門も庭もないが一軒屋の持ち家というのが最も良い方で、2Kの社宅は「せまき門」でうらやましがられていた。鋼管や東芝は、戦争中の軍隊の兵士の宿舎を払い下げ（大企業だからこそできた）、その通路は昼間でさえ電燈なしでは真っ暗で、一室八～十畳間で、そこに親子七～八人が住んでいた。

生協の取扱い品は、食品をのぞくと毛布、折りたたみ傘、運動靴、毛糸等がよくはけて電器製品は数少なかった。酒を呑むのも、鉄鋼労働者は国鉄に似て牛飲馬食型が多く、電機はわりにスマートであるが、線が細いタイプが多かった。ちなみに、私の周辺の活動家の生活水準は、一九六五年時の東京で、マイカーをもっている人は一人（一％）、電話が数人であった。

生協運動は、今からみると全国的に地区労や労組が「実質生活の向上」のために勤労者生協の結成にとりくみ、伸び始めた時期であった。一九五四年～五八年間にうまれた同生協は、一九府県三三組織、また一九五五年から五七年への二年間に創立された生協のうち、職域生協四割、地域生協五割――その六～七割は地域勤労者生協であるくらい労働者生協が次々と生まれ、なかでも「班」組織の普及を基に発展した山形県の鶴岡生協は五五年一一月に地区労の母胎となった（『日本生活協同組合連合会二十五年史』）。

世界の生協運動で独得な「班」組織は、戦前の関消連で生まれたが、鶴岡の成功の経験の普辺化として一九六二年度の日本生協連の方針となって全国的に発展した。国際協同組合同盟の次回大会は三年後に日本で開かれるが、その中心テーマは、この「班」と決まっている。

＊京浜労働運動の前衛

当時はこれらの背景、状況等知るよしもなく、交流もなかったが、川共購がいよいよ軌道に乗るという時、川崎生協の二人は〝首〟になった。「ひきとってくれ」と一方的通告である。

事務局長・生野嘉三郎は、松岡駒吉直系で佐々木の同輩であり、東芝堀川町労組委員長―市労協事務局長をつとめたが川崎市議選に落選、定年のための「職の保証」を社会党グループがきめたらしく、私らに一片の話しあいもなしのお払い箱で、そのやり方はレッド・パージと同じであり、「民同はひどいもんだ」と思わざるをえなかった。生野は謹厳実直な人で当時の労組現場幹部では珍しく『労働組合経営論』等二冊の本も出し理論家でもあったが、その時はひどく冷酷であった。

提案、企画、組織、事業等はわれわれ二人でこなし本格化する様であった。私はふざけた話だと腹がたつ一方、労働運動に再度飛びこむ良い契機と思って、知りあった電気工場の書記局に転じた。ちなみに川共購は「武士の商法」でまもなく自滅していった……。

その後、全国金属労組に加盟した大和電気支部は、千人中女性七五〇人、その多くは臨時工であった。この工場はテレビのチューナー部品専門メーカーで片岡電器（アルプス）と二大成長企業であった。労組は前衛的であった工場細胞がよく機能して、全国でも最も早く臨時工制度を撤廃して全員本工にしたことで強い信頼を得、職務給導入阻止等、反合職場闘争、反戦反安保闘争などをストライキで連続して闘い、京浜労働運動のトップランナーとして数年間走り続けた。

党幹部会員・鈴木市蔵が参院選に立候補した時は、ベルト・コンベアーの真中で演説して会社をあわてさせた。高野実は、全金の新たなホープとして二回もたずねてきた。「ここへ来るとホッとする」と言って駅前の居酒屋につきあっていろいろ話してくれた。いま信州大学経済学部長の神林章夫は、彼の学生時代、すぐ近くの東大セツルメントのリーダーでつきあいがあった。

会社は当時、売り出し中の経営学者・坂本藤良を社外重役とし、QC（品質管理）、ZD（無欠点運動）、ヒューマン・リレーション、IE等、世界の先端であったアメリカ経営学の経営管理、労務管理が次々に導入された。だが、急成長した会社の労務管理は、共産党細胞対策に自信と安定性を欠いて、タカ派とハト派が実に四人も交互に入れ替わった。トッパン労組の左翼から転向した労務重役は、三田村四郎の学校直伝で課長、係長、守衛に手下を配置し、朝出勤するとベルト・コンベアの上に反共ビラがくまなくのっていたり、ついには三田村本人が近所へアジトを構えて対決した。

労組は賃上げをひきかえにしても「職場秩序を乱す労務重役の追放」をかかげ、ストで追いこみ、放り出して完勝した。

＊闘争につぐ闘争――敗北

会社は、二つの別会社をつくり生産を開始しておいて、捨身の戦術として偽装倒産――千人全員を解雇する一方でのちに多数を再雇用し、その際、党員と活動家だけを切り捨てるという策にでてきた。

争議団は、事前協議制が有利に作用して地裁で勝つ中で、工場占拠、自主生産を三年闘い、最後まで約二百人が頑張った。高度成長期には稀な大型争議となったが結局は力つきて敗北した。私は、「戦後革命」期の争議――高度成長期のこの争議――、七〇年代後半いらいの現在の争議を体験してきたが、現在の田中機械（全金大阪）、東芝アンペックス（全造船）等の工場占拠・自主生産のもつ労働者の自治、統治能力の前進、歴史的畜積を実感している。

いま、労働運動の危機もきわまっているが、反面、底を流れる歴史の水位の向上も事実である。

この六年間の反合職場闘争、三田村学校との対決、出荷スト等の工場闘争、六〇年安保大闘争と数回の反安保スト――反合闘争では会社派・右派は反対したが、反安保では沈黙した――、羽田空港の現場で闘ったハガチー事件、翌年の新島闘争等、平和と民主主義の高揚時の先頭で闘いぬいた。

賃金論や合理化問題もよく勉強した。年功序列賃金の矛盾の克服をめざして、熟練度別賃金論を提起したら、鉄鋼労連と同じ発想であった。当時の鉄鋼労連はいまと大ちがいで清水慎三書記長時に書記で入った不破哲三（現日共副議長）や、高野派の俊英といわれた千葉利雄らも健在で、理論的にも強く、左派が強かった。

ハガチー事件の現場でも日本鋼管労組の松田武蔵書記長（左派、のち県評事務局長）が先頭で、ハガチー秘書の乗用車を赤旗でとりまいたほどであった。

七〇年代の新左翼系労働運動の中に、永久戦争的、長期争議論――長いほどよく、戦術ははげしいほど正しいというような流れがあったが、大衆的争議の場合、私は反対だった。それは自分の体験の中で、職場の労働者の感情、組合への信頼感、心身の疲れをつぶさにみて、それらを総体的にみない戦術、争議はだめだと学んだからである。

争議の始まりに、中学校を出てすぐベルト・コンベアで働いた青木絹代（一八歳）は「父も負けた、兄も負けた、三回めの今度こそ労働者の為に必ず勝ちたい」と書いた。

長期化して一家の家計にひびいたこと等でやめていった彼女とその一文、或いはすばらしい感覚と臨機応変の機知で、会社の大秘密をキャッチしたチー坊。争議を休みだしたので家をたずねていったら小さなせまい部屋でもう一人と踊っていた和子、等々。労組を信頼しつつも敗北する中で散ってい き、ついに生涯運動にもどらないであろう彼女らを思うといまも胸が痛む。

＊私のオルグ人生

私の運動実践は、一九六五年を境にその前一八年間は日共党員で川崎、横浜、沼津で工場と地区の闘いの連続であり、その後、三三年間は東京と「中央」の仕事、オルグでただひたすら歩き、闘い、労働者の中へ入りつづけた四一年間のオルグ人生である。

この夏、平坂春雄（鉄鋼労連中執、尼鋼争議の中心、総評第一期オルグ、全港湾関西地本書記長）が『頑張るオルグ』を出した。もし「オルグ列伝」が出たら彼は必ずその一人に入る名オルグ、名アジテーターで、「野武士のごとく奮闘――オルグ制度　総評三〇年……語りつぐ運動史」の短文は名文だ。

私は、労組、生協、党にわたったオルグであった。階級の部隊が敵の集中攻撃と主体の誤った方針と共に壊滅する時（一九四九、五〇年等）、その根本的再建のためには正しい思想、戦略・戦術と共に困難にたじろがぬ百戦錬磨のオルグ団は必須の条件である。

一九四九年、党沼津市委員会は、約一三〇人いた経営細胞が根こそぎ首をきられた。機関区、郵便局、東芝機械、国産電機等、組織は完全に壊滅した。翌五〇年のレッド・パージは、残存部隊の追い討ちパージであった。朝鮮戦争が激化する秋、機関区にのこった一人の決起をうながしに職場をたずねた。

彼は青菜に塩の表情で「もう来てくれるな」と言い、おびえていた。「万事休す」。沈みゆく夕陽を仰いで若き私は嘆息した。お先まっ暗であった。あまつさえ頼りの党は、国際派の地区委員長が除名されて地区党は真っ二つであった。「世の中は、党は、労働運動はどうなっていくのだろう?」と絶望的であった。

が、ふとみると機関区分会の革同（革新同志会）は、二三歳の長谷川委員長と田村書記長コンビで、戦争反対、戦争・合理化反対で果敢に闘っていた。闘う者は共産党のみ、と信じかつそう指導されてきた状態下で、非党員、無党派の革同の健闘に私は驚き、喜び、すぐに心はうちとけた。その後私が国際派として除名（五一年三月）されても、彼らは何の偏見もなくつきあってくれたが、それはさらなる驚きと喜びであった。

以来四年、国鉄通いとオルグが始まった。昼めしは機関区食堂、床屋もそこの床屋、風呂も、といった具合であった。或る時組合支部事務所で昼寝していたら、民同の委員長（のちの県議）におこされて「寝るなら自宅でしてくれたまえ」といんぎんに言われもした。機関区の風呂に入っていたら国鉄労働者とみまちがわれ、一人がすっと近よってきて、「あそこで入っている奴は国鉄じゃない、ふてえ奴だ」と私に言うので、ほうほうのていですぐに出たこともあった。革同の仲間とは以来、三〇余年の信頼する仲となった。苦難の時に共に闘ったからである。

私は、一九七〇年に共労党機関紙『統一』に「オルグ――過去、現在、未来」を連載した。高野実がそれを読んで「良く書いた」と伝言してくれたが、次の世代に伝えたいためであった。誰も教えてくれたわけでないが、春日正一を始め、神山茂夫、中西功、高野実等の諸先輩に見よう見まねで学んだのであった。

＊主体の危機と新たな芽

一九六五年、綱領・路線論争、四・八声明（公労協が計画した四・一七ストを「弾圧をまねく挑発的陰謀」と批判して脱落した）等の問題がつづくなかで日共を二回めの除名になり、争議も終結したあと『日本のこえ』の専従となって〝あこがれの東京〟で勇んで活動した。東京にはきら星の如き理論家、党と労働運動のすぐれた指導者がいっぱいいる、と信じていた。が、現実の東京は幻滅であった。

一九六一年、日共第八回大会で離れた数千人といわれた活動家、とくに労組では、多くがすでにやめていってちょぼちょぼの状態であった。南部地区を歩いたが、元気の良いのは教組の大田支部ぐらいで、活動家をさがすのが大変であった。

オルグは、その対象の地域の職場、工場や地域で活動している活動家がいれば、どこにどんな人がいてどういうことをやっているということはすぐにわかり、まず会いに行く。だが、それがあまりにも少なく、理論家の方もそうであったので、歩くほどに自力で切り拓くしかないことがすぐにわかった。

一九六五年に生まれたのが反戦青年委員会であり、べ平連であった。その小さな火花の新たな思想と運動が社会的に大きな力を発揮するのは三年後の六八年である。

ベトナム戦争に米軍が本格的に介入し、北爆を始めた時、いち早く行動をおこしたこの両者であった。闘争の現場へまずとびこむことが骨肉化していた私は、ハノイ空襲の日にアメリカ大使館に抗議にかけつけると、鶴見俊輔らは座り込んでいた。社会党・総評提起の反戦青年委員会は、六七年秋の二回の羽田闘争、六八年一月、佐世保のエンタープライズ闘争を契機に、多くの青年労働者の心を一挙にとらえて爆発的に広がった。

＊鉄は国家なり

六〇年代半ば、総評労働運動内外では「労働運動の転換論」がさかんにとなえられていた。六四年のＩＭＦ・ＪＣ（国際金属労連・日本協議会）結成がその根拠であった。私は、この転換論はおかしい、と直感した。昭和三〇年代の一〇年間、京浜工業地帯の労働運動の渦中にいて、拠点大工場や労組の全体像を相当くわしく知っていたからである。

大金属の中核体の鉄綱労連は、戦闘性が高揚し、五九年には日本鋼管と富士製鉄（現新日鉄）は四九日ストという長期ストを闘い抜く力量をもっていた。鉄鋼独占体は、この高揚に危機感を抱き対決を決意して前年からゼロ回答し、この年も同じ。逆に鉄鋼第三次合理化として、（一）職務給の導入、（二）職制大改革と作業長制度、（三）不採算部門の下請化と下請再編成、（四）ＱＣなどの小集団管理を抜本的に提案して大反撃の第一歩をふみ出していた。

産業のコメ＝鉄鋼は、「鉄は国家なり」という「哲学」がこの頃、確立される。粗鋼生産は、一九五五年千万トン、六〇年二千万トン、六五年四千万トンと倍々化してフランス、イギリス、西ドイツを追い越し、米ソに次ぐ第三位に発展した。日本鋼管は、川鉄、鶴鉄工場に新鋭水江工場を増設し、技術革新とストリップ・ミルを導入した。

その直前、私の義兄吉見春雄（ソ連共産党から「古参ボルシェヴィキ」として山田六左衛門、橋浦泰雄らと招待された）が鋼管を見たい、というので川鉄細胞キャップに話したら工場見学を案内してくれた。工場構内は雑然として、うっかり歩いていると車にぶつかりそうだったり、活気はあるがゴチャゴチャしていた。その後、一九七一年、茨城・鹿島コンビナートの中心、住友金属鹿島工場を井汲卓一らと見学したが、その一貫工場のストリップ・ミルと整然としたレイアウトと比べるべくもないものだった。

＊左への転換を

六〇年安保と三池の前後、川崎の諸工場労組は左派が断然優位であった。川労協・鋼管は、高野派がただの民同左派に移行中であったが、松田書記長以下、左派が主流で、川中村事務局長は同労組出身で、高野派といわれ、詰め襟の黒服を夏でも着ていて定評ある高野学校模範生であった。日本冶金、日本鋳造、臨港バス、富士通信、市労連等、軒並み、左派の天下であった。

が、池田内閣下の六〇年代前半、その左派の労組が毎月のように一つ一つ落とされ或いは協調派、右派に寝がえり、会社派＝労資協調右派の手に握られていくさまを私はつぶさにみていた。六四年JCの成立は、この土台の構造的変化の上に成り立ったことは自明であった。総評労働運動の片肺＝民間の大手産別と大労組は、滔々として右へ転換していた。池田内閣、石田博英労政と経団連、日経連による生産性向上運動の勝利的前進であり、総評主流たる民間左派の敗北の一歩一歩である。

「労働運動転換論」はこの動きに拍車をかけるものであった。私は、転換一般論は誤まりだ、「左への転換」が必要なのだ、と主張した。社会主義革新運動の機関誌『マルクス主義』誌の「労働運動の危機の党への結集」の一文で「左への転換」を書いたときに、文献を調べたが、『トリアッチ選集』の中に「左への転換」という論文を見出し、確信を深めたのであった。

一九六六年の「共産主義者の総結集」運動は、中心の志賀義雄、鈴木市蔵、神山茂夫、中野重治らがソ連共産党からのストップ指示を受けて脱落したが、多数は共労党結成にむかう。その準備会議でも、私はそれを主張した。すると、原全五（元日共中央委員候補）らが私のところへ来て「君、『左への転換』と言うな。いまは左も右もないのや、あるのは革新の保守主義、左翼教条主義との闘いや」と私を説得にかかったが、私には実践体験の裏づけがあったからまったく納得しなかった。

だが、「左への転換」を誰がにない、どういう思想、方法で進めるのか、その内容がよくわからなかった。私の経験にはない反戦青年委員会の登場と運動は、その答の大きな一つであった。

＊社会党左派の領袖たち

反戦青年委員会は、街頭闘争中心の中核派、労組青年部中心の革マル派や解放派、下からの職場反戦派等の流れがあったが、下から労働運動と結合をめざした労働者反戦派が『根拠地』誌を創刊する。当時、社会党青年局長であった高見圭司と、『現状分析』から津田道夫と分かれて『マルクス主義』誌によっていた久坂文夫の二人を中心に石黒忠、寺岡衛や国労東京、東交青年部等が集まり、ベトナム反戦の行動と、理論展開を活発におこなっていた。私はこの流れを支持し、共労党にはかって参加した。

この頃、日本社会党の主流であった左派の中で政治―飛鳥田一雄・横浜市長、労働運動―岩井章・総評事務局長、国民運動―水口宏三・反安保実行委事務局長の「三人委員会」があった。イギリス労働党の「影の内閣」の日本・左派版で、成田書記長は職責上メンバーではないが、常連とのことであった。六八年四月、その「影の左派内閣」を代表した水口宏三と共労党の私が鈴木市蔵の仲介、立会いで新宿で会った。水口は二・一ゼネスト時の全官公庁議長、全農林委員長で、当時から鈴木の盟友らしかった。「日本のこえ」派で私は「神山派」であったが派閥的、分派的に動かなかったこともあり、鈴木も元来そうであったし、国労・沼津革同との仲介など人間的信頼関係があって私に連絡があったのである。

　この左派の領袖たちはべ平連を高く評価していたらしい。水口は、満面に笑みを浮べて言った。「七〇年反安保戦線の構築に向けて準備を始めたい。ついてはべ平連と戦線を組みたいが、共産党のことがあるから、皆さんは下に――テーブルの下に――入っていただいて、小田実さんらが表に出て一緒にはできませんか」と。

　べ平連は、小田、鶴見らと共に古川勇一、武藤一羊、いいだもも等、共労党幹部がいることは天下周知の事実であり、日共が後者を「反党分子」として攻撃するから、皆さんはカゲでやってくれ、ということである。そこで、常任幹部会にはかったところ、反戦青年委員会を七〇年反安保戦線に入れるならその提案に賛成しよう、ということで一致した。

　二回めの会談で私がこのことを伝えたところ、水口の顔がさっと変わり、すぐに帰っていった。「天下の社会党の左派の領袖グループに注文をつけたのはけしからんということかな」と思った。

　その直後の六月、伊東市・川奈ホテルでのアスパック外相会議に反対する集会、デモがあり、温泉町は二万余のデモ隊が溢れ、戒厳令下の如く店は閉められ、シャッターがおろされた。社、共、総評と共に反戦青年委も参加した会場で水口とばったり出会ったので「このあいだはどうも」と挨拶したら、彼はパッと顔をそむけて口もきかなかった。共労党の返事が余程激鱗にふれたのかもしれないが、反戦青年委員会を認めないなどどうかしているし、狭量だな、と思っただけであった。後年聞くところによると、清水慎三らは反戦青年委員会を支持したが向坂逸郎大先生が強く反対した、ということも大きな一つらしかった。

　が、フランス社会党が同時期のパリ「五月革命」の若者、新左翼のエネルギーをくみとり、レジス・ドブレまで入党させ、さらにミッテラン大統領の外交補佐官としてエリゼ宮にこの秋までいたことに示されるスケールとは、あまりにもちがいすぎる（ドブレは、キューバ革命を分析した『革命の中の革命』で日本の新左翼にも強い影響力をもち、ゲバラとボリビア革命に参加、逮捕されて終身刑に処せられたが、国際世論で釈放された革命児、哲学者であった）。

日本は、この革命的エネルギーを切り捨て、高見らは七〇年前後に社会党から除名された。いま、日本社会党はとくに東京、大阪等の大都市でいちじるしく影響力を落とし、多くの自治体では公明、共産両党に追い抜かれて第四党ぐらいのところが多い。その主体的原因の最大の一つは、七〇年の安保・沖縄闘争、ベトナム反戦闘争と学園闘争を闘った全共闘、反戦青年委員会のエネルギーと人材を切り捨てたことにあった、と多くの関係者は見ている。反体制を闘う青年労働者、学生の精鋭群に背を向けたツケがいままわってきているのである。

フランス社会党は、ロカール（統一社会党書記長）、マルチネ、ドブレらのエネルギーを汲みとり、自主管理社会主義の思想と路線の確立と実践下に、戦後ずっと劣勢だった共社の力関係を全く逆転して今日のような大きな党と勢力に急成長したのであった。

＊六九年「秋季決戦」

新左翼――反戦青年委員会、全共闘、べ平連等の総称であった歴史的に新な潮流――は、六九年秋にピークに達した。七〇年闘争の先制攻撃といわれた六九年「秋季決戦」の集会には、一〇万人という大群が集結した。三年前の第二次砂川闘争には二千人弱、第一次羽田闘争でそれをいくらか上廻ったことをおもえば、まさに彗星の如き歴史への登場であった。

街頭闘争は、六八年の佐世保、東京、大阪等で爆発的に高揚し、権力、警察はデモ隊に同調、或いは観戦する大群衆に対して弾圧しかねていた。が、事態を分析して対応を練った警視庁は反撃に転じ、デモ隊の包囲孤立化作戦に出てきたのが六九年四月の新橋・銀座闘争であった。

同年一〇～一一月。首都東京は、その「決戦」の日、戒厳令状態のようであった。主戦場と予想された銀座、有楽町、新宿は商店、銀行、事務所が一斉に鎧戸をおろし、都庁は早退し、緊張感が張りつめる。私は、戦後の多くの闘争、労働争議、反安保闘争等にずっと参加したが、こういう事態は初めて体験した。

労働者の職場スト、決起と街頭闘争の結合をはかったのが、大阪電通の「マッセン・ストライキ」、東京の「都庁スト」であった。前者は関西ブントが、後者は共労党がやったが、完全に空振りに終わって失敗した。十重二十重に包囲され、当局と公安警察の緊密な連携、活動家の洗い出しとチェック、周辺との切断によって、参加者が数人、あるいはゼロということになったのである。

経験を積んだ労組の左派幹部は、自滅玉砕戦術に対して冷静に事態を読んで動かなかった。私は、街頭闘争の現場に必ず参加し、流れを見ていたから、この秋の闘争を経て街頭闘争は終わった、と判断した。

共労党―プロレタリア学生同盟の糟谷孝幸君は、大阪のこの秋季闘争で警察に虐殺された。その追悼集会が新左翼八派によって日比谷で行なわれたが、革マル派が襲撃。砂川の宮岡政雄さんが、せめてこの日は、と調停したが不調で死者をとむらう雰囲気ではなく、七〇年代の〝内ゲバ〟につらなっていく。

＊新左翼八派共闘

この六九年は、秋にそなえて五月に新左翼党派は、街頭実力闘争派の革共同中核派、ブントを中心に第四インター、毛沢東派（ML派）、社労同の五派がまず集まり、ついで共労党、フロント、解放派で八派共闘が成立。八派会談が数回おこなわれ、陶山健一、松本礼二、酒井与七、鈴木達夫、津和、樋口篤三、高田麦、五辻浩らが代表であった。

反戦派労働者の間では、中核派の人気と影響力が抜群で、動員の半数ぐらいを占めていた。王子闘争の時などは、諸派、諸隊が大群衆の中で機動隊に次々と突っ込むが、中核派が登場すると群衆は大拍手した。最も勇敢、犠牲を恐れず敵陣に殺到することに人気は湧き、北区は田端機関区等、革マル派の拠点にもかかわらず、王子公会堂の同派の集会は満員となった。社会党の区議数人も興奮してとびこみ演説をしたほどであった。

日本共産党は、この頃議会主義へ急速に傾斜を強め、労働運動や大衆闘争、とくに大衆的実力闘争から遠ざかり始めていた。佐藤訪米の日（第一次羽田闘争）、抗議に羽田空港に二〜三〇〇人は動員したが、赤旗祭りに途中から転じ、以後は見たことがなかった。

私には、中核、ブントをはじめとした新左翼の若者達は、戦後革命期の若き日本共産党そっくりに見えた。燃えたぎる革命的情熱、恐れを知らぬ勇敢さ、首切り、投獄をいとわぬ精神、自主規律、忍耐力……。私の知っている範囲でも、優秀な青年労働者、学生が多かった。古い共産主義者、文化人の多くも私と同じ感じらしく、ものすごいカンパが彼らに寄せられていた。

と共に、底に流れる大衆蔑視とエリート主義、そのセクト主義も昔の日共そっくりで、いわれなき無原則的、反道徳的対立がひろがる気配であった。八派共闘とは名のみで、せいぜい同じ日に闘う

「一日共闘」、しかも戦術調整も皆無。四月、文京公会堂の中核派集会は、人が溢れたが、八派で挨拶したのは、酒井（第四インター）と私のみで、あとは連絡があっても顔も出さないほどであった。

＊敗北とその教訓——全労活へ

六九年秋。七〇年安保闘争の「決戦」と呼号した新左翼は、国家権力の総動員下に、重包囲されて一敗地にまみれ、街頭闘争という闘争形態は終わった。その後の赤軍派は世界同時革命論など誤まった路線化——武装闘争を強めた悲劇的結末である。

数年前に出た伊藤昌哉の『自民党戦国史』上・下巻はさすが池田勇人、大平正芳の二人の宰相の参謀であっただけの実績で、読みごたえがあった。その中に、六九年八月の猛暑のさなか、自民党幹事長・田中角栄は、全共闘の封じこめと産学協同の大学管理法案に政治生命をかけ、これを成立させれば、天下はわがものとわめきながら汗をかきかき飛びまわっていたくだりがある。それを読んだ時、やはり負けたのは当り前だったなあーと改めて実感した。戦略の差とその敗北である。

その九月に全共闘が成立して、「決戦勝利」で湧きかえっていたが、赤軍派の登場とブント軍団への突入のおまけつきで、自民党や権力、田中角栄らの戦略戦術を冷静に分析した党、リーダー、参謀が一人としていたであろうか。つまり、敵を知らず、味方も知らず、孫子の言う通り、百戦百敗の「決戦」であったのだ。

私は、街頭闘争の終焉は、四月闘争でわかっていたが、押せ押せムードの中で、労働運動との連動を追求したが、対案を立てきれず、正しい戦術提起に失敗した。

ただ、現場はよく知っていたので社会党左派の一隊が、多摩川で「労働組合実行委員会」を組織していたのを見ていた。印刷、都職等の現場労組幹部が頑張って現地闘争を組んだのだった。高見圭司に聞くと、社党都本部組織部長の根岸敏文がリーダーとのことであった。一一月、高見の紹介で根岸に会い、反戦青年委員会の質を受けついだ労働運動構築で合意する。それが翌年七月の東京都労働組合活動家会議（都労活）となり、一二月の全国労働組合活動家会議（全労活）結成となった。松本礼二（日共・港地区委員会事件で日共除名、第二次ブント議長、副議長をつとめ、当時ブントから「除名」）は私がさそった。

全労活発足の時は、芳賀民重（元東京地評事務局長）、佐藤芳夫（元中立労連議長）、比留間長一（前全印総連委員長）ら社会党左派系と三菱長船、石川島、大阪中電、ゼネ石、全逓東京、都職大田、東水労、東部労組、全国一般南部らの幹部と共に、中核派・陶山政治局員、革マル派・森書記長も顔を揃えた。最後の共存の場であった。

この都労活・全労活は、労働組合の幹部、活動家を基準にしたために、当初は新左翼、反戦委とくに諸党派は傍観していた。一方、東大の藤田若雄教授、古参の労働ジャーナリスト・清水一或いは高野実らは強い関心をもち、会議に顔を出すなど交流が行なわれた。

＊アルジェリア革命の衝撃

ベトナム反戦闘争の数々の現場闘争と反戦青年委員会、『根拠地』運動は、戦後労働運動の経験と異なる体験であり、思想の発展が徐々に私の体内で醸成されていった。

六九年秋、映画「アルジェの闘い」を新橋のガード下劇場で観た。それは、フランス帝国主義の植民地であったアルジェリアにおける民族解放独立革命の記録であるが、観ている最中に私の中に電流が走った。

フランス帝国主義陸軍、植民地軍の精鋭、降下部隊はアルジェの革命戦士や住民にベトナムと同じ極悪非道の惨虐を働く。記者会見で記者たちがその具体的事実をあげて反人道性を鋭く衝いた。と、隊長は傲然として曰く。

「その通りだ、だがそれが何で悪いのだ。偉大なフランスのためにわれわれは戦っている。だからこそ『ユマニテ』だってそれを認め、支援しているではないか」

その「ユマニテだって」の一言は私に大衝撃であった。「ユマニテ」はフランス共産党の機関紙である。敗戦直後の日本共産党周辺で、「偉大なソ同盟」に次いで評価が高く人気があったのは同党であった。

コミンテルン第七回大会（一九三五年）における人民戦線の決定は、その実践をフランス党が代表し、戦中の独ナチス・レジスタンスと党員等七万人の犠牲者、戦後総選挙における第一党への躍進等、戦後革命期の国際的な輝ける星であった。トレーズ書記長の自伝『人民の子』は、多くの青年の心をとらえ私も何回も愛読した。朝鮮戦争下では、レッド・パージや共産党の非合法体制、きびしい弾圧下の反戦平和擁護闘争と、戦争中のフランスのレジスタンスの実力、パルチザン闘争と公然闘争の英雄的闘いがだぶって見え、その文学、映画は深く広く人々の中にしみこんでいった。ルイ・アラゴンの詩集や『レ・コミュニスト』、ナチスに殺害されたガブリエル・ペリの『歌声ひびく明日にむかって』、ヴェルコールの『海の沈黙』、或いは古参ボルシェビキのマルセル・カシャン（その後除名）の『黒海の反乱』、映画では『鉄路の闘い』等に私はすいこまれ、ふるいたった。きびしい闘い、権力弾圧と党からの除名という二重の困難の中で、それらは私の精神的支柱であった。労働運動では、労働総同盟議長ブノア・フラション（党政治局員）の論文は実践の指針であった。

＊世界労連主義批判へ

世界労連議長ルイ・サイヤンはフランス労働運動と人民戦線の実績を背景にたいへんな権威であった。日共国際派は、世界労連路線、とくに一九五三年の第三回大会における「統一行動の原理」を支持して主流派のセクト主義的労働運動と対決した。例えば産別会議書記局にいた斉藤一郎は、『二・一スト前後』やその多くの著書で日共主流、民同、高野実らをなで切りにしてその後、新左翼によく読まれたが、その姿勢、方法はまさに世界労連主義であった。

五三年秋に来日した世界労連書記ウォージスの「統一行動」論は、日共・産別会議のセクト主義批判として、〝ウォージス旋風〟と言われ、国際派の労働運動論の正しさを立証したと思われた。私はもとより熱烈な世界労連主義者であった。その世界労連とフランス共産党・労働総同盟は一体とみられていたが、その偉大な党がアルジェリア革命弾圧に賛成している！

それは一九六〇年頃のことで、サルトルがアルジェリア革命を支持して共産党が反対していることはあるていど知ってはいたが、争議のあけくれの中でのこともあり、印象は遠ざかっていった。だから、この映画の迫力は満点であった。そこで私の長年の労働運動観、世界労連路線はひっくりかえり「左へ大転換」する。数年がかりで考え悩み、模索した「左への転換」の内実、思想に答は出たのであった。

七〇年早々、私は「世界労連主義克服のために」を一気に書いた。民族・植民地問題、合理化問題、統一行動の原理の三つの命題と、底を貫く生産力主義の思想、理論への批判であり、私の自己批判であった。

赤色労働組合の功罪は、ロゾフスキー書記長のスターリンによる粛正もあって、その評価は国際的に定まっていない。が、その左翼分裂主義、セクト主義批判＝赤色労働組合主義という概念は定着し、レーニンの「左翼小児病」の一節、「反動的な労働組合の中でも入って活動すべきである」によって左翼の一部でも批判されている。一九六〇年代、トリアッチのヤルタ遺書（六四年）では、世界労連の宣伝団体化批判があり、六七年来日したジャンスース書記長（フランス出身）のJC観、日本労働運動観はないも同然で、ひどくがっかりさせられた。私は、それらの下地や実践の上に、その理論と路線は体系的なものとして「世界労連主義」と規定し始めて左から批判したのがこの一文であった（拙著『右翼「労戦統一」反対』柘植書房、八一年）。

とくに自国の植民地、従属国における民族独立革命に対して、帝国主義本国の社会主義運動も労働運動も歴史的に誤まっていたことは衝撃であった。

第二インター・アムステルダム・インターナショナルも、第三インター・赤色労働組合インターもそれは同じであった。

「最も古い労働者運動、それはヨーロッパの運動である。数一〇年の長い間、ヨーロッパの労働者は他国の労働者を上から見下す習慣をつけられていた。ついでながらいうが一〇月革命前まではロシアの労働者に対してもそうであった」（ロゾフスキー）

ベトナム革命に対しては、第二次人戦後のフランスによる再植民地化に対して、フランス社会党も共産党も労働総同盟も、世界労連も賛成した。

一九四六年一二月、クリスマスを前にして「インドシナ駐留のフランス兵に対して、フランスの啓蒙的・平和的存在を極東において維持しているその努力への、心からなる共鳴と敬意」を、国会は全会一致で可決したのである。

戦前日本の左翼の大多数もそうであったが、人民戦線も世界労連も同じ思想であった。その民族排外主義は今も続いている。

三❖第三期『労働情報』とオルグ実践

＊戦闘性と大衆性

私は産別会議と総評労働運動を、また総評とおり重なった「反戦派労働運動」――都職労等では今もそう名のり、かつ、そういわれている――或いは新左翼労働運動を体験し、組織者の一人でもあった。そして長年の工場闘争や地域オルグの実践から、社会主義をめざす労働運動は、戦闘性と大衆性を兼ねそなえたものであるべきだと確信してきた。

社会党左派の領袖・鈴木茂三郎は、『自伝』で、戦前戦後における協同戦線党の思想と運動の最大の苦心は、「左」へ目いっぱいに広げた連携を、右へのバランスをもとりながら展開することにあった、といっている。私も同感であって、〝同族〟のみの大衆運動、左の純粋培養の運動は決してのびないし大衆的共感を得られない。

だが、現実は常にその二律背反的になり、大衆性を強調すると大衆べッタリズム＝大衆蔑視の裏がえしになり、戦闘性をめざすと、吾一人いさぎよし的独善性＝セクト主義化する。

第三期『労働情報』を出発するに当って私はその超克をめざそうと思った。第一期『労働情報』は六〇年安保前後の二～三年間、第二期は六七年頃で、いずれも総評結成の中心者・高野実が主宰した。後者は中国文化大革命の最中で、その影響から『労働周報』と『北京周報』的な名称になり私はそれになじまずあまり読まなかった。第一期はおもしろく、『朝日ジャーナル』や『エコノミスト』等と共によく読み勉強になった。当時は、これらの雑誌などを読むだけで党上部機関から批判されたが。

＊第三期『労働情報』の初心と枠組み

第三期『労働情報』は出発時の枠組みが反戦派いらい一挙にひろがった。顧問は、かつての高野派の中心者であった市川誠（前総評議長、同全駐労委員長）、松尾喬（同副議長、全金労組委員長）、兼田富太郎（同副議長、全港湾労組委員長）、清水慎三（元鉄綱労連書記長、総評「組織綱領」草案起草者）。

一九七七年一月第一回全国労働者討論集会（大阪集会）以後の一〇回をへ、さらに今日にいたる。「日本資本主義と対決する」のパネラーは市川誠、松尾喬、高橋鉄雄（新日鉄社党協、元八幡現業労組書記長）、佐々木善治（動労札幌地本委員長）、西村卓司（三菱長船労組副委員長）、渡辺勉（全国一般南部支部委員長）、要宏輝（全金大阪地本組織部長）、司会・樋口（季刊『労働運動』編集長）。

清水慎三は「日本の労働運動はこのところ目をおおいたくなるような低迷、停滞、無気力状態におちいっています。これを突き破るには、資本と組合上層部の干渉や統制に屈することなく、職場と地域にたまりにたまった労働者の不平不満を巨大なエネルギーに点火させる一点の火花が必要です。……南大阪における労働者諸君の今日の集会がこの一点の火花の役を果されるよう心から期待する」とメッセージを寄せた。

労働運動研究集団の兵藤釗、川上忠雄、喜安朗、熊沢誠、佐野稔の学者研究者は、「……資本と国家権力が飼いならし、育成したＪＣへみじめになだれを打つのでなく、ＪＣと対決し、労働者階級の未来を切り拓くために結集した皆さんに心から連帯のあいさつを送ります。……ぜひ私たちも本集会に結集した労働者の階級的作業の遂行にささやかながら役立ちたい」として、その後の協力関係がつづいた。

日高六郎、福富節男、針生一郎、花崎皋平、武藤一羊、山川暁夫、市川準、吉川勇一、中島誠、鎌田慧、津村喬は連名で「ＪＣをはじめとした体制的・反動的労働運動と対決し階級的労働運動の巨大な潮流の再構築をめざし……」、『労働情報』とともに「人民の大連合への大きな一歩をすすめ、階級闘争のひろびろとした新たな地平を切り拓くため」の協同協力を表明した。

予想をこえる大きな反響、共感のうずがおこり、全国的にひろがっていった。各職場、地域では次々と支局、分局がつくられて従来のこじんまりした同族的関係から横に新しく開かれ、結集が「下から」も呼応した。創刊号の部数二千部は、倍々的に伸びていった。

新たな枠組みは、われわれ推進者がめざしたことでもあったが、顧問が代表し、全港湾中央などの高野派の幹部とかつての「革同」派的要素、協会派以外の社会党左派系の労組——その後数年間動労中執は全員読者であった——、そして労働運動、大衆運動を重視し、〝内ゲバ〟に反対した活動家、党派、グループの新たな団結体と全国的ネットワークであった。

中国、ユーゴスラビア、キューバ革命が自力でなしとげた教訓をいやというほど味わってきた私の政治体験から、財政はすべて自力更生を志して貫き、配布網は書店に置かず、固定読者以外はすべて手渡しとした。ほぼ二年を経た頃、全国会議に出席した平垣美代司（元日教組書記長、大阪総評事務局長）は、財政報告を聞いて、「かつては、内外の労働組合に援助をたのみ買ってもらって資金とした。それを全くやらないとは驚きであり、かつ賛同する」と発言したが、当り前のことを我々の世代がやったまでであった。

＊戸村一作と共に

全労活、『労働情報』の一六～七年のあいだ、私は全国各地を歩いた。

一九七四年の第一次石油危機の当時に参議院選挙にぶつかった。われわれは労働戦線で戸村一作（三里塚芝山連合空港反対同盟委員長）を全国区に推した。戸村は、クリスチャンであるが、その思想と人品を通じて支持層は意外に多く、中野好夫、末川博、青地晨、大塚有章、荒畑寒村、宇井純の各氏が支持を表明した。作家の野坂昭如は「尊敬する戸村さんとぶつかるから」という理由で立候補の地を東京地方区に変更した。全国区なら当確だったのに……。

三里塚・戸村候補を支持する自治体議員団も、社会党員をふくめて四〇人近く集まったが、肝心の労働組合の公然たる活動は一〇いくつかの都道府県に止まった。

結果は約二三万票だった。三年前の高見圭司の時は一三万票。野坂は「再び飢えた子供の顔をみたくない」というポスターと訴えが人々をとらえて五五万票を集めて、五大政党を驚かせた。

＊火力発電反対――渥美と七尾

選挙直後、愛知県渥美町の伊良湖岬で議員団会議を開いた。島崎藤村の「椰子の実」の詩で名高く、南太平洋から黒潮にのってヤシの実がうちよせられる風光明媚な地であった。渥美はそこで生まれ戦後も活動した作家の杉浦明平が『のりそだ騒動記』や『農村細胞』等のルポルタージュ文学を次々に発表し、また、全国で指折りの日共農村細胞としても知られていた。すでに脱党していた清田和夫前県会議員をはじめかなり有力な勢力であったが、清田が語った渥美火力発電所の闘いは当時の時代と左翼の状況を典型的に示していた。

中部電力は、一九六〇年代半ば、池田内閣の地域開発計画の頃、火力発電所を同町の三河湾岸に建てる方針をうちあげる。清田らは、進んだ工業と都市プロレタリアがおくれた農村にやってくる。これは歓迎すべきだ。が、聞くところによると火電は、何か有害な煙を出すらしい、その実態を調べて何らかの規制を加えて受けいれるべきだ、という方針で三重県尾鷲の中部電力火力を見学し、条件をつけて積極賛成した。

だが、期待した〝近代プロレタリア〟は全くだめで、同町革新運動もたちまち失望する。さらに近代科学・技術を結晶したという火電の煙害は、全国でも指おりの豊かな農村——高級果実、野菜、花——に大きな被害をおよぼし、いいところは何一つない。その苦い体験を通して、二号着工からは絶対反対にまわり、銚子など各地で火電反対闘争をしているところと連絡し合い、全国組織をつくって闘っている。

反火電闘争はその後もつづき、七九年、北陸電力が石川県七尾に火電着工を強行した時は、石川県評が地元漁民、住民と共に大衆的実力闘争で徹底抗戦して闘いぬいた。地元新聞はその闘いを大々的に報じたが、その現場写真は、「南無阿彌陀佛」の旗を押し立てた抗議船団が、海上保安庁の巡視船をとりまいたものであった。それをみた瞬間、「これだ」と私は叫んだ。この闘いは、陣頭指揮した山本信晃（県評副議長、全港湾中執・七尾支部委員長、社会党衆議員候補一回）らが逮捕、起訴された激しいもので、同時期、福田政府下の三里塚空港管制塔占拠闘争と合せて全国の活動家に強くアッピールした。

滋賀、石川、福井、富山県――かつての近江、能登、越前、越中一帯は真宗の根拠地で、一向宗といわれた親鸞信者による「坊主と百姓」が足利大名富樫政親を討ちやぶった「真宗コンミューン」が一時代もつづき、また織豊時代に向一揆で闘いぬいた伝統をもつ。私の父母も熱心な近江の在家仏教の門徒で、母方の部落は一つの寺をわずか五〇戸の檀家が支え、今でも葬祭の時は隣組は三日間会社を休み、子供にいたるまで「帰命無量寿如来……」のお経を暗記唱和しているくらい生活と地域に根づいている。私は「七尾海戦」と「南無阿彌陀佛」の旗印をみて、人民の知恵、伝統を生かした闘いはこれだと思い、「親鷺・真宗」のもった革命性と今も生きる思想の偉大さについて『季刊労働運動』に一文を書いた（「〝陸の成田〟と〝海の成田〟」一九七八年）。沖縄・名護の松田勝承は、市職労役員でありかつ、僧職として活動しているが、連帯の手紙を送ってきた。

現在は反原発が世界でも日本でもかつてなく高揚しているが、七〇年半ばに労働運動では、電産労組中国地本が、山口市や防府市で「反原発」の立看板を支店正門前にかかげたが、六〇年代後半～七〇年代は反火電が中心であった。大分県豊前火電に反対した松下竜一の『暗闇の思想を』（朝日新聞社）はその頃に出され大きな反響を呼んだ。

＊農村のリーダーとアイヌの活動家

青森県のむつ・小川原、北海道苫小牧の、鹿島より大きい広大な苫東「幻のコンビナート」の土地――新全総の無残な残骸――札束攻勢と就職保証で農地を売り渡した農民が、仕事も奪われ、補償金で建てた外観の金ピカ住宅は、権力、資本に常にだまされ、ろくなことがない庶民の、もののあわれ、もっていきどころのない怒り、それを通りこしたあきらめを実感させられた。都市の労働運動と革新の思想的後退とちがって農村出身の社会党長老たち、青森の米内山義一郎、秋田の栗林三郎、新潟の杉山元太郎等元国会議員の民衆と共に生きる生きかた、社会主義への情熱など、戦後民主革命の革命思想を継承する変わらぬあるものを強く感じた。米内山は、八戸の演説会で「私の兄貴分の竹内五郎（参院議員）は、この八戸でかつて活動した『安藤昌益の革命思想はいまいづこへいったか』と叫んだ」と演説し若い人に感銘を与えていた。東京・太平洋ベルト地帯から裏日本と一段低くみられる日本海地帯、あるいは辺境といわれる沖縄や石垣島、北海道の道東等の活動家は中枢首都圏では味わえない感性、人々にとけこむ作用の強さ等がより強く感じられた。

アイヌ民族に札幌駅前で始めて接した時もある感動があった。七七年参院選に北海道ウタリ協会の成田得平が立候補し、数人が宣伝カーの上にたち演説していた。その直前に同じ場所で日共候補者が「北方領土を返せ！」と訴えたことをうけて、「千島や北方領土はもともとアイヌの土地だ」と応じたが、その主張に強い共感を抱いたものである。

その後、伊達火力発電所反対闘争を現地漁民、住民が頑強に闘い、花崎皋平や労働情報の仲間たちが共に闘い、私も現地にいった。アイヌ漁民は、火電の温排水で漁業やホタテ養殖がダメになるので特に強く反対したが、その中心の一人苫和三が上京した時に、私の家にとまってもらった。翌朝味噌汁を私がつくったが、アイヌは薄味と思いこんでわざわざ薄くしたら、「シャモ（和人）のみそ汁は薄くてのめない」といわれ、食生活や習慣の違いを初めて味わった。アイヌの仲間に接して「一民族一国家一言語」（中曽根康弘や松下幸之助の理論）の誤まりと新たな民族排外主義の強まりを実感した。

『労働情報』は意外とのび、当初は二〜三年、二〜三千部と思っていたが、実数一万二千部に達し、一二年余のちの今もつづいている。

八〇年前後が最ものび、反火電反原発と労働運動や、日韓連帯、反安保・光州決起擁護、三里塚等一つの運動センター的機能をも併せ持つにいたった。

争議団は、全金田中機械支部を始めペトリカメラ、沖電気の仲間ら百人ぐらいが結集し、民間大手の新日鉄、三菱長崎造船、日産自動車、東芝などや、全金、港湾、一般等の中小、官公労の全逓、国鉄、電通、自治労、教組、或いは沖縄から北海道まで若干の空白県をのぞいて全国的ネットワーク網が広がり、各産別、地域の活動家は生き生きと闘い活気にみちていた。

＊経験主義と教条主義

人は経験からよく学ぶ。自らの生産・労働、階級闘争の運動実践を通して感じ認識を深める。経験にはさらに歴史的経験・実践があり、その集積、分析、集約の中から理論と思想を生み育てる。実践と理論のこの関係は、自己経験のみにとどまると経験主義になり、後者にこだわると教条主義におちいる。

労働運動とくに労働組合運動は、大きな変革期をのぞくと反復繰り返しが多い。賃金、合理化、労働条件をめぐる運動はとくにそうである。高度成長期、日本の資本・経営による労務管理は世界のトップを走りつづけたが、年功序列制・終身雇用制・企業別労組の「三種の神器」が、そして一九六〇年前後に鉄鋼資本が労組右派の一体化のもとにうちたてた（一）職務給型賃金（二）作業長を中心とした職制秩序（三）下請管理の完成（四）ＱＣ、ＺＤなど小集団管理等の労務管理と共に全盛の一時代がつづいた。

対する労働組合の左派はそのもとで経験主義が圧倒的に強く、一貫して後手後手であった。反撃が成功したのは国労の現場協議制（分会＝労働組合の基礎を六〇年代後年にきずき、七〇年のマル生攻撃を粉砕した闘い）や全金、全港湾、関西生コンなどの闘いであった。こういう状態下に一〇年間ぐらい経験すると「労働組合はもう分った」と思いがちだ。私も昭和三〇年代の京浜労働運動を通じてそう思いこんでいた。

が、前にのべた実践と経験を契機に世界労連主義の思想と運動への批判と自己批判を通じて「飛躍」した。同時に、労働運動＝労働組合とするあり方を再度とらえかえす契機となった。

一九七〇年に「オルグ――過去・現在・未来」を書いたが、その中に労働運動とは「労働組合、党、生協、労済」の総体とのべている。それは、私の川崎生協の体験、先輩たちの伝統の伝承、世界労働運動史の学習等の総合的結論であった。

＊先輩革命家と生協

私は、先輩革命家に多く教えをうけたが、とくに神山茂夫、中西功、春日庄次郎、高野実の四人にぢかに接し、その思想、理論、運動、人格等からさまざまのことを学んだ。この四人はそれぞれ一派の領袖であり、同時代人であるが、綱領的戦略的にはたがいに対立し、孤立していた。神山は「八一ヶ国声明支持」いわゆる「ソ連派」、中西は敗戦時からの社会主義革命派で一貫した反対派だが、フルシチョフ失脚を契機についに起たずに死ぬまで日共にのこり、春日は構造改革派の頭領から社会主義革新運動、統一社会主義同盟の二回の分裂をへて孤立したのち共労党評議員で労働者革命派支持、高野は六〇年代半ばに日共除名、文化大革命支持の毛沢東派であった。その綱領的理論的対立を別に私流に実践経験に即してよしと思う点をそれぞれ自らの血肉化していった。

六〇年代後半の東京で学者理論家からは、石堂清倫、前野良から学ぶことが多くあった。グラムシ研究の日本の先駆者である。そのグラムシ派の中で、中村丈夫と藻谷小一郎はコンビで「構造改革論の構造改革」の論文を出し、構革左派を名のり、組織していた。藻谷は、戦前の日共軍事委員会→満鉄、戦後は日共に復党したが、五〇年分裂で離れ、京大同期の勝間田清一（その後社会党委員長）らの左派社会党に入党等ののち、労組、社青同幹部を一定に結集した「組織問題研究会」を主宰していた。

六〇年代後半、東京グラムシ研究会の中で「陣地戦」の戦略方針から生協の必要、大事なことがいわれ、藻谷組研メンバー・岩根邦雄の発意もあって、クラブ生協が始まった、と後年、石堂に聞いた。「組研」の機関誌『社会主義・民主主義』（一九六九年九月号）が私の手許に残っている（当時藻谷に毎号もらっていたが、七〇年安保特集号のこの号だけ残しておいたものである）。その中に岩根（生活クラブ生協初代理事長、現社会運動研究センター理事長）の「地域大衆運動の論理と政治的指導――地域生協活動の体験のなかから」がある。グラムシの陣地戦の応用として地域社会における陣地の構築と全共闘的学園占拠を政治的「占領」に言い変え、その中心として生協を位置づけたもので、当時新しい先進的生協論の提起であった。

七〇年頃、この動きを知っていたし、国際労働運動、革命運動史には、労働組合と並んで協同組合、党とセットになっていたこと等を再度学習したことが、前記「オルグ」の中の考えに反映していた。

四❖労働運動と協同組合運動の歴史的再会

＊「地方」の健闘

高度成長期は、国家の新中央集権主義を強めたが、一九七〇年前後に欧米諸国から地域主義がおこり、日本でも「地方の時代」がとなえられ広まった。

私は、鹿島コンビナート調査の頃から地域開発、地域社会に関心を強めていた。全国の仲間の間でその後年々、自治体議員が漸増し、経験も蓄積されていく。

私の盟友の中でも鳥取県倉吉市の山口義行（産別神鋼機器で首切り、全日自労県支部委員長、日共国際派、第八回大会除名）は、工場闘争と地域社会の中で確たる政治勢力を形成し、広島市と共に全国で稀にメーデーには社共両党と並んで必ず政党としての挨拶をしていた。静岡市の白鳥良香は、「四・八スト破り」（一九六四年）時に全国で唯一の静岡民主商工会の多数派として日共に勝ちぬき静岡市議になっていた。八〇年頃、ある会議でこの二人が自治体闘争をめぐって大論争を展開したが、どちらも自らの実践に確信をもっていて成否の決着はつかなかった。

静岡ではスーパーのイトーヨーカ堂進出を商工会と零細業者が団結して数年の長期間拒否しつづけ通産省をして「静岡方式」とよばれた全国の典型闘争を打ちたてていた。が、労組はこういう闘いでは労働者の「階級的ヘゲモニー」にほどとおく、業者よりはるかに「後衛」的であり「生産点労働運動論」の致命的弱点――地域社会では全く無能――を考えさせられていた。

『労働情報』は、公安警察や動労・革マル派にとって統一労組懇、岩井、市川、大田の労研センターとなならんで一貫して「要注意」扱いであったが、一九八二年全民労協結成時の国際反戦デーの「演壇占拠」等で「雷名」を強める一方、拠点に対する包囲網等反撃、健闘していたが、全戦線で戦略的守勢に立たされ始めていた。

＊労働運動の根本的転換

私は、従来の「階級的労働運動」路線の発展的転換が必要と痛感していた。労働運動の戦略点を「職場生産点」のみでなく「地域社会」と両軸とすること、労働組合の活動領域を社会的に広げる、そのためにも七〇年代に大いに発展した生協と結合すること、実践してさた被差別部落、障害者、女性、或いは国内少数民族のアイヌや朝鮮、韓国など外国人労働者、アジア、第三世界との連帯。或いは反火電・反原発を自らの課題として闘った石川県評や電産中国の闘いの普遍化と漁民との共闘、三里塚、新潟・福島潟などの農民との新たな労農同盟の模索等。そして労働運動イコール労働組合ではなく、労働組合、生協等との総合と再生復活であるなどを「労働者宣言」（案）として活動家に討論をよびかけた。

それは一方では支持をうけたが、新左翼党派が一〇派ぐらいあるなかで共通の「労働者綱領」とすることは所詮無理であった。左翼のある政治グループからは、生協と労働運動の結合などという樋口は、労働運動をまったく知らない、あるいは誤ったものと揶揄された。

勢いのある運動、組織はその現場、事務所、集まりには、ある種の活気〝ざわめき〟と元気がある。八三年頃の首都圏では、その「元気印」は、生活クラブ生協、ピース・ボート、『学校解放新聞』等であった。チェルノブイリ以後は断然反原発運動である。

それらに共通しているのは〝若さ〟であり女性パワーである。とくに生協は、第一次石油危機と七〇年代に学生運動、政治運動、労働運動に代わって大噴出した反公害住民運動と結合して倍々的にのびていった。

＊複合汚染と生協の発展

有吉佐和子の『複合汚染』は一九七五年に出たが、時代にマッチして都市住民、主婦等の間でベストセラーとなった。その影響の強さに食品、農産関係企業は「御用理論家」を使って反論の本を出したが、最近の反原発の旗手広瀬隆への電力資本とその理論家の反論そっくりであった。その道の専門家ではない作家が書くのであるから相当よく学び調べても技術的弱点は必ずあるが、時代と大衆感覚は、それをものりこえて感性的、思想的にマッチして広まっていく。

生協は、この食品公害、河川湖沼汚染の「元凶」である合成洗剤追放への運動等の中で戦前、戦後の先人の苦闘と蓄積の上に爆発的にのびていった。労働組合―生協の長い歴史上の「兵糧部隊」「補助、後方部隊」論は、高成長期の生活の向上と大量生産・大量消費の中で歴史の彼方のこととなっていく。一方、労働組合が公害にほとんど対応できないのみか、チッソのように企業と一体化して逆に公害患者に敵対するような事態まで招いて――第一組合は「恥宣言」とストをもって公害患者への抗議座りこみに連帯し、かろうじて労組の良心を示した――、住民運動や生協、主婦や女性から急速に信頼を失っていった。総評は五〇年代の全面講和や平和四原則、反破防法、反基地闘争、そして六〇年安保闘争時の「戦後革新勢力の要」として「国民的信頼」を受けていた頃と比べてさま変りの信用失墜であった。

大河内一男は「六〇年安保、七〇年安保の闘争には労働組合運動は学生運動とともに異常な盛りあがりをみせた。さらに近年の公害をめぐる住民運動と手を組むことなしには組合はその存立を問われることになる」（『労働運動』第二版の序、七三年一〇月）と指摘したが、その後、ごくわずかの左派をのぞいて左右を問わずまさに「存立」そのものを問われ、いま危機の頂点にある。労働組合運動の根本的転換の一つとして住民運動、生協、草の根の女性解放運動等との相互交流、連携は不可欠の課題として問われるのは時代状況からも、内在的にも必然的であった。

＊マルクス生産協同組合と今日

一九八四年頃から全日自労の中西五洲委員長を中心にした「中高年雇用・福祉事業団」（労働者協同組合）を山口義行等を通じて知り、同労組の大会の討論や、事業団の合宿等で路線的提起――労働組合・協同組合・自治体の三位一体論、「マルクス・レーニン・グラムシ」とヘゲモニー論等を聞き、政治的立場の違いをこえて理論的、路線的に一定の共通点を感じた。

同時期、労働組合論の再構築のために、マルクス或いはロバート・オウエンやD・H・コール等を改めて学びだした。

マルクスの第一インターへの「個々の問題についての暫定中央評議会代議員の指示」はその最後が「労働組合―過去・現在・未来」であるが、一〇回ぐらい読んでいた。とくに七〇年頃の転機に。が、その一節前にある「協同組合労働」は、斜め読みするか、飛ばして読んできたのであった。過ぎし古い歴史の遺物視して。

岩波小辞典『労働運動』（大河内一男編）は、一九五六年第一版ののち七三年一〇月に、この間の変せんを経て大幅に改訂された。項目の選定と執筆は白井泰四郎、松尾洋、高梨昌、兵藤釗である。生協については次のように出てくるだけである。

「生協の起りは、イギリスの（ロッチデール・パイオニアーズ）（一八四四年創立）にあり、以後各国に波及し、労働組合運動の重要な一環をなした。日本でも第二次大戦後の昭和二三年（消費生活協同組合法）の公布施行により、多くの生協が設立されたが、その多くは、企業単位の〈職域生協〉で、幅広い地域住民の消費者利益を守る〈地域生協〉は一般小売商店やスーパーなどの商業団体の強硬な反対もあって十分に発達せず、職域生協は企業内福利施設としての購買会と同質のものとなっている。しかも一般には、消費物資の廉売機関と誤認されていることもあって本来の生協として育っていない」

生協などの消費者運動は「生鮮食料品、サービス料金、運賃・光熱水道料・公衆浴場などの公共料金、家庭用電機製品での再販売価格など消費者物価が急上昇し始めた昭和三〇年代末頃から盛んになってきた」が「消費者は多様な社会階層の地域住民よりなるところから、政党や労働組合運動との連係には困難な問題が多く、とくに特定政党による消費者運動の支配と統制は、マイナスの結果を生む場合が多い」

生活協同組合、そして労働組合との関連については、名だたる労働問題研究学者たちのこの評価が、一九七〇年代初期——石油危機直前における支配的理論と認識であった。この認識、評価と、私などが「協同組合労働」を過去の遺物とした認識とある程度見合っている。

マルクスが一二〇年ぐらい前に労働運動の一翼として労働者の生活を守るために消費協同組合（生協）は大事である。だが生産協同組合はより重要である。なぜならば資本主義の経済的基礎をうつものであるから云々、と書いであるのを熟読し、現実の運動と対比して、私はビックリした。

＊レイドロウ提案の歴史的画期性

レイドロウの「西暦二〇〇〇年における協同組合」の中の最後四つの提案は、いくつかの論文、著作で読んで共感していた。

だが、その全文を初めて読んだ時はさらに驚きであった。そもそもこの本そのものが生協や農協等協同組合の内部にのみ出され――大きな影響を与えていた――、一般に市販されていないその運動の縦割り構造化、とくに労働組合と生活・生産協同組合が全く切れていることの事実について改めて痛感した。

さらにその内容である。（一）第三世界の飢えに対して、（二）労働者生産協同組合、（三）社会に有害なものを生協は扱わない、（四）協同組合地域社会は、日本と世界労働組合の大きな弱点をあぶりだし最も欠けている思想、政治、運動の提起、として深く共鳴した。それはまた、二〇世紀の社会主義がほとんど、或いは全くといっていいくらい見過ごし、あるいは誤ってきたことであると考えざるをえなかった。この四つの提起は、画期的な提案であり、「社会的有用な生産・労働」（イギリスのルーカス・プラン）と共に、労働組合と協同組合、そして社会主義を結合する問題提起があると確信した。

私が四〇年間の労働組合、社会主義（党）の実践経験とレイドロウ・協同組合論の結合の路線形成をめざす一歩が「労働組合、協同組合、社会主義」（『労働運動研究』一九八八年一一月号）である。

第三世界との連帯、労働者生産協同組合、社会に有害なものは扱わない＝有用な生産・労働の展開と一対、等はこの一文と「生協論」等でのべてきたので省略する。
もう一つの協同組合地域社会について、最近の新たな実践や私の問題、関心と合せてここでのべたい。

＊新々中央集権主義

私は数年前から瀬島龍三の戦略論とその展開を、彼の「大東亜戦争」総括もふくめて注目してきた。国家戦略――明治以来政治、社会、経済、軍事或いは情報、教育、労働にいたるものを一本化した総合安保戦略とネオ・コーポラティズムとしての第二臨調の要に、彼は、一〇年余位置している。国鉄分割・民営化はその一環であった。篠原一は、瀬島の新たな国家原理、「新国策」等のもつ反民主主義性や危険さを理論的に批判してきた（『世紀末の選択―ポスト臨調の流れを追う―』宇沢弘文との編著、総合労働研究所等、八六年）。

日本国家による「新々中央集権主義」は強力であり、上からの網の目が企業社会・市民社会の各分節にはりめぐらされてきた。その管理支配はかつてないものだ。

とともに思想・政治・運動にわたって危機を深める労働組合に代わった社会運動の登場、展開もかつてない。

国家原理と市民原理の対立を伴いつつ反原発、エコロジー、フェミニズム、クラブ・共同購入型生協等は、深層海流から大きな潮流となりつつある。

＊かつてない農業への関心

八八年末に私の住む隣の町保谷市で「都市農業と消費者」の集会があった。保谷の地域・市民運動をも始めた吉川勇一にさそわれて行ったら、六〇人も集まったことにまず驚いた。生活クラブが約三分の一弱、農民が一〇人で、講師は、世田谷の住宅地で有機農業を営む大平博四であった。

保谷は練馬区等に隣接する人口一〇万人弱、六〇〜七〇年代に移住した「新住民」が、永住の地として保谷の緑、大地、川、道路等の街づくりに目をむけとりくみだしていた。

大平の話はわかりやすく説得力があった。彼の父は日本でも最も早い時期（一九五三年頃）温室栽培を始める。が、もうかったのは最初だけで一斉に多くの農家へひろがったのですぐに利益は平均化されて経営の妙味はなくなる。一方農協等からいわれた通りの農薬を高温のビニールハウスの中で毎年まきつづけた結果、強度の農薬病となって薬害は体内にしみ込み、のたうちまわる病いの中に死んでいく。母もまた同じく苦しみ通したが、晩年、庭の百年ものけやきの大樹をみて息子にいった。「このけやきの大木は、肥料も農薬も何もやらなくともこれだけ大きく成長し長生きしている。野菜だって同じなのではないのか」と。長い農作業と近代農業による自らの重い病からえた主婦農民の経験からくる直観であった。

グラムシは、知識人は知るとはいえ「わかる」わけではなくさらに「感じる」わけではない、民衆は「感じる」けれど「わかる」わけではなく「知る」わけではないといったその通りである。

彼はその一言がヒントで一九六八年頃、いち早く有機農業に転換する。それは七〇年代の食品公害、複合汚染が強まる中でクチコミで次々と販路が広がり、同じ方法の長野のリンゴ、静岡のお茶、みかん農家と連携して共同購入者のネットワークができ、経営にも成功しているらしい。

講演はくばられたパンフと同じ内容だが、初めて聞いた私等には強い印象を与え、その著書は三四冊、参加者の半数強がサイン入りで購入していた。

＊近代農業批判と有機農業

肥料、農薬づけの近代農業はだめだ。戦前戦後の農業の改良としての有機農業こそ今に生かすべきだという自らの経験の失敗と成功は、たい肥づくりに各家庭の庭の植木のきりくずの活用や、優良種苗の積極的交換交流――従来は〝商売仇〟としてやらなかった――等、若干の技術的改良をしている。この有機農業は前にのべた利根川や長良川の治水理論にも通じ、近代科学、技術理論の根本を問うものである。

それにしても東京の都市部で百姓が講師で農業を語る講演会に市民がこんなに集まるということがかつてあったろうか。

戦中戦後メシが絶対的に食えない時に、都市住民の目は農村にそそがれた。だがそれは農業への関心というより、今日食うコメやイモへの関心であった。

飢える第三世界と飽食の北という世界の現実、日本では銀座の乞食も糖尿病にかかるといわれる栄養過多……。

有機農業という言葉が日本で最初に登場したのは一九七一年である。水俣病への闘いが燃え広がり始めた時である。

日本の生協運動は第一次石油危機前後に急速にのびたが、それは一方で伝統的な〝よりよいものをより安く〟というスーパー型生協の発展であると共に、もう一方では、食品公害、有機農業と結びついていった。後者は合成洗剤追放運動等と共に、豊かさとは何かその質を問う思想と運動にむかう。

この燃え上る野火の如き大衆的な生協運動の発展の中で、家庭の主婦の〝めざめ〟が胎動する。宇津木とも子（生活クラブ生協神奈川）が代表したように、その後一〇年の実践の中で「主婦から女性」に、「消費者から生活者」に、「国民から市民」へのある飛躍をし始めたのであった。フェミニズムの登場は、上野千鶴子ら代表選手の活躍と共に、生協や地域社会の草の根生活と大地に根を強くはり始めていたのである。

その時、労働組合の大勢は、相変わらず大幅賃上げの額と率だけにこだわり、第三世界や在日外国人とくにアジアからの出稼ぎ労働者との新たな差別の問題や企業別労組の内実――マイホーム主義とマイカンパニー主義の合体と猛烈社員、企業戦士として家庭や地域社会からますます「無縁の衆生化」していった。

＊南無阿弥陀佛と反原発

東京砂漠といわれた世界一のマンモス都市の中にもある変化のきざしがでてきたが、前節で農村漁村の闘いとして石川県七尾の反火電闘争を紹介した。その闘いの先頭にひるがえったのは赤旗ではなく、六字名号の幟《のぼり》「南無阿弥陀佛」であった。

その親鸞・真宗は、その後さらに大きな変化がその一角におこっている。

作家野間宏は、日本への外来思想で土着化したのは五つの思想系列すなわち、中国からの儒教、オランダからの蘭学とヨーロッパ科学――医学や工学など――、キリスト教、マルクス主義、仏教だとする。そして仏教が「いちばん日本人の心をとらえたもの」「わたしが考えているかぎりでは大衆をとらえた唯一の思想」という（『歎異抄』筑摩書房、七三年）。

東本願寺―真宗大谷派―一万寺、一千万門徒といわれる日本最大の宗派の中に「反原発の会」が八八年四月に結成された。能登、越中をはじめとした全国ネットワークであるが、その「反原発通信」の中で一人の僧はいう。

「思えば二〇年前東海村に第一号の原発が出来て以来今日まで、このような原発の問題こそが、真宗念仏者と自認する我々にとって、信仰の重要課題であることになかなか思い至らなかった。

同朋会運動の中では、『生命の尊厳』という言葉が飛びかっていた。しかし、そこで取沙汰されていた『生命』とはなんであったのだろう。戦争の問題、差別の問題、日本の経済侵略による第三世界の飢餓の問題、公害等々、このような問題は社会的経済問題であり、信心とは関係がないと切り捨ててきた。

『生命の尊厳』とは口先だけで、逆に一切の『生命』を自分の生活を守るための道具として利用し、踏みにじっていても、その事が痛みにもならぬような人間を造り出してきたのではなかったか。しかし、それでも靖国を学び、同和を学び続ける人々の研ぎ澄まされた感性が、ついに『原発』をとらえたと云える」

念仏者を労働運動者に、信心をマルクス主義や社会主義にいいかえれば、自らを映し出す同じ鏡である。この思想は、レイドロウらと共通し、我々とこだましあう。

＊アイヌと沖縄

新崎盛暉は中野好夫と共に師の亡きあとも沖縄の心、思想と政策を一貫して提起してきた。彼は一九七八年参院選に立候補したアイヌの成田得平に一票を投じたという。

アイヌ民族は、少数先住民族としてヤマトに侵略、搾取、収奪、差別されつづけ、さらに自民党政府や松下幸之助は「一民族一国家一言語」論でアイヌを抹殺しつづけてきた。

沖縄は、関ヶ原や大阪で敗北した薩摩が大幅減封の代償に沖縄を侵略していらい明治の廃藩置県、第二次大戦敗北後の米軍占領と昭和天皇の「二五年~五〇年にわたって占領を」なるマッカーサーへの申し出等、アイヌへの差別につぐ扱いをヤマトからうけてきた。新崎がアイヌと沖縄の連帯をいうように、沖縄戦の日本軍＝「天皇の軍隊」の中でもアイヌ出身の兵士は、沖縄人に差別をもたなかったという。八〇年代の始め頃北海道アイヌが沖縄で戦死させられた同朋の眠る「魂魄の塔」の前で鎮魂のアイヌ儀式をおこなったことが「沖縄タイムス」等にのった。

新崎は『日本になった沖縄』（有斐閣新書、八八年）の中で「アイヌ非武装自治区」構想を一九六〇年代末、中野好夫に語ったことを記している。それをさらに発展させて、米ソ中日四ヶ国共同保障のもとに沖縄と「北方領土」を「非武装自治区」にと提起している。これは卓抜した構想であると私は思う。ぜひ政治の現実に力を合わせてできないものか。

＊都市と農村―自覚的少数派の連帯

さてもう一つ、協同組合地域社会についてである。

マルクスのいう協同社会は、国家権力の問題ぬきにありえない。が、レイドロウのいう協同組合地域社会は、自治体議会・首長などをはじめとした公権力の問題は不可欠であるがいまの社会の枠組の中でも一定には充分に可能であろう。

「協同組合の拓く町」としてのスペイン・バスク地方モンドラゴンにおける一定の成功はそのことを

立証した。その源流はロバート・オウエンの「共産主義的植民地」やアメリカのニューハーモニー等であろうが、単にその再来ではない。その詳細はレイドロウ報告を参照されたい。この問題提起をふまえて生活クラブ生協は、その生協運動の経験の中からそのスケッチとして「協同組合地域社会のイメージを描く」構想を提起した（『いま生活市民派からの提言』御茶の水書房、八八年）。

また、荷見武敬（農林中央金庫研究センター所長）は、長い農協、有機農業等の経験をふまえて『協同組合地域社会への道』（家の光協会、一九八四年）を世に問うた。前者は都市の生活市民派として、後者は農業、農民の立場からであるが、例えば東京・練馬を対象として構想する場合に、兼業農家の重視と地域社会農業、学校給食の見直し―食と農の原点、有機農業―健土・健康・健民―、葬祭活動―人間協同の極致等々大いに役にたつ視点が豊かにある。

私は協同組合地域社会は、モンドラゴンのようなひな型はあるが、地域社会が多様であるようにさまざまなあり方があるべきで、画一的になってはなるまいと思う。都市の生活者、労働者と農村の農民、被差別部落や障害者、あるいはアイヌや沖縄の「非武装自治区」と、また北海道から沖縄にいたる親鸞信徒やお寺をセンターに等、七〇年代以来つみ上げ蓄積してきた運動を「協同地域社会」形成にむけられないであろうか。

いまは各分野戦線ともに「自覚的少数派」（新崎）であるが、協同思想、協同労働、相互扶助で連帯しあうことは可能であろうし、二一世紀にむけて実践化すべきオルタナティブ（もう一つの道）であり、職場と地域社会を貫く民衆の対案戦略とすべきであろう。

＊見果てぬ夢と若い人々

敗戦いらい、私の人生は闘いと運動にあけくれ、ただひたすら歩き、かけぬけた四〇年であった。『労働情報』の編集長兼全国運営委員長として専従一〇年、生涯で最も長い職歴で、初めて給料が安定的に長期間保障された期間であったが、もう潮時ということと、次の新天地開拓をめざして八六年二月、多くの反対をおしきって専従を辞めさせてもらった。

その最後に「四〇年の見果てぬ夢」の一文を『労働情報』に書き、「人間の顔と心をもった社会主義と新たな労働運動」と自らの初心とともにつづり、その結語を、尊敬し親しく接し、共労党結成いらい三回の内部闘争で私の路線をずっと支持してくれた国分一太郎の次の言葉で結んだ。

「春はまだかと問う人に、冬はしばしと答うべし」

また、国分の愛唱した「北に向いし枝なりき、花咲くことはおそかりき」が私も好きである。

私の四〇年は、いくつかの正しさと共にさまざまな誤り、失敗のつみ重ねでもあり、つれあいの協力を始め、先輩、同僚、後輩の多くの人々の物心にわたる援助のおかげであった。何回かの絶望――内部から、背後からのものが最もこたえる――をのりこえて到達した地平は、ふと気がつくと、はるかに若い青年労働者が同じことを言っていた。

石井文夫（三三歳、全逓小石川分会書記長、練馬で生活クラブ活動も行う）は言う。

「私たちが地域に出ていってすべきことは、地域の住民とともにあるべき社会へ向けてともに運動をつくることです……一緒に地域づくりをするために、組織をいかに活用できるかを考えるでしょう。また住民から学ぶことが全逓を再建するためのヒントともなるでしょう……。労働組合というものは、かつては地域の進歩勢力の中心としての役割を果していましたが、今やともすれば資本の手先になりかねない状況となっています。地域に、共に住む住民と労働者あるいは生活者としての共通の立場から社会を見すえていくこと、働く者にとって本当に必要とする社会を展望していくことが、労働運動の行くべき道を明らかにするのではないでしょうか」（「『地域』＝社会全体の動きを見る眼」『伝送便』八八年二月号）

＊生涯一オルグとして

新しい時代に対する私の路線的方向は「労働組合・協同組合・社会主義」である。また、労働者と生活者、労働運動と社会運動、労働組合と生活、生産、文化にわたる協同組合の結合であり、戦後労働運動にもっとも欠けていた「労働・生活・地域」の一体化――石井らも同じ――である。それは「新たな自主管理的な社会主義思想をになう運動体は、結局のところ、従来の伝統的な組合主義の枠をこえた、新しい労働組合運動と、地域社会における『生活者』のネットワーキングのなかでしか形成されないのではないのか」（戸塚秀夫）と期せずして共通の路線的方向であり、この七～八年来、悩み、苦闘し、構想し、失敗しつつ考えてきた到達点であった。次の一〇年、この戦略的構想の実践をめざすつもりである。八九年の新年に当って私の人生訓でもある魯迅の言葉をその決意とした。「思うに希望とは、もともとあるものともいえぬし、ないものともいえない。それは地上の道のようなものである。もともと地上には道はない。歩く人が多くなれば、それが道になるのだ」

生涯一オルグの道を今年も歩きます。

【『現代の理論』一九八八年一一月号、八九年二月号、三月号、四月号、原題「労働者解放を求めて四〇年――労働運動と生協運動」】

3　大左翼を！——日本労働運動をめぐる大右翼化との対決を

一❖体制危機下の体制安定帯

資本主義国の体制危機が、政府危機から政治危機へ、さらに革命的危機に転化するか否かにとって、労働者階級と組織された労働組合—労働者政党のありようは決定的である。

このことは、ロシア革命に連動したドイツ、イタリア、フランス、ハンガリー等のヨーロッパ革命以来、近代六〇年間の革命—反革命史の鉄則であり、大きな教訓である。

日本ブルジョアジーもまた、一九二九年大恐慌—昭和大恐慌時と、それにもまして一九四五年の敗戦とその直後数年間の「戦後革命期」を通して、身をもってこのことを体験し、ブルジョア的にのりきってきた。

日経連会長桜田武は、ロッキード疑獄と田中角栄逮捕で大揺れに揺れる渦中、「日本経済と労働問題を考える」経営トップ・セミナーで次のようにズバッと集約した。

「ところで、政治が混迷している間の日本には安定帯がなければなりません。私は企業の職場を中心とする労使が安定帯となりうると信じます。昭和二〇年初頭から敗戦後の一年間既に経験したところであります。それに警察、裁判所が健在であり所要の官僚組織が健在であれば、政治の混迷期は案外経過できると信じるものです」

人民感情、国民感情を考慮してか、さすがに軍隊の健在はわざと入っていないが、権力の防衛、体制の防衛にとっての「徳俵《とくだわら》」は何かをきわめて単純明快にしめしている。

桜田武は、日本ブルジョアジーを代表する中枢の一人として「偶然の運命で昭和二一年五月、吉田総裁が組閣され、和田（博雄）君や石橋（湛山）さんが入閣されて以来、歴代の内閣をある時は身近に、ある時は離れて三〇年間見て」（同）きた歴史の生き証人であり、歴史的教訓を今の体制危機下に生かすべく、日本ブルジョアジーの戦略課題としてさきのごとく提起した。

体制最大の安定帯＝工場のブルジョア秩序擁護の桜田発言に呼応するかのごとく、「労働戦線統一」と「新党形成」は陰然、公然と進められている。

職場秩序・工場制度が資本・権力の安定帯たりうるためには、強力な官僚制度、常備軍等と共に、「小国家」的大企業のもつあらゆる差別管理支配の諸手段が総動員される。わけても、階級闘争の鉄則として、また管理社会であればこそ、その内部から制するために、労働組合制度と労働者政党は、議会制民主主義との相関関係で、その「安定」「穏健」「健全」性＝反革命性が不可欠とされる。

職場労働者の生活、労働・生産過程、地域社会等における広汎な不平、不満、要求、怒りは、直接的には自らがえらんだ形式になっている「労働組合」と「労働者政党」がなだめ、すかし、おどかし、除名、きりすて、分裂、弾圧し統合することがもっとも上策であり、経験的にもそうであった。

「労戦統一」と「新党」に対して、昨今とくに熱心であり右のヘゲモニーを発揮している労組は、東電を中心にした電力労連、新日鉄―鉄鋼労連、松下等であるが、永野重雄、木川田一隆、松下幸之助らの言動をみれば、その関係はすぐわかる。日本ブルジョアジーの階級意志と同時に、巨大企業の実権者の意向をうけて労働副官らがおどっているのである。

永野重雄は、七六年一〇月四日に開かれた「新しい日本を考える会」のレセプションにもにこやかに参加した。労働戦線の統一―分裂はそもそも歴史的に相対的なものである。それは敵にとっても我々にとっても、与えられた所与の歴史的条件、階級闘争の力関係と進展に規定される。統一は超歴史的に「善」ではなく、分裂もまたしかり。

日本の場合、今回、もっとも能動的、積極的なのは、体制＝ＪＣを中心とした右翼勢力である。

二❖一九三〇年代の「城内平和」と大右翼

史上初の「資本主義の死の苦悶」であった一九二九年大恐慌に連鎖した日本の昭和大恐慌時、「労働戦線統一」問題は日本労働運動の歴史に登場した。この時には、松岡駒吉、西尾末広のひきいる右派―総同盟は「戦線統一」に積極的に動き、「大右翼」の構想をかかげた。

史上最大のアメリカ大恐慌は、またたく間に資本主義世界と植民地・従属諸国をまきこんだ。その一環として日本の昭和恐慌は、過剰生産恐慌と農村恐慌が結合し、首切りの続出と大失業、工場休業、倒産、賃金遅欠配が吹き荒れた。絶望のガケッぷちにたたされた労働者大衆は、自然発生的に次々と生活の擁護と失業反対の反合理化闘争に立ち上がる。

一九二九年一二月、三〇年四月の東京市電大ストライキ（財政危機を全従業員の賞与二割減と昇給無期停止にしわよせしたのに抗して）。三〇年四月、鐘紡淀川、京都、兵庫、隅田工場の大ストライキ

（手当削減、賃下げ）。五月から九月にかけて富士紡川崎──「煙突男」事件、同東洋モスリン等々で賃下げ、強制帰休、首切りに対してストライキの波は連鎖連動し、とくに東洋モスリン亀戸工場は女子労働者中心に「市街戦」にまでいたる大争議となった。

昭和恐慌時の労働争議件数、参加人員は、同盟罷怠業（ストライキ）、工場閉鎖など実力行使を伴なったものだけでも次表の通りである。

	（件　数）	（参加人員）
一九二八年	三九七	四六、二五二
二九年	五七六	七七、四四四
三〇年	九〇六	八一、三二九
三一年	九九八	六四、五三六
三二年	八九三	五四、七八三

一九三〇〜三一年は、争議参加人員、件数とも明治以来の資本主義史上最高のピークとなった年である。このような騒然たる社会状況下に、日本帝国主義は三一年九月、中国侵略の第一歩として「満州事変」をひきおこし、人民の耳目を排外主義に動員する。この「非常時」の危機のりこえと軌を一にして、三一年には戦線統一運動が急激におこされていく。いわゆる「城内平和」のためである。右派六労組の総同盟、日本海員組合、海員協会、官業労働総同盟、海運労働組合連盟、日本造船労働連盟は、労働立法促進委員会運動を通じた「大右翼」結成をかかげる。

下からの反撃をふくむ紆余曲折《うよきょくせつ》を経たのち、三一年六月には、綱領的方針として三反主義、すなわち「反共産主義、反無政府主義、反ファシズム」の「健全なる労働組合主義」とＩＬＯ支持を指導精神とする、をかかげ、「日本労働倶楽部《クラブ》」を結成。三二年に日本労働組合会議に改組され、一一組合二八万が参加。当時の組織労働者三七万の七五％を「大右翼」戦線に結集したのであった（一九三〇年（昭和五年）一二月の内務省警保局保安課の『特高月報』による当時の各政党・団体間の色分け・勢力比は次の通り）。

右翼＝社会民衆党（五七、一六五名）。安部磯雄、赤松克磨、片山哲、松岡駒吉、西尾末広、亀井貫一郎。日本労働総同盟、官業労働総同盟、海運労働組合連盟、日本海員組合、日本製鉄労組連合会、足尾銅山鉱職夫組合、日本農民組合総同盟、日本農民組合山梨県連合会など、合計二二三、九八五名。

中間派＝全国大衆党（四〇、六八九名）。麻生久、三輪寿壮、河上丈太郎、浅沼稲次郎、鈴木茂三郎、加藤勘十、黒田寿男。全国労働組合同盟、日本労働組合総連合、日本交通労働総同盟の一部、全国農民組合の一部など合計五八、九六三名。

左翼＝労農党（五、三八一名）。大山郁夫、田部井健次、山花秀雄、中村高一、石田宥全、稲村隆一。日本交通総連盟の一部、京都労働組合総評議会、神戸地方左翼労働組合連盟、全国農民組合の一部、計一四、五八〇名。

極左翼＝日本共産党。全産業労働組合全国会議、日本労働組合全国協議会（朝鮮人も含む）、在日本朝鮮労働総同盟（解消中）系、全国農民組合の一部など合計九、三五〇名。

無政府主義系＝全国労働組合自由連合会（一、六七九名）、自由連合団体全国会議（五六六名）。

これをみればわかるように、中間派をひきよせ右旋回することを通じて、「合法左翼」、「左翼」は始めから戦線統一の対象外であり、また結果においても切り捨てた「統一」であった。

総同盟は、戦線統一にあたって、ここは絶対にゆずらないという綱領的原則について、三一年一一月全国大会で「本大会は、反共産主義労働組合の全国的一大結成の喫緊《きっきん》なるを認め……これが実現を期す」と決議する。日本労働倶楽部を母体とする労戦統一の階級性がいかなるものであったか、この一事はみごとにその本質を現わしていよう。

ヨーロッパでも日本でも、ファッショ運動の危険性が目前にせまり、あるいは日本帝国主義の海外侵略が現実の日程に入っているまさにその時、「三反主義」の主たる攻撃はファシズムではなく、体制擁護のためにその対抗勢力たる革命勢力にむけられた。左翼の中心であった日共は、武装メーデー事件（三〇年）、銀行ギャング事件などその戦略・戦術上の極左日和見主義で大衆闘争からまったく浮き上がる。階級闘争としては、権力に屈服、ゆ着していく日和見主義的労働運動に対する左からの懲罰ではあったが、一方では全協刷新同盟（神山茂夫ら）、クラブ排撃同盟（高野実ら）など左の旗印をかかげつつ大衆的闘争を指向し苦闘しぬいていた労組、集団、グループごと、この労戦統一運動は排除、切り捨てたのであった。

だから、この「統一」は言葉通りの「全的統一」とはほど遠い、いなそれをそもそも欲しない「大右翼」化なのであった。

三❖「戦後革命期」と右翼の原則的貫徹

一九四五、六年、敗戦の激動時には、松岡、西尾に代表された右派は、断々乎として「分裂」を強行した。

日共初代労働組合部長神山茂夫や高野実らは、反ファッショ人民戦線―世界労連結成をふまえて「全的統一」をめざし、「巨象のような統一同盟」（高野）構想が左翼側にあったにもかかわらず――その是非はここではおき――、松岡らは一顧《いっこ》だにせず分裂組織―総同盟単独結成にむかう。

一方、統一戦線として、山川均、荒畑寒村提唱による民主人民連盟に対しては、森戸辰男の救国民主連盟をぶつけてこれまたつぶしてしまう。この時の西尾ら右翼は、労働組合間の統一、行動と組織統一、労働者政党を中心とした政治的統一戦線、政府をめぐる連合、連立のすべてを貫いて、産別会議、日共など左翼の勢力とは分裂を貫き、逆にブルジョア党との協調と連立路線＝危機にたつ日本資本主義の救済を選択したのである。

階級闘争の結果についてみれば、松岡、西尾、原らのとったこの路線、政策、組織の力を主として、熾烈《しれつ》な労働攻勢、人民攻勢はある一時期せきとめられたのであり――米帝国主義占領軍の全一権力の傘の下に――改良主義の原理原則を貫徹しぬくことを通じて、危機にあえぐブルジョアジーをまもる政治的、社会的、道義的ついたての役割を果たしぬいたのであった。

革命的激動期における社会党―労働総同盟右派は、日本階級闘争でいかなる任務と役割をひきうけたかの概観をみてきた。

では、社会党左派（とくにその主流）はどうであったのか、桜田のいう「和田君」のことをみてみよう。

〈左派へのクサビ〉

長谷川浩「僕はやっぱり、吉田茂って奴は大したものだと思うよ。和田博雄を使って、西尾を使い、和田を社会党に潜入させる。四党協定で大枠をしばって、自分は入らない。筋書通りなんだ。自由党も入った挙国内閣ならもう一ぺん一騒動起きたんだ。和田は社会党に入ってから、吉田のヒモとして動いたのよ」

松本健二「吉田は、和田を使って高野さんを労働省の労政局長におしこめようとした。和田は三回も高野さんに頭をさげて頼んだんです」（以上の発言は『高野実著作集』第一巻付録「戦後労働運動の潮流――高野ラインと共産党路線の接点」）

和田は、高級官僚として池田勇人、佐藤栄作（当時は鉄道総局長官として、闘う巨象国労と対決していた）より上の席次であり、農林大臣、経済安定本部長官を歴任した経歴にもかかわらず、分裂後は左派社会党を選択し、野溝勝のあとをついで書記長となった。

和田―左社のとりあわせは当時から七不思議の一つといわれていたが、長谷川、松本は、共産党、社会党の中枢にいて表裏の状況をよく知っていた証人として、最近その真相を先のごとく指摘した。

このことのもつ意義は何であろうか。経済的、政治的、社会的危機が革命的危機に転化するのを防ぐブルジョアジーの戦略的組織的課題が「和田君」の軌跡に集中的に現われていることである。

危機は、政府危機から政治危機に移行するような社会状況下には、怒涛《どとう》のような労働攻勢、人民攻勢が爆発する。一九四六―四八年がそうであった。権力側はこの攻勢をせきとめるものとして、かねて培養《ばいよう》してあった労働貴族―労働組合と労働者政党、とくに社会党右翼指導部の指導権獲得に公然、陰然とテコいれする。だが、連鎖する労働者闘争と人民闘争の大波がそれをものりこえて進む時の切り札が、労組―党左派の分断、懐柔と弾圧であった。二・一ゼネスト攻勢直後の社会党左派の領袖《りょうしゅう》、加藤勘十、鈴木茂三郎の反共声明（一九四七年）、第二次保革連立・芦田内閣への加藤勘十、野溝勝の登用（四八年）、政令二〇一号とスト権はく奪に対して反共連盟―民同の無条件支持（同年）、百万人大首切り合理化に対しての民同の首切り容認（四九年）。

この権力側の全力投球の前に社会党―労組左派の主流は屈服し、「徹底抗戦」をとなえる「純正左派」としては労農党―革同系プラス若干となったのであった。

そして幾多の戦略・戦術上の誤りにもかかわらず、もっとも勇敢に革命的に闘った日共―産別会議を全戦線から包囲、孤立させ、総同盟左派や社会党左派から切断し、労働・人民攻勢をおさえこんだ。

一九四九年の大首切りをめぐる攻防は、朝鮮戦争を一年後にひかえ、「戦後革命期」の最後の階級的決戦であった。それは、大まかにみたこれらの戦略展開された包囲網に加え、下山―三鷹―松川事件という三つの大フレーム・アップ攻撃と共に、一挙に崩れさったのであった。日共の大ストライキ抑制―民族産業防衛闘争という右翼的戦術とセクト主義にも助けられて。

社会党―労組左派の役割は、「過激派」、革命勢力と連合、団結するのか、ブルジョアジーと連合するのか、決定的瞬間に、このようにきわめて重要なものであった。この左派勢力を内部からおさえ「健全化」させる階級的使命こそが、「和田君」の「崇高な任務」だったのである。

四❖歴史の継承性

〔青・壮・老の結合〕

日本階級闘争と労働運動史上に登場したこの二つの「労働戦線統一」運動は（ほかにもあるが）、右翼が一貫してその原則性―反共産主義・体制擁護を貫徹しぬき、左派は、集中弾圧の激化するなかで内部の路線的、組織的対立でそのもつ潜在的エネルギーを充分に結集できず、結果において激化する自然発生的大衆闘争の高揚に、ある時は数歩も先へ、ある時は数歩も後へ動揺して前衛的機能を発揮しえずに敗北してきたのであった。

ふたたび、みたび、労働戦線統一運動は、我々の眼前で七六春闘後急展開しているが、戦前・戦後の階級闘争で、何千何万人という先輩達が生活と生命をかけて闘いぬいたにもかかわらず痛苦な敗北に終わった歴史によく学び、前車の轍《てつ》をふまないよう、お互いに自戒したいものである。ブルジョアジーと権力、労働副官らは、まさに支配階級であったがゆえに、歴史の連続性をあらゆる側面で継承し、経験を蓄積し、有事に際して故事によく学ぶ。

一方、革命運動は、日本人民の歴史性に規定され、とくには日共に体現された数十年にわたる革命運動の体質、マルクス・レーニン主義の普遍的真理を日本人民と階級闘争の歴史と実践に固く依拠する中から創造的にねりあげる思想と路線・綱領と戦略・戦術の一貫した欠如――すぐれたものは異端としてうずもれてきた――、ぬき難いセクト主義と労働者・人民大衆への蔑視とひきまわし、内部生活では、少数意見の官僚統制と排除等々の累積。かたや反対派もまた、生きた労働運動と階級闘争の実践そのもので路線の正否の決着をつけることよりも、とくにスターリン段階後のロシア共産党とコミンテルン的な、会議と論争、陰謀術策による党内闘争というパターンのくり返し、反逆、分岐、分裂、絶望、戦線離脱の中で、歴史の連続性は随所で寸断され、一貫性をもたず、老—壮—青の三結合に体現される革命運動の革命的継承性と具体性をいちじるしく欠いてきた。

宝樹提案（一九六七年）に始まる今回の「労働戦線統一」問題は、当事者が明言しているごとく、その歴史的原型は、一九三〇年当時の労働クラブであり、「大右翼」統一であった。

我々もまた、生起する階級闘争の現実と共に歴史の教訓によく学ばずして、どうして「強大」な敵にたちむかえるであろうか。

当時も今も、権力・資本・労働将校による「大右翼」的統合支配に決定的に対決し、闘いぬく我々の階級的答えは、きわめて単純明快である。

曰《いわ》く、「大左翼を！」

五❖「連合の時代」とJC路線

〈朝日の分裂のすすめ〉

政党構造の再編と労働戦線の再編は相互に連動しあい浸透しあいつつ後者を母胎として進むが、客観的な当面の現実的可能性はいくつかにしぼられる。

朝日新聞は、七六年夏以来、きわめて意欲的、先取り的に次の時代への過渡的枠組みを提示してきた。

都留重人（論説顧問）「……つきつめると保守を分裂させるということになる」

畠山武（編集委員）「私は分裂していいと思う」「自民党内には守旧派と前進派とがあり……この二つの抗争は、これまでの総裁選とは違い、政治理念の争いといえる」「この際、自民党は分裂し、自ら一党支配を否定することが必要ではないか」

青山政治部長「政局が今後、小康を得ても、しょせん一時しのぎであり、早晩、自民党は分裂という事態になりかねない。保守が割れ、社会党も左右両派が分裂して政界再編成になれば、政権の授受が行われるのではないか」（以上、朝日新聞九月四日「野党政権」を考える）

青山政治部長「自民党が分裂すれば、それをきっかけに社会党も左右に分裂するのではないか。そうなったら①自民党の守旧派、②中道派プラス江公民、③社共の統一戦線、になることも展望できる」（九月一一日「成田社会党委員長に聞く」）

九月末の自民党の党内闘争が分裂寸前までいったことは知られている通りである。そして、この直後の一〇月四日には、「新しい日本を考える会」の設立披露パーティーが開かれ、「明日の日本のために——市民社会主義への道」なる、「新党」の綱領的文書が発表される。その労働運動版としては、現代総合研究集団（正村公宏事務局長）らによる「労働者参加の実現のために」が一ヶ月早い九月五日に発表され、これまた労戦統一の綱領的方向性を提示したのであった。

これらの政治・労働戦線の上からの再編成へのイニシアチヴの流れをみれば、また朝日新聞がきわめて意欲的に進めたこの誘導灯をみれば、「五五年体制」崩壊後の新たな政治的枠組みとその階級的性格がいかなるものであるか、おおよその見当はつこう。

七六年末の衆院選結果は、大方の、とくに「政界プロ」の予想をはるかにこえ、時代の大きな転換過程の開始と流動を示した。そのため、さきの構図は目下《もっか》なりをひそめている。だが、福田政権成立過程の自民党内の「異常」な状態は、その強さの現われではなく、逆に結党以来の危機に直面した衝撃力によるほんの一時的小康状態であり、今年中にはふたたび朝日的枠組みかあるいはその変型かによる地殻変動は必至であろう。

慢性化し、より長期化している今の経済危機は、生活防衛、首切り・失業反対、労災・職業病をはじめとした反合理化闘争などの労働者闘争の展開いかんと組織労働者の動向に左右され、大きく影響される。

総選挙によってはずみをつけている「中道右派勢力」や、社会党―総評ブロックを丸ごと上から右へ包摂しようとする策動は、今の歴史的体制危機の新たな救済勢力にほかならない。

さらに現代ベルンシュタイン―カウツキー化した日共が、二番手としてひかえている。

「将を射んとせば馬を射よ」

議会政党を完全にからめとるためには、労働組合をとりこめ！

権力・資本の攻撃は、危機脱出の政治的焦点を疑いもなくここに集中している。さればこそ、ブルジョア攻勢は、さまざまな形態と手段をとって、公労協、交運共闘、全金等に対し猛烈な多様の攻撃をかけてくるであろう。「労働戦線統一」の名による大右翼連合はさらにゆさぶりをかけるであろう。

六❖宝樹文彦と高野実のＪＣ論

今回の「労働戦線統一論」は、宝樹提案そのものが原点的にしめしたように、労働組合戦線では、

ＩＭＦ・ＪＣをどう見、どう評価するかが中心であり、それと不即不離に政党の再編――社会、民社の再合同――最近では江公民（江田・公明・民社）＋アルファがもう一つの柱であった。このことの関連で、当時までは歴史的には「過激派」「暴力分子」であった日共問題が大きな比重をしめていた。

前者について宝樹はいう。

「ＩＭＦ・ＪＣは国際自由労連の手先であるとか、日本の労働運動の右傾化を示すものであるというような陳腐《ちんぷ》な論議は、ＩＭＦ・ＪＣの結成後わずか二年にしてついえさった。ＩＴＳ（国際産業別組織）の活動が国際的に大きく発展している際、総評・同盟・新産別・中立労連傘下の金属関係労組および純中立の金属労組が、一つの組織体に結集したことは、日本の労働運動全体の重要な課題である労働戦線統一の立場からみて、その基盤となる大産業別組織の再編成に向かって、金属労働者が率先《そっせん》して前進した姿として、正しく評価されねばならないのである」（「労働戦線統一と社会党政権樹立のために」一九六七年二月）

ＪＣ路線を右旋回との関連でみるのは、決して「陳腐な見方」ではなく、まったくその通りであり、それ以後、とくに七六春闘であらためてその危険性を示している。

宝樹提案とほぼ同時期に、彼によって労働運動の指導者としては「過去の人になった」とされた高野実は次のように指摘した。

「ＪＣ路線というのは〝産報路線〟つまり〝国益路線〟とでもいうもので、お国のためならクビを切られてもいいというものだ。

国益を守るのだから新植民地主義による『後進国』侵略にも協力するということになる。ＡＡの諸国から安く原料を仕入れて、高い製品を売りつける。その利益の一部で、組合幹部を買収し職場の伍長や労働貴族に『格付け』し、その労働貴族が労働管理をひきうける」

「私は戦時中産業報国会を見てきたが、この産報の組織が崩壊したから、あそこで戦争は負けた。もし産報が力を持っていたら、まだまだ戦争は継続できたと思う。それくらい『労働の管理』ということは重要なものだ」

「JC路線は、このASPAC路線と密着し、それを支える路線であるということを充分知ってほしい。いまの独占資本は、労働組合を資本主義の繁栄を支える積極的な道具として使うことを知っている」（『労働周報』一九六八年）

高野のJC評価は、ASPACなど、その後の情勢変化などはあるがその本質を明快についている。この指摘に政党再編、とくに朝日紙のいう保守・中道プラス江公民との関連をつけ加えれば、JCとは何ものであり誰のために誰と闘おうとしているかは明らかであろう。今の歴史的現瞬間における日本労働運動の左右の大分水嶺、階級性の分岐は、まさにこの点にかかっている。

七❖大左翼へのさまざまなイニシアチブを

今、JC派は、現代のブルジョア社会主義＝市民社会主義や経営参加を旗印に、きわめてスマートに「現代的大右翼」を戦略展開しつつある。それに対して、総評や「総評左派」のいくつかの単産の一定層は、七六春闘の「威力」を眼の前にして動揺し、あるいは上から右へ転じつつある。国労や全逓が「全的統一」の旗を下ろそうとしたのも、その現われであった。階級的労働運動の立場、方向で

闘うものにとって今必要なことの一つは、各級幹部、活動家を問わず、
　第一に、高野実のＪＣ論にみられる単純、率直、明快な階級的原則性の堅持であり、体制＝現代労働貴族を代表するＪＣ・同盟指導部とは、労働者階級内部の矛盾ではなく、当該労働者にとっては、大企業＝ＪＣ・同盟幹部であるごとく、階級的な敵対的矛盾と対決の関係であることの思想、路線、実践の確立である。

　第二に、「敵の強大さ」についてどう見、どう対し、どう闘い、どう左の大連合をつくるかである。

　ＪＣの強さというものがあるならば、それは新日鉄や東電や松下の強さと同義語であり、日本帝国主義の強さそのものといえる。

　だがこの「強さ」は、歴史的には、世界帝国主義体制のかつてない危機下に、日本帝国主義は通貨、資源、市場等客観的経済的弱点に規定され、さらには工場―地域社会で労働者大衆の生活と魂を包摂しきれない階級的不安定性と脆弱《ぜいじゃく》性に規定されている。戦略的には「張り子の虎」ともいうべきアキレスの腱を多くもっている。その根拠、条件等は、本誌七六年一二月号座談会と山川報告等にあるので省略する。ブルジョアジーは、戦略的に追いつめられ歴史的にかつてなく弱まっているからこそ、戦術的、現実的には、そのもてる力を総動員し、強圧力を集中して弾圧、懐柔、分断等の攻撃をかけてくる。労働運動においては、鉄鋼、造船、電機、自動車産業の大独占企業を通じて、その関連系列下の闘う運動に対し、受注、単価、納期、金融、市場、品質のすべてにわたり、あるいは株式保有や派遣重役の引上げ等々の中で、闘う拠点に対しておそいかかる。数年前は八幡の港湾で、最近の典型としては、新日鉄による南大阪の金属、港湾への攻撃がそれである。

　だが、肝心なことは、実践的にこの「強大さ」をどうにもならないものとしてうけとめるのか、敵

の戦術的強さと共に戦略的弱さを総体的につかみ、それに応じた闘争展開をするのかにある。

八幡製鉄所において、新日鉄の労務管理―第二労務部としての宮田体制に対決しぬいてきた兄弟たちは、十数年の実践の中から次のごとく確信をもって言う。

「八幡での経験でいうと『ガンジがらめにしばられた中で』孤立化させられた活動家は、ともすれば極めて敵が強大にみえ、何をしても無駄という印象をもちやすい」

ある時には「文字どおりの悲愴感に全身包まれ」ながらも仲間と助けあって闘う中で「ただ一人で職制を数多く相手にしてやりあう中で成長し、自信をもつとともに、強人にみえた敵がだんだんと小さく見えることを確認」する。また「巨大な新日鉄を相手とする闘いでありながら、意外に隙間の多いことを知った」(『季刊労働運動』一一号　宮田義二・新日鉄労連・JCの正体特集「反合理化の旗をかかげよ」――八幡からの報告)。敵の強さと弱さは裏表であろう。

日本の鉄鋼産業は、臨海性、技術革新、大型設備とコンピューター化、下請け化の増大と再編や、なによりも労働組合管理に成功したこと等々の合理化を通じて大躍進し、新日鉄はアメリカのUSスチールを追い抜いて世界第一位となってきた。だが、その展開と結果そのものによって、労働・生産現場は自動的に古い矛盾に加えて新たな矛盾、新たな差別管理支配の裂け目や労働疎外を全面化させてきた。大企業＝JC指導部は、矛盾をおしかくし、あるいは一時的部分的に解消しえても、続発する公害や労働災害、職業病を、人間疎外を本質的になくすことは絶対にできえない。底辺を中心にした労働者大衆の生活と魂をつかみきれない。

強大にみえる現代資体主義とその労働副官であるJC路線もまた資本の論理の貫徹によって逆にこの解決はなしえないのであり、その最大の弱点の一つは、ほかならぬ資本の誇った労働・生産過程と現場そのものにあることが、実践を通じて明らかになってきた。

ＪＣ路線への反撃の出発点と帰結は職場・工場―地域社会そのものの中にあり、そこにおける労働者階級の多数者獲得こそ党―統一戦線の原基であり、階級闘争の主戦場における戦略的任務である。

かつて総評は、朝鮮戦争にあわせた反共労組の大結集体として出発した。その総評が短時日のうちに左旋回をとげたのは、戦争合理化にともなう生産現場における急激な矛盾の累積と現場労働者の広汎な不満、さまざまの抵抗が基礎であった。その大衆的エネルギーと結びついた高野実らの大きなヘゲモニー力と共に、労働者同志会に結集した若き中堅幹部団が、多くの史的制約、限界をもちつつも、直接には左旋回の推進力であった。

同志会は、その行動綱領として、①平和四原則の堅持、②国際自由労連に批判的立場をとる、③総評強化に努める、④階級意識に徹した労組をつくる、等をかかげ、若き二〇歳前後の岩井（国労）、宝樹（全逓）ら民同左派と清水慎三（鉄鋼労連）、北川・松尾（全金）、兼田（港湾）、平垣（日教組）ら高野派との「統一左派」の結集の場であり、さまざまな実践的なイニシアチヴを発揮した。

時移り、世かわり、時代が一変しつつある今日、労働運動の左への大衆的転換をめざす思想と路線・理論は多様であり、実践的にもそうである。

だが、ソフトでスマートな現代的大右翼化が急転回している現在、ＪＣ路線への対決を中心とした大左翼の発想、労働者闘争綱領の共同化、さまざまな闘う労組、幹部、活動家の有機的連携は、当面する拠点闘争の「永続的」発展や、さまざまな課題による下からの大衆的実力闘争の全面展開の中で、協同の急務である。

【『新地平』一九七七年二月号】

4 『労働情報』を語る——その成功と直面した壁

インタビュアー　江藤正修

＊〝高野実思想〟を軸に活動家集団の結集をめざす

——『労働情報』は一九七七年に創刊されました。今日は創刊の原動力となり、ご自身が初代編集人に就任された樋口さんから、創刊の経緯などを伺いたいと思います。

〔樋口〕産別会議の時代には当時最強と言われた東芝堀川町工場、昭和二〇年代には川崎市にあった一千人規模の全国金属、この二つで私は労働運動を経験した。この両方の経験を通じて痛感させられたのは、政治的に鍛えられた活動家集団が労働組合強化に欠かせないという点であった。

この場合の活動家集団には、党的結集体と非党的結集体の二つがある。私は党人派として党は必要という立場だが、一方では、党派が労働運動でプラスに作用したことがほとんどないというのも厳然とした事実である。しかも党派は、労働組合を引き回したというだけでなく、職場の合理化などについて関心を持たない場合が多い。

そして、政治ばかりを押しつけるから、そのような党はだめだという立場と、政治的に考えれば党は必要だという立場が出てくる。とくに強大な独占資本と対抗するために党は必要だという考え方が、原点として存在している。

そのような感覚があったから、一九六九年秋の街頭闘争を見ていて、敵に完全に包囲された結果、六八年から続いてきた街頭闘争は終わったと痛感した。そこで六九年秋に都労活（東京都労働組合活動家会議）を呼びかけた。その目的は、活動家の結集である。

都労活（全国組織が全労活）は最初、文字通り労働組合活動家の結集体としてうまく機能していたが、その可能性に各党派が目をつけなだれ込んできた。当時の党派のセクト主義は強烈で、党派闘争を大衆運動団体に持ち込んでも一辺の反省すらない。

全労活に見切りをつけた理由の第一は党派なだれ込みであり、第二は戸村選挙（三里塚芝山連合空港反対同盟の委員長、戸村一作を新左翼各党派が全国区候補に押し上げた一九七四年の参議院選挙）を議題にすら挙げない組織内民主主義のあり方に問題があった。戸村選挙で忙しかったこともあり、七三年には労活から手を引いた。

戸村選挙には後始末も含めて二年間かかわり、その後、『季刊労働運動』の編集長に就任した。理論的展開が中心の『季刊労働運動』をやりつつ考えたのは、第一に情報を提供し活動家を日常的に結合させる全国ネットワークの必要性だった。要するに活動家集団を地域的、産業別的、全国的に結集する構想である。第二にそのネットワークは、高野実（元総評事務局長）思想を旗印とする。この二つで『労働情報』を構想したのである。

二番目の〝高野実思想〟から説明すれば、全国金属は六〇年安保前後の頃、民間組合の中で最強であり、大衆性を持っていたため、資本からも恐れられていた。これは高野さんの及ぼす影響力の特徴だが、全金全体が高野派的になっていくのである。これは高野実の卓越した指導力があって初めて可能になる。

清水慎三さんは高野実について、「総同盟時代の松岡駒吉のような右派から、太田・岩井のような総評議長・事務局長など様々な幹部を見てきた中で、高野ほど視野の広い人はいない」と語ったことがある。また、「視野とは戦略と構想力を意味するが、それを端的に示すのが、『天下の目を以て見、天下の耳を以て聞け』という高野自身の言葉である。ここに〝高野思想〟が凝縮されている。自分の人生と運動に影響を与えたのは、高野実である」とも述べている。

私の思いも同じである。したがって、高野実の思想と路線で運動を作る。名称も高野が主宰した雑誌と同名の『労働情報』を使う。そのように考えた。一九七七年に発刊された『労働情報』は第三次に当たる。

＊『労働情報』の始まりは一九五〇年代

〔樋口〕第一次は六〇年安保を前後する時期で、主宰は勿論、高野実。顧問には黒田寿男、中島健蔵などが名前を連ねるなど、文化人や政治理論家を顧問に集めている。

私は、この時期の『労働情報』を愛読した。当時、共産党員であったが、「赤旗」を読んでいるだけでは、労働運動も世の中もさっぱり分からない。ところが『労働情報』を読むとよく分かる。そこで月に一度、神保町にあったウニタに行っては、『労働情報』を購入した。そのような経緯があったから、『労働情報』には親近感を持っていた。例えば、総評の評議委員会の対立点や議題などが詳しく掲載されていて情報は豊富であり、視点もいい。

第二次は『労働周報』の名前で、一九六七、八年頃に発行された。この時の『労働周報』は『北京周報』と同じ「周報」を使っていたので、違和感を持ったが、誌面内容で見れば、反戦青年委員会を高く評価していた。いわば共感と違和感が相半ばしていた。ただし『労働周報』は長くは続かず、すぐに潰れてしまった。

『労働情報』のタイトルには、このような歴史的経過があったから、高野派の側面を強く出そうと考えた。そこで総評議長だった市川誠、総評副議長で全金委員長経験者の松尾喬、同じく総評副議長で全港湾委員長経験者の兼田富太郎、それから理論家の清水慎三の四人を顧問に選んだ。先ほど、第三次『労働情報』は、「高野実の思想と路線で運動を作る」と述べたが、四人の名前を見れば、それが一目瞭然だと考えたからである。

四人には私が会って顧問就任を要請したが、四人とも快諾した。これで『労働情報』の骨格が決まった。①高野が主宰した『労働情報』の継承、②そのもとへの全国的な活動家集団の結集である。そして、重要な問題として、③財政があった。

＊苦しくとも自前の独自財政で——外国に頼らない

〔樋口〕『労働周報』時代の財政は、中国総工会が買い取るという形態で相当な援助がなされたらしい。平垣美代司（元日教組書記長・同大阪総評事務局長）が『労働情報』の会議に来た時、次のような発言をした。

「君たちは偉い。『労働周報』の財政を担当したとき、私が北京総工会と交渉し、財政援助をとりつけた。要するに自前の財政ではなかったのだが、今回は自前でやっているから立派だ」。

（本来は平垣さんも顧問に入ってもらうべき人なのだが、市川さんとの関係が余りよくなかったので遠慮してもらった。だが、『労働情報』の大阪会議には出席を要請するという関係だった。）

財政面では、資本金ゼロで出発し、〝人〟のみが唯一の資産であった。日本の運動（革命・政治運動など）は戦前のコミンテルン（国際共産党・第三インターナショナル）日本支部として出発した日本共産党、そこから分岐自立した、とくに戦後社会党はともにソ連、中国中心にかなりの財政援助があった。

「革命に勝利した国家が、達成途上の国の政治と運動に資金援助するのは当然のこと」という長年の伝統と習慣があった。

『労働周報』当時のことは、高野ブレーンだった高島喜久男さんからも聞いていた。金に心配がないと、雑誌をコツコツと読者に広めるのではなく、「読んで」とバラまいたために、基礎ができず三年たらずで終刊になったのである。

日本の運動は日本の労働者に依拠して闘う、第三次『労働情報』は前者の轍は踏むまい、苦しくとも財政は必ず自力でやり遂げようと私は固く決意し、その代わりに専従者二人（私と高幣）は月五万円という超低収から始めた。

私の生活も大変で数年続いたバージャー氏病のハリ治療代もままならなかった。高幣は幼い子ども二人を抱えてまったく大変で、学生運動当時の友人連中に電話で窮状を訴えてカンパを依頼していた。一日の仕事が終わると、さあ一杯となるが、近所に数ある呑み屋に行く金がないので、電熱器でメザシを焼き焼酎を飲む日々が続いたが、士気は高かった。

もう一つは、これも今だから言えることだが、創刊して間もなく、中核派のある政治局員が私を訪ねてきた。内ゲバの最中だったので、目立たない場所で話を聞いた。そのとき彼は「わが党は大きなマーケットですよ」と言った。確かに中核派は大きなマーケットであり、数千部単位で引き受ける能力は持っていただろう。

しかし、内ゲバをやっているところとは組まないというのが基本的な考え方だったから、革マル派はもとより中核派とも一線を画した。その申し出は断って、同派系労組に五部だけ送った。

この二つを断ったことが、『労働情報』が自主的、独自的に成立した要因の一つだったと思う。以上の三つの要因によって、『労働情報』構想は、現実のものになったのである。

＊全金港合同を『労働情報』の拠点に

〔樋口〕『労働情報』発行に関する最初の集りは七六年五月。水道橋の喫茶店に何人かが集り、構想を話し合った。その時、私と一番親しい関係にあったのは、電通反戦出身でその後、吉祥寺ウニタをオープンさせた藤野だった。その藤野と西村卓司、今野求、菊永望などが集り、私から構想を説明して合意をとりつけた。

しかし、活動家集団の全国結集を目指す『労働情報』には、拠点が必要である。『季刊労働運動』編集長として、最も接触を深めていたのが全金田中機械支部だった。そこで大阪に行って、田中機械をオルグした。そのとき大和田幸治委員長が出した唯一の注文が、「全労活的なものではだめですよ」というもの。全労活はその時点で党派集団色が強くなっていたので、それを危惧しての大和田発言であった。こうして田中機械を中心とする全金港合同支部を『労働情報』の拠点に据えることに成功した。

もう一つの問題は、『労働情報』発行に伴う活動家集団の結集場所、すなわち討論集会をどこで開くかであった。常識的には東京になるが、当時は党派間闘争が激しく内ゲバは深刻な状況になっていた。したがって、そのような状況を避けるためにも、討論集会は大阪で開くことにした。編集は東京で引き受けるが、集会場所を大阪にした選択は、正しかった。その後、全国労働者討論集会（通称・大阪集会）は一九八六年までの一〇年間、大阪で開かれたのである。

七六年に大阪で、翌年一月に予定している大阪集会に向けた初めての集まりを持った。参加したのは電通の前田裕晤、国労の森村敏予、全金の要宏輝、津嶋茂夫、清水直樹、自治労の町田有三、日放労の小山帥人などであり、この集まりを〝同志会〟と名付けた。これも高野さんの発想である〝イニシアチブ・グループ〟形成を目的としていた。その後まもなく「開店休業」となったが、大阪集会の大衆的成功によって、同志会を必要としなかったと言ったほうが正確であろう。

＊新日鉄社党協との連携と大衆性の獲得

〔樋口〕高野派的集まりとして成功したという意味は、戦闘的、階級的であると同時に、大衆性を持っていたことである。当時の新左翼は、大衆性が一番欠落していた。六八年当時の反戦青年委員会、とくに職場反戦には大衆性があった。東京の場合、そのような職場反戦の多くを中核派が組織し、大阪では五地区反戦がそれを体現していた。しかし、六九年に入ると、中核派の反戦部隊の軍団化―高田馬場「決戦」と大量逮捕、首切りで大半が職場からパージされたことが象徴するように、大衆性を急速に喪失させていった。

当時の党派はそれぞれ機関紙を発行していたが、こっそりとトイレで手渡すなど、職場で公然と読めるようなものではなかった。職場で公然と配布し、読むことができる雑誌でなければならない。その公然性を獲得するためにも、〝高野派〟の存在を前に押し出した。

また、『季刊労働運動』時代から鉄鋼の重要性を知っていた私は、新日鉄社党協に着目していた。官公労では国鉄、民間が大金属。大金属の産別としては全金が重要だが、もう一つは鉄鋼である。鉄鋼と田中機械を結合させようというのが、私の考え方だった。

この時の新日鉄社党協の中心が八幡製鉄の佐藤忠義（元副組合長）だった。『季刊労働運動』第一二号（一九七七年一月）では私が司会をして、佐藤忠義、清水慎三（鉄鋼労連初代書記長）を中心に、高橋鉄雄（新日鉄社党協）、西村卓司、橋井美信（全金大阪亜鉛支部）らによる座談会を開いた。この座談会を契機に新日鉄社党協は『労働情報』に合流することになった。

『労働情報』に結集した活動家集団の政治性格は、次のようなものだった。一つは高野派であり、もう一つの新左翼系は職場反戦を中心とする反内ゲバの党派・無党派潮流、さらに社会党では協会派を除く左派である。それが新日鉄社党協であり、続いて合流した電産中国、石川県評の粟森喬事務局長などで、このような社会党左派と積極的にブロックを組んだ。これによって、幅が大きく広がった。

＊総評左派幹部、学者・文化人、土着的運動からの支持

――この時の広がりは、相当なものでした。歴史的証言として、もう少しお話しください。

〔樋口〕第三期『労働情報』の幅と枠組みは、「日本資本主義と対決する労働運動！」を掲げた全国労働者討論集会（一九七七年一月）のパネル・ディスカッションのパネラーに示された。

市川誠（前総評議長）、松尾喬（前同副議長・全金委員長）、高橋鉄雄（新日鉄社党協）、佐々木善治（動労札幌地本委員長）、西村卓司（三菱長船労組副委員長）、渡辺勉（全国一般南部支部委員長）、要宏輝

（全金大阪地本組織部長）、司会・樋口篤三（『季刊労働運動』編集長）。

学者、研究者、文化人は連帯メッセージを寄せた。一つは兵藤釗、川上忠雄、喜安朗、熊沢誠、佐野稔などの労働運動研究者集団。もう一つは、日高六郎、福富節男、針生一郎、花崎皋平、武藤一羊、山川暁夫、市川準、吉川勇一、中島誠、鎌田慧、津村喬。

全港湾労組は、高野派の中心組合の一つと言われてきたが、吉岡徳次委員長が強い一体感をもって支持したので中央執行委員全員が長年にわたって読者となり、当時の動力車労組は労運研派が主流であったがやはり中執全員読者という状況が数年続いた。

内山光雄（私鉄副委員長・総評副事務局長）、平沢栄一（全金書記長）、林大鳳（動労委員長）や、武本昭夫（全金大阪委員長）、粟森喬（石川県評事務局長）、清水英介（電産中国副委員長）らがしばしば誌面に登場し、国労革同では有名な山下元光（山口県評事務局長）など意外性のある幹部も座談会に出席した。

・総評左派と新左翼・反戦派とのバランス

社会党左派と新左翼の協同、三里塚と労働運動、三里塚―沖縄金武湾を守る会―石川・七尾反火電闘争のネットワーク、あるいは反原発と反安保の運動調整センター機能もできうる限り担っていった。労働運動とは賃金、労働条件、のみではなく、人間に関するすべての領域を担う〝無限の領域〟的発想によって闘った。

・全国幹部と地域・現場幹部との結合

反戦派労働者にとって〝無縁の人〟と思われていた前総評三役や単産委員長、県地評幹部が権力、資本、ＪＣ・同盟と対決する同じ左派なのだ、と改めて確認された――六〇～七〇年代はほとんど断絶していた――メリットが相互に作用したのである。その意義は大変大きかったと言えよう。
たとえば徳島市では発足半年後の七七年七月に一八〇人が結集した。講師は前全金委員長の松尾喬や大和田幸治、津村喬であり、主催者は全金、全港湾が中心で、呼びかけ人には大田正（全専売・社会党県本青年局長、二〇〇三年徳島県知事）や仙谷由人（弁護士、民主党政調会長）らが名を連ね、「徳島でこの種の会合としては非常に盛会であった」と主催者は満足げであった、と松尾さんは手記を寄せている。人口が最も少ない県の一つでかくも結集力があったのは、地元の主体勢力と全国的な新しい枠組みが合致した成果であった。

＊三年後に一万二千部となった活動家の全国ネットワーク

〔樋口〕この三者の結合は、これまで存在しなかった新しい形態であった。この結合形態を見て地方組織が、『労働情報』は使えると判断したのだろう。『労働情報』は急速に広がり、各地に新しい結合関係の原型のようなものができ上がっていった。その最もうまくいった例が大阪であり、神奈川、岡山、北海道、北九州でも同様の結合形態が生み出された。

大指導者であった高野さんが主宰する『労働情報』（第一次）の存続期間が三年、部数が三千部だったから、私も第三次『労働情報』の目安を三年、三千部に置いた。資金が全くなかったので、最初の立ち上がりは『季刊労働運動』と版元の柘植書房が準備した。

専従は高幣真公（後の事務局次長）だけで先ほど述べたように専従費は五万円、私の専従費も五万円で当初、『季刊労働運動』から出ていた。しかし周囲から、「五万円では大変だろう」と心配する声は、ほとんど出なかった。これこそ、左翼世界の相互扶助精神の欠如を示していた。

　幸いなことに『労働情報』は発刊以後、三千、五千、八千という具合に倍々ゲーム的に増え続け、二年後の七九年になると一万二千部にまで拡大した。配布ルートは基本的に手渡しであり、幾つかの例外を除いて書店には置かなかった。手渡しを原則としたことが、地域の組織化に役立ったと思う。配布の過程で、今まで知らなかった地域の人々と出会えるというメリットが存在したのである。

　強弱の差があるにせよ、三年後には、東京・首都圏、大阪・京阪神を中心に、南の沖縄、九州の長崎、熊本、福岡、北九州、広島、島根、鳥取、徳島、岡山、兵庫、京都、奈良、和歌山、愛知、浜松、静岡、福井、石川、長野、山梨、新潟、神奈川、千葉、川口（埼玉県）、群馬、福島、山形、宮城、岩手、秋田、青森、函館、札幌、旭川、帯広など四〇都道府県に支局、分局が組織され、全国規模の活動家集団を有するネットワークが成立した。

＊労戦再編と『労働情報』の危機の始まり

――当時の『労働情報』は、いま、樋口さんが説明されたように、高野派の伝統を軸に据え、内ゲバに反対する新左翼、協会派を除く社会党左派の結集という戦略的構想力の見事さによって予想を越える成功をもたらしました。それにプラスして、七八年の成田空港開港阻止に向けた三里塚闘争の高揚も、追い風として作用したと思います。

**　しかし、八一年に入ると労働戦線の再編が急速に浮上し、総評の解体がにわかに現実性を帯びてきました。『労働情報』は八一年に清水慎三さんを軸に据えた〝清水委員会〟を立ち上げ、総評解散を射程に入れた新たな戦略構想を検討する場を設置しました。この試みは、八五年の「労働者綱領」の提起につながります。**

また、太田薫、岩井章、市川誠の総評三顧問は八一年秋に労戦再編反対・総評防衛の「三顧問声明」を出し、三顧問会議が定期的に開催されるようになりました。『労働情報』は市川事務所としてこれに積極的にかかわり、この動きは八三年の労研センター結成に結実しました。

私の印象では、負け戦であることを前提にしつつも、八〇年代の前半までは比較的、攻勢的な展開がなされていたと思うのですが、八五年前後を契機にして急速な衰退が始まります。樋口さんは、この局面をどのように総括しておられるのでしょうか。

〔樋口〕労研センター結成に市川事務所として関われたというのは、『労働情報』が総評左派、社会党左派の中で市民権を得たことを意味した。当時の「社会新報」編集部の話では、「すぐれた闘いの記事で、また『労働情報』に出し抜かれた」という話題がよく出ていたそうである。公害や原発問題、日韓連帯闘争に関して、労働者階級の視点を入れた着眼点と先見性があった。

その『労働情報』が壁にぶつかったのは、やはり労戦再編である。この時期に提携したのが太田薫を軸とする太田派と岩井章を中心とする向坂協会派であった。このような連携はあったものの、国家権力そのものが動き体制を総動員したうえで、その尖兵の役割を果たした右のヘゲモニー力が強かった。そして、労戦再編は、国鉄の分割・民営化と連動していた。

＊未成熟だった「労働者綱領」

〔樋口〕我々の最大の失敗は、労戦再編に関して対案対抗構想を原則的現実的に出せなかったことである。連合発足から数年たったころ、内山達四郎（全金の理論的指導者で総評副事務局長）が私に、「総評を解散したのは失敗だったのかなぁ。総評を残したうえで、同盟などと協議会方式をとった方が良かったのでは、と反省しきりだ」と　苦渋に満ちて語ったことがある。国際自由労連が厳しく批判したように、連合のあり方があまりにもひどかったからである。

その時私は、従来の左翼の〝反対派的体質〟では対応できないと、強く感じていた。〝何に対しても反対〟と言うばかりで、対案がなかったのである。

その典型が、「反合理化」である。国労、動労を中心に、民間でも全金などが「合理化に反対」を叫ぶが、全ての闘いで負けていく。この左翼反対派体質を変えなくてはならないと考えて提起したのが、「労働者綱領」であった。

しかし当時、対案としての「労働者綱領」を提起したものの、私自身の中で提起する内容が成熟していなかった。エコロジー・環境問題の重視や生活協同組合との連携などの問題意識は、私の内部に強く存在していたが、それを路線的にまとめ上げるほど、私自身の中で成熟していないという限界があった。

もう一つは労働運動をめぐる客観情勢が、明確に守勢に立たされている点にあった。このような守勢的状況は国鉄闘争が典型であり、八一年に浮上した労戦再編についても、当時の総評執行部である槇枝―富塚ラインが出した「五項日補強見解」の内容は、明らかに総評解散勢力に屈服していた。その結果、総評官公労系の動揺が深まっていった。

＊総括されていない少数派組合問題

〔樋口〕これにプラスして、今日まで主体的に切開されていない点として、少数派組合問題の評価がある。当時、〝少数派組合絶対主義〟のような傾向性と雰囲気が存在していた。この点に関して、私は『季刊労働運動』で次のような要旨の提起をしたことがある。

「少数派組合を実践するにしても、日本労働者階級の多数者獲得というテーマと結合しないと、必ず戦略的に失敗する」

この労働者階級の多数者獲得に関して言えば、日本の左翼の中では戦前の赤色労働組合主義の影響が残って、歴史的に弱かった点である。この問題を提起したのは神山茂夫と高野実だけである。神山茂夫は戦後に日本共産党が再建されたとき、初代の労働組合部長兼農民部長であった。神山は戦前の赤色労働組合主義とその左再編と真っ向から闘った全協刷新同盟を経験していた。神山は、その体験と獄中でコミンテルン第七回大会の反ファッショ人民戦線の闘いに学び、戦後の世界労連の動向を見て、レーニンが提起した「労働者階級の多数派」を彼だけが主張した。

高野さんには、師匠である猪俣津南雄の〝機能前衛〟、〝横断左翼〟、〝イニシアチブ・グループ〟の発想を受け継いだうえで、「労働者階級の多数派」という視点が、戦略的に存在していた。そのような視点があったからこそ、高野は総評を結成することができた。

これらの人々の提起を踏まえて、私は『季刊労働運動』で「日本労働者階級の多数者獲得」の提起を行ったのである。この場合の「日本労働者階級の多数者獲得」には党が必要であるが、その党はどこにあるのかが問題となる。この点を含めて必ずしも具体化されていないので、そこに向けた展開の第一歩を「労働者綱領」で提起しようとしたのである。しかし、私の「労働者綱領」の提起は成熟しておらず、内容の裏付けを明確にできなかったことは、私の失敗であったと思う。

しかも『労働情報』における「労働者綱領」の検討が足踏みを続けている間に、労働運動の右傾化はいっそう進行していった。そうした中で、自治労と日教組の中の『労働情報』系は、労戦再編反対を言えば言うほど孤立することになり、ずるずると反対の主張から後退していった。これに対して、戦略的対案と構想力を出せなかったことが、最大の限界であったと思う。

＊対案を欠き減少した教組、自治労の読者
——八〇年代の半ばから自治労と日教組の読者が減りだし、大変なことになったというのが当時の実感でした。

〔樋口〕八〇年代半ばでも、『労働情報』の読者は八千くらいあったが、そのうちの三千から四千は自治労と日教組で占めていた。その主力読者の減少に対して、対策を立てられなかった。そこには少数派組合主義の影響があり、「多数者獲得」の意識を持ちながらも、左翼分裂の傾向が絶えず出ていた。おそらくその意識が、誌面にも反映していたのであろう。

自治労内の『労働情報』系は、『労働情報』とは相対的別個に『運動と資料』、『自治と労働』を発行し、部数も三千部を超えていた。『運動と資料』の理論的中心は池田省三（自治労本部書記・自治総研事務局長、後に龍谷大教授）であり、実践的な中心には岩井勝正（武蔵野市職労委員長）や町田有三（大阪市職・後に自治労副委員長、連合事務局次長）などの有力幹部が存在していた。

この時、中西五洲（全日自労委員長）は「日教組と自治労は分裂せず一本化して、全民労協（後の連合）にも統一労組懇（後の全労連）にも参加しない」という中立案を提起していた。この路線は正解であり、あり得た選択肢だったと思う。この中西提起にはＪＣ派の頭目である宮田義二（元鉄鋼労連委員長）が賛成し、二人の対談が『週刊労働ニュース』に掲載されるほど反響があった。

共産党は中西提起に反対であり、分裂を強行した。その点に関して我々は方針を確定できず、結果としてそのまま時が過ぎていった。自治労と日教組内の読者には、このような経過が納得できなかったのだと思う。読者減少の最大の問題の一つは、自治労、日教組に対する我々の対案不在に原因があったと考えている。

――これに関連するインタビューを福島で行った時に、当時、福島県教組の書記長（後に委員長）をやっていた清野和彦さんは、「日教組が中立で行くことに共産党が賛成していたならば、連合加盟を阻止できた」と言っていました。

〔樋口〕その実感は当たっているだろうな。

――やはり、自治労、日教組対策を出せなかったのが、最大の問題ですね。

〔樋口〕国鉄分割・民営化攻撃が第一であるが、それとのかかわりで言えば、そのとおりだと思う。少数派組合論のようなものが根っ子にあって、それが戦術の柔軟さに影響していた。しかも、自治労、日教組の『労働情報』系は新しい動きについて敏感であり、変わる可能性を持っていたから、組織論的対応の失敗が大きかった。

＊提起できなかった地区労方針

――そのような組織論的対応の失敗と、先ほど樋口さんが言った「労働者綱領」でのエコロジー、フェミニズムの問題意識との接近、生活協同組合との連携を含み新しい運動領域に向けた提起が未成熟であったことが、八五年を前後する時期に集中的に出てきたと言っていいのでしょうか。個人的に言えばこの時期は、先が全く見えない状況でした。

〔樋口〕矛盾の最も鋭く出た時期と言ってよい。もう一つの弱点について触れれば、地域社会論の領域の問題意識が非常に弱かった点を挙げておかなければならない。それは私自身にもあった弱さだが、地域共闘は地域の労働組合共闘であると考えていた。したがって市民・市民運動との連携であるとか、日本の社会革命の中での地域社会の占める位置という視点が、全く弱かった。発想が中央集権制であり民主集中制であったから、弱かったのは当然である。

私は日本の工業の心臓部である京浜工業地帯で育ったから実感があるのだが、産別会議の時は工場コミューン論、工場ソビエト論であった。したがって、第一級の党員は工場に配置された。ナンバーツーが産別に行き、ナンバースリーが県評、ナンバーフォーが地区労に配置されるといった具合である。そのように序列が決まっていた。当時の東芝と日本鋼管の党幹部の配置を見ればはっきりしているが、ナンバーワンは工場に残っていた。工場決戦論だから、そのような配置になる。私の意識の中には、その影響が強く残っていた。

産別会議がレッドパージで解体された後、日本鋼管の川鉄は中央執行委員の多数が高野派であり、高野派の拠点であった。しかし、一九五九年の四九日のストライキで負けてから、高野派から民同左派に移行した。その同じ彼らが一九六四年にＩＭＦ・ＪＣが結成されると、中心者が右派になってしまった。そのときに感じたのは、地域社会、あるいは地区労に関する意識が極端に弱かったという点である。

この件に関しては思い出がある。内山光雄〔私鉄総連副委員長、総評副事務局長〕は、一九八〇年に地区労全国会議を開いた。これは重要な一石になったと思う。最初が熱海で次が岐阜だったと思うが、私は会議を聞きながら「地区労を再評価しなければならない」と強く感じた。しかし、それではどうするかについて、具体的手立てが見えないまま時間が推移していった。

江戸川区労協の小畑精武君たちが江戸川ユニオンを結成するのは、それから数年後である。江戸川ユニオンは、彼らが現場で苦労した末に生み出した大きな成果であり、地域に密着した新しい運動の方向を示した。このような先例が存在するものの、地域社会に対する理解は、左翼全体を通じて今でも決定的に弱い。

『労働情報』に則して振り返ると、総評にとって決定的であった国鉄分割・民営化に対してと、自治労、日教組に対する対案の不在、地区労、地域運動についての方針を出せなかったことが大きかったのではないだろうか。

＊見抜けなかった〝中曽根の国家戦略〟

――『労働情報』はその後、八六年の修善寺大会で国労が国鉄分割・民営化を拒否したのを契機に、国鉄闘争を編集の重要な柱に据えてきました。その場合、連携の相手は協会派になります。しかし、一九九八年の東京地裁での敗北と二〇〇〇年の「四党合意」を国労本部がのむことによって、八六年以来の国鉄闘争の布陣は解体しました。その後、鉄建公団訴訟を機軸に闘いは継続され新たな局面が見え始めていますが、国鉄闘争についてはどう見ていますか。

〔樋口〕国鉄闘争について言えば、中曽根内閣の国家戦略であった点を見抜けなかったことが、最大の問題であったと思う。当時の総評も国労指導部も、分割・民営化を国鉄労使関係の側面からだけ見ていた。岩井章を含めて、そのような認識だったと思う。

当時、新聞を読んでいて、私には国鉄分割・民営化の背後に瀬島龍三の姿が垣間見えた。そして、

包囲されているなという思いを強くした。一九八二〜三年のことである。その時期、岩井章に、

「岩井さん、やられてしまうのではないか」

と言ったことがある。すると岩井からは、

「君、大丈夫だよ」

という答えが返ってきた。

労資関係も、国労内部各派も岩井が最も精通していた。彼が〝勝てる〟、あるいは〝負けない〟と確信していた論拠は、①国鉄総裁ら三役が〝国鉄護持〟で固まっている、②「いざ有事」の際に自衛隊の輸送は、国鉄でないとスムースにいかない、という近代戦の歴史によっていた。だが、中曽根・瀬島ラインは、この二つをいとも簡単に乗り越えてしまった。

＊〝瀬島戦略〟と〝民営一元論〟

――『労働情報』の国鉄分割・民営化反対のキャンペーンは一九八四年から始まっていて、八五年七月の一九四号では「国鉄民営・分割をめぐる人脈図」が掲載され、そこには人脈の中心に瀬島龍三の名前がありましたね。

〈樋口〉結局、背後に瀬島龍三が存在することを指摘したのは私だけで、他の左翼は関心もなかった。国鉄分割・民営化は、中曽根総司令官、瀬島参謀長で進み、裏の工作は根本点で瀬島が指導したと言ってよい。国鉄分割・民営化の仕掛け人を臨調・行革第四部会の加藤寛と見る人が多いが、加藤寛の戦略的師匠が瀬島であった。

私が瀬島の存在に気付いた時には、すでに包囲が完了していて遅すぎた。

臨調・行革委員は九人いたが、総評、同盟からも一人ずつ選出されていた。総評側委員は自治労の丸山委員長だったが、彼は毎回出席している臨調・行革会議の雰囲気を見て、「国鉄の分割・民営化は絶対にあり得ない」と一九八三年末に断言していたのである。自治労本部に丸山事務所を設け、後に北海道大学教授になった神原勝ら優秀なスタッフが情報を入れて分析していたが、瀬島の極秘戦略本部とその展開をついに見破れなかったのであった。

しかし、その時、丸山には全く知らせなかっただけで、事態は秘密裏に分割・民営化の方向で進んでいた。丸山は表の世界だけを見ていて、国家戦略として瀬島が裏から指揮していることが見えなかったのである。そこには、社会党・総評をつぶすために、その中核である国労を解体するという意図が鮮明に貫かれていた。

国鉄の財政赤字や企業体質の問題が存在したことは事実であるが、「総評、社会党をつぶすために国労を解体する」ことこそが、分割・民営化の本命であった。この点については、その後、中曽根があけすけに語っているが、当時の左翼はそこを総体として見失っていた。

この点が、自治労・日教組、地区労問題とともに、当時の『労働情報』の最大の失敗だったと思う。我々を含む左翼の戦略的敗北であった。この点については拙稿「戦略的敗北に学んで左の転換を―戦後労働運動の教訓」(『状況と主体』一九九六年一月号)を参照されたい。

一九八四年のことだが、国労の武藤委員長と動労の高橋委員長が、様々な噂の解明のため極秘で田中角栄に会談を申し入れた。その時、田中は一時間あまり〝分割反対、民営化賛成〟という彼の持論をぶち上げた。国労、動労の委員長はこの線でいけると考え、その後、社会党書記長の田辺と太田薫も〝分割反対、民営一元論賛成〟論者になった。

絶対反対論は岩井章と協会派、そして我々であった。そのときの〝民営一元論〟をどう考えるかは残ったまま事態は進んでいき、翌年に田中角栄が病で倒れたため、〝分割反対、民営一元論〟の選択肢は自動的に失われた。

国労つぶしが総評、社会党つぶしと直結していることを前提としながら、〝分割反対、民営一元論〟にどう対応するかという構えが、岩井章や『労働情報』、革同になかった。この点に関する総括は残されたままになっている。

＊国労内の〝学校〟について

――そうした過程を通じて修善寺大会を迎えるわけですが、この大会で成立した執行部は協会派、革同が中心です。当時、国労新橋支部内のいわゆる〝品川派〟（反革同、非協会）は、『労働情報』を一〇〇部近く購読していました。しかし彼らは、新橋支部出身の富塚ににらまれて『労働情報』との関係を切られる一方、協会、革同の主流体制にもついていけないという気分が濃厚になる中で、結局、瓦解していきました。〝品川派〟については、どのように見ていましたか。


〔樋口〕国労つぶしのような攻撃を受けた場合は、政治的な活動家集団しか残らないという現実をまず見ておかなければならない。民間大企業労組では、政治的活動家集団の形成が希薄であったために、軒並みＪＣ派に持っていかれてしまった。単なる労働組合の活動家ではもたなかった。国労も同じである。

国労新橋支部は一万人を越す大組織であり、地方の地本よりもはるかに大きかった。その新橋支部の中には日共・革同、向坂協会派、品川派の三派があって、品川派は無党派的性格であった。しかし、それでは組織が持たないという事情があって、『労働情報』を購読することになり、私が主任講師となった。

そうした経過があったから、私は〝学校〟にも何回も呼ばれたし、その後は新橋支部の講師にも就任した。そうした中で、一番、印象深かったのは、新橋支部の学習会の夕食光景である。講演が終わって、夕食となった。全員が集まる大会場で夕食をするのかと思っていたら、三派にきれいに分かれての夕食だった。これを見て、三派の対立はここまで深いのかと驚いたことがある。

しかし、この時は左派の競合する関係がプラスに働いていた。一～二年前の『労働情報』でO君が「国労の学校派閥政治は時代遅れもはなはだしいから、即刻、解散せよ」と主張しているが、その論理は国労の歴史を知らないことから出てきたものである。国労の〝学校〟は、単なる派閥ではない。政治的グループ、あるいは党派的グループと言ってもよい。それがプラスに作用することもあれば、マイナスに作用することもあって、思想的政治的危機が深まると、派閥的弱点がもろに出る。

四党合意を前後して学校は右に移行したが、その内部には復元力も孕まれていると見るべきではないか。とくに、二〇〇五年の九・一五判決以後、「本部対闘う闘争団」という対立は克服に向かいつつあるように見える。国労には一九四九年の大首切りと零号指令時に、「左に割れ」という徳田書記長（共産党）に対して、鈴木市蔵が断固反対して分裂しなかった伝統があり、それが今回も生きているように見える。「すぐれた伝統」の力を、よく学ばなければならない。

＊〝冬の時代〟を突破する戦略とは？

――『労働情報』の発刊時から、次の山場である八〇年代の労戦再編、国鉄闘争については、概括的に話していただいたと思います。最後に、今後の展望に関して、樋口さんの構想をお話しください。

〔樋口〕〝労働運動の冬の時代〟と言われだしてから、ずい分長い時間が経過した。『労働情報』周辺で最初に〝冬の時代〟と言い出したのは、全金大阪の要宏輝であった。彼は一九八三年頃から言い出していたから、一番早い部類に入る。しかし、正確に〝冬の時代〟を規定するならば、国鉄分割・民営化攻撃の末期から連合の成立あたりを起点と考えるべきだろう。そのように考えても、〝冬の時代〟はずい分長期に亘っている。すでに二〇年近く続いているのだから、明治から大正にかけての〝冬の時代〟よりも、さらに長い。

この違いをもたらしているのは、時代状況の違いと世界第二位の経済力に規定された資本の巨大な力に原因がある。ここをどう突破するかを考えなければならない。起きている事態は、グローバリゼーション、資本の自由化に基づく大量のリストラ、民営化という名の下請化である。それに対して職場で対応できず、政治的にも対応できないことによって、押されっぱなしになっている。

それに対して、有効な対策、方針を出しているところは、現在、ごく若干の労組を除いて存在しないと思う。「赤旗」も惨憺たる状況で、労働運動に関するものは、裁判闘争の記事だけであり、「大衆闘争をかく闘った」という記事は皆無に近い。日共が人民的議会主義と合法主義になった結果の極端な姿である。それでは、日共以外の勢力が、方針を出しているかと言えば、それもない。そして、政治的な核がないまま、ずるずると後退を続け、二〇年がたった。

そうした中では、基本的な思想、路線と今日ただ今の闘いの結合がない限り、根本的再建はあり得ない。血路を拓いて前に進めない最大の問題は思想の危機であり、単なる戦術的、組織的な問題ではない。そうした認識の上に、戦略方針を考えなければならない。言ってしまえば我々の側の〝全般的危機〟であり、生易しい事態ではない。

もう一つの側面を指摘すれば、連合の労使一体化が極限まで来て、ほとんど有効性が見えない状況になっている。しかし、連合のそのような無力化は、逆に資本の側にとっても危機を生み出している。一二月初旬の新聞に、日本経団連会長の「労組は賃上げを要求すべきだ」という談話が掲載された。労働組合が資本の側に賃上げで尻をたたかれるなど前代未聞だが、それには理由がある。一つは人材が集らなくなったことである。二つ目は労働組合に集約力がないと、資本にとっても不便で困る。そうした理由から、資本の側が賃上げを言い出した。これは今日の状況を示す典型的な事例である。

トヨタは現在も驀進中であり、遠からずＧＭを追い抜こうとしている。また年間利益も一兆円を越えており、製造業では世界一の規模となっている。そのトヨタは三年前に、国際競争力で負けるという理由から賃上げゼロを宣言し、労働組合はそれに従った。今回はそれとは逆に、資本の側が賃上げを言い出したわけであり、それだけ労使関係が深刻になっていると言えよう。

そのあらわれが、一〇月の連合大会における会長選挙である。連合内の官公労を含む大単産が推すＵＩゼンセン同盟（八〇万人）の高木会長が獲得した票数三〇〇に対して、三千にも満たないユニオン連合の鴨会長が白票を加えれば一五〇票もの支持を集めたことは、連合始まって以来の出来事であった。

そこに、ある変化の兆しを見て取ることができる。やりようによっては連合を変えられる可能性を示したが、そこに向かうにはまず、総括が必要である。労資関係の危機をどのように捉え、総括するのか。そこがまだ、はっきりしないことが、最大の問題ではないだろうか。
世界的なイラク戦争と「アメリカ世紀の終わりの始まり」、東アジア共同体と日韓（朝）中同盟の形成、改憲の危機と新たな憲法統一戦線―後藤田的保守リベラルとの連携を含む―、そして新たな主体形成としての地域社会の重視と市民運動・生協運動と労働運動との連携、職場・労働者自治と地域社会の市民自治など触れたいことが多くあるが、時間の関係もあって別の機会にしたい。

――具体的には社民党を含む今後の政治勢力の展望など、お聞きしたいことはたくさんありますが、紙数がつきました。今日はありがとうございます。

【『資料集　戦後左翼はなぜ解体したのか』同時代社、二〇〇六年】

1978 ~ 79 年、首都東京を埋めつくす各地の争議団
（写真はすべて今井明）

『労働情報』が右翼労戦統一反対、国鉄分割民営化阻止の結集軸に

第二章　たたかいの最前線を記録する

1　いま、ここに日本の労働運動の最前線がある
——職場から地域に砦を築く全金港合同支部の闘い

*あの特防も尻尾をまく「毎日デモ」

「明日は矢賀の門前でデモがあるらしい」「それに行こう」。わが取材班三人は一致して当日でかけていった。

正午のサイレンの五、六分のち、労働者が次々に矢賀製作支部の門前に現われる。作業服と作業靴のままおばちゃんら数人は歩いて、多くは自転車、バイクでかけつけてくる。昌一金属、大熊鉄工、細川鉄工、中央造機、大阪亜鉛などから歩けば一〇分～一二分の道のりをとんでくる。

十二時八分、矢賀の中村書記長らを先頭に門前のデモが始まった。年配者が多い。そのせいか、ゆっくりした駆足デモで「日共糾弾」、「自主管貫徹」をとなえつつ数回。そして、門前にならび、工場にむかって気合の入ったシュプレヒコールを数分間。「田中機械への強制執行糾弾！」「地域の仲間と共に闘うぞ！」。

十二時二十分。来た道を歩いて、自転車で、バイクでいっせいに自分の工場に帰っていく。

昼めしはそれから食うのだ。矢賀の昼休みの駆足デモは、なんと倒産以来三年半、毎日やられているという。同行の大阪の甲賀君も「週一回ぐらいと思っていた」と言う。田中機械や港合同は敵の集中砲火のなかで全国の戦闘的活動家の大きな注目を集めているが、この「毎日デモ」は、大阪でさえ当事者と警察と「通い道」の町の人々を除いてまったく知られていなかったのだ。

「明日はデモがある」のではなく「明日も、明後日も」、凍りつく寒い日も、目のくらむ暑い日もやられてきたし、これからもやられる。

この「毎日デモ」は、一九六八年の細川闘争から始まり、一九七二年〜四年の八六三日の細川闘争で連日行なわれた。細川鉄工支部委員長津島茂夫さん（三六歳）はいう。

「あの時は壮観だった。正月も、盆も暮れも三六五日、五〇〇人から七〇〇人ぐらいの地域の仲間が、町を露地をかけて細川へとんでくる。細川の近所は、こっちがトラックなどの交通自主規制をとりしきる」。

「あの特防（特別防衛保障）の隊長は、三上卓の右翼思想をついだ男だった（その後交通事故で死亡）。はじめは〝なあに総評の動員は日当動員だ。だからいつまでも続くものじゃない。すぐにネを上げるさ〟とタカをくっていた。だが、毎日デモ、毎日動員は先細りどころか、逆に日増しに労働者はふえ、力を誇った特防ガードマンとも堂々と大衆的実力闘争で対決した。〝港合同はちがうわ！〟〝銭や日当動員とはまるでちがう〟というようになった」。日大全共闘では敗けたが、労働争議では不敗を誇る敵は、港合同の真価を実践で知ったのだ。八六三日、延べ三〇万人余の労働者が毎日、数百人があちこちの道と露地をかけてゆき、かけて帰る姿はさぞや壮観であったろう。

ある人が計算したら、月と地球の往復の長さを走ったことになるという。そして、それは五年前に「かつてあった」過去の物語りではなく、その後もいまに至るまで延々とつづくその息の長さに驚かされた。これは「機関決定」や指令ではとてもつづくものではない。下からの自主性、自発性でやられてきたし、現にある。

＊一〇年間に五〇組合を組織

大阪の港区は労働者の町だ。庭も玄関もない労働者の家並みがどこにもある。そして、金属を中心にした中小企業、町工場が多い。東京の江東区、墨田区等に似ている。自転車で歩くと、ここも全金、あそこも全金という具合に港ブロックを構成する工場と支部がある。

かつて東京・大田区の糀谷《こうじや》がそういわれた。日本起重機、石井鉄工、安藤鉄工……。赤旗がつらなり、企業の塀をこえた地域の団結と共同闘争で〝全金銀座〟〝全金横町〟の名をとどろかせた。が、その後、工場疎開や、倒産、首切り合理化の中で昔日の面影をなくしていった。

ここ港は、敵との激しい攻防、関経協―警察―裁判所、そして新日鉄や三菱の地域ぐるみのスクラップ化攻撃に耐えて今も全金横町は健在であり、矢賀デモのようにさまざまに闘われている。この〝横町〟は細川闘争を通じて多くの組合が組織された。三六五日の昼休みデモとそれへの「通い道」

を走りながら、あちこちの工場で寝ころがっている労働者を毎日見るなかで、青年部中心のビラまき、働きかけオルグ工作がおこなわれる。

港合同支部は今から二〇年前には、できたばかりの大阪亜鉛支部を入れて四つ。一〇年前には一五、そして、五年前には二一支部に。

数十人の労働者が青年を先頭に、三六五日のオルグを東に西に、南に北にかけめぐった。この十年間に田中機械支部が中心になって組織した組合は三七（つぶされた、あるいはつぶれた組合を入れると五〇以上）。また、組合結成の相談にのったり、全港湾と共同で組織した組合はこの他に多数！

一つの支部が組織した数として大変なものだ。全国一般のように専従オルグが中心になって組織することが専門のところを除き、これだけ労組を組織したところは全国にまずないであろう。全金の地本をとってみても、あるいは県評でも、この一〇年間の組織化を比べてみてこれ以下のところの方がおそらく多いのではなかろうか。

これだけの事実、歴史、労苦に対して全金と総評は天下に誇る財産と実績として「顕彰」すべきだなあ、と感じた。

地域は車でも片道一時間半の富田林や大阪のそこらじゅうであり、産業も金属を中心に、印刷、タクシー、医療、一般等にわたっている。そして、プロのオルグではなく職場で毎日働く青年労働者が数十人に及ぶ集団的なオルグをやり、オルグ集団となって跳びまわり、闘い、けんかし、組織したことが大きな特徴であろう。

＊女やおもうてなめるなよ

その一つ、大正区の日産金属支部の池原ハルエ委員長のお宅を田中機械支部の橋本満資君（三〇歳）の案内で訪問した。クブングワ（くぼ地）と沖縄語で呼ばれる河沿いの低湿地帯にあるこの住宅地は、一時は数百世帯が住んでいた（ほとんどが沖縄と奄美大島出身者）。市の区画整理でおどされだまされて出ていったが、今も五軒ががんばっている。その一軒だ。

「この六月の大雨であと一尺で床上浸水でしたわ」と御主人の吉常さんが語る。一九五三年、いまでいう日曜大工で建てた家は、この水難対策として床が高い。

夫婦とも沖縄本島の出身。ハルエさんは生後八カ月で本土へ。高等小学校を卒業いらい港税務署給仕、百貨店事務、保険勧誘員、製材所などで働いてきた。日産金属に入ったのは一九六六年。当時の会社はなんでもしたいほうだいで、退職金も払わず、賃金は大阪府の最低賃金より一〇円高いだけ、というひどい労働条件と人権無視だった。

「組合のこと、ぜんぜん知らんかった。知っておったらやらんかったかもしれん。どうしても組合つくろう、ということで全港湾の人の紹介で七二年秋、田中機械へ行った。大和田さんの印象は、ギョロッと大きな目で……でも、もののいい方はやさしいやろ。親切に教えてくれた。そして地域がちがうので全金の大正ブロックに紹介されたんや」。「会社は〝このおばはんら途中でケツわる。すぐやめるわ〟軽い気持ちやった。こちらは〝女やおもうてなめるなよ！〟と頑張った」

ハルエさんは歴年の給料表の束をみせてくれた。おやじさんは「入る時はわしの三分の一、組合つくったらわしの上、ボーナスも上、たまげたわ！」。

なめていた会社はあわてて労務屋をいれ、えらい金をつかったあげく、二度にわたって擬装倒産。

いま、内部の困難をかかえながらも毎日工場へ行き、他の争議支部がまわしてくれるプレスの仕事を二人でやり、頑張りぬいている。

橋本君はこの数軒隣りにすんでいた。ふとしたきっかけで知りあい、オルグの初陣として毎日のように通い、闘いを一心一体となって共有してきたのであった。「まじめな労働者がまじめにやる、まじめに闘う。それを貫くかどうかがいま大切や。日産金属の闘いはこれにつきる」と今やオルグのベテランである橋本君はいう。

＊三六五日泊り込み体制

田中機械支部の地域対策の元締めである清水直樹書記長。一九三八年北九州戸畑に生まれる。父は一八〇人くらいの工場の仕上工でビルマで戦死。上等兵。中卒後父のいた工場で特殊旋盤工として働きながら戸畑高定時制卒。一九六二年田中機械に入社、機械課で特殊旋盤を動かす。

組合は六六年代議員、六七年執行委員、厚生部長、組織部長を歴任。七〇年以降専従となり、七四年いらい書記長。

田中機械には、ここ五年来、十数回きているが、知らないことも多い。

冬にきた時は、ドラムカンで火をたいて不寝番をしていた田中機械の労働者も、今は、打ち水で涼をとりながら徹夜で張り番をしている。

ここ港合同では、六つの争議支部に、一年三六五日、キチンとした泊まりのローテーションが組まれている。

私の経験と見聞では、争議は爆発時、高揚期には多くの労働者がかけつけ、占拠した工場にゴロ寝したりして泊まりこむが、長期化し、波がひいたり、後退したりすると、ほとんど寄りつかないのがすべてといっていいくらいであった。しかし、ここでは、夜中の敵の不意打ち攻撃にそなえ「常在戦場」。

そして六つの争議支部は、夜の八時、九時、十一時の三回、必ず電話連絡し、権力や暴力団、御用分子の攻撃の有無、異常なしかどうか、そして、食うための明日のアルバイトの交信などを、これも三六五日毎夜三回ずつおこなう。

活動家の家に泊めてもらうと、たいがいは足の踏み場もないように新聞、ビラが散乱し、枕はテカテカ、フトンのエリもテカテカというのが多い。が、ここはちがう。のりもきいており、わが家のフトンよりきれいなのだ。

田中機械では、いまは三役は二日に一日、つまり半月を泊り込む（職場の人で五日に一日、活動家は二日に一日）。いかに気合いが入っていても五〇歳をすぎた大和田委員長、金田副委員長など身体にこたえるにちがいない。年をとると枕がちがっても寝つかれないといわれるのに。そして、私にはチト難題だが、「百薬の長」をまったく呑まない。いつ夜討ち朝駆けで敵が攻めてきてもいいように備えて。

泊まりこみにくるのは全金労働者だけではない。田中機械から八〇〇メートル西にある市の清掃工場からは、大阪市従業員労組環境事業支部港工場班の仲間が時どき一五〜六人で泊まりこみにくる。現業八一人が市従、一六人が市職。ここの港工場班と、いぜんからかかわりのあった市従港湾局支部等が中心になって、昨年秋、市従大会で田中支援決議を通した。

「……全金田中機械支部や南大阪の争議支部の闘いは、日本民間労働運動の先頭として、するどく資本家階級と対決して日本の労働運動を引っぱってきた。そのことを恐れた資本家階級は組合つぶしにでてきた。このような時こそ港の地域労働者だけでなく、全国の闘う労働者の支援連帯が必要である。敵が総資本でくるならわれわれは総労働の対決で勝利しなければならない」

港工場班は月一回の泊まりこみと毎日一人五〇円のカンパを決めて実行している。

田中勝彦班長（三二歳）は組合事務所で語ってくれた。

「部落差別から清掃差別の闘いを通じて狭山を闘ってきて、なぜ田中を闘えんのかと提起した。田中の闘いは、小さいところに依拠して運動を進めている点がすばらしい。自治労の任務は何か。所詮、官僚機構の末端であるわれわれにとって地域とどう連帯していくかをぬきに運動はありえない。田中は一企業の倒産攻撃でなく、総資本対総労働の闘いだ。狭山ストをうった力をこの闘いにもそそぎたい」

＊忠実、あまりにも忠実

かめばかむほど味が出る。田中機械―港合同の幹部や労働者は多くを語らない。が、つきあうほどに、知るほどに味わいがより強まり、驚き、感嘆する。津島さんはいう。

「春闘は金と魂の交換になっている。賃金闘争は起爆剤ではある。だが〝ものとりではあかん〟というのが港の思想だ。六〇年代末にストをうっていらい、この九年間、〝四・二八〟〝六・二三〟〝一〇・二一〟と毎年半日から二時間の政治ストをうってきた。有事立法とか軍靴の音がふたたび高まりだしたいまだから、なおのこと政治闘争、政治ストの闘いを強めるべきだ」

うかつにも私は思わず質問した。四・二八沖縄、一〇・二一ベトナム反戦はおなじみだが「六・二三てなんだっけ？」

「安保の発効の日（六〇年）ですよ」

「ウーン」とおもわず絶句した。

「まだやってんのか」とつい口に出て同行の甲賀君から笑われた。

田中では十年前、反安保青年行動隊という全金労組が決めた方針と組織が、いまも生きているのに昨年驚いたことがある。私も含めて「忘却のかなた」になっている反安保闘争をいまも闘う。しかもストライキをうち、デモをやる。この息の長さ。きめたこと、きまったことは、とことんまでまっとうに実践する。そして、古きをあたためて今に生かす。こういう実践を目の前にすると、いつしか総括もうやむやにされてかつての方針をたな上げしている「中央」層の路線とか責任とかを、いったいどう考えればよいであろうか。

「報われることを期待することなき献身」といった徳田球一の言葉が、ふと頭をかすめた。そしてさらに七〇年代の鋭い政治的課題であった三里塚、狭山、日韓・朝鮮問題にも卒先してとりくみ、中国労働者の歓迎集会を工場で組織（一九七四年）するなどしてきた。

その労働者の階級的ド根性は、あの八六三日の闘いで確立された。

「港の闘いは〝雨がふったら止め〟ということは絶対ない。甲子園ではかなりの雨でも野球やるのに労働者が少々の雨ぐらいで闘いがやめられるか」と、いまも昼休み、夕方、夜、あの「通い道」を労働者はかけぬけ、走り、そして城砦たる工場にもどっていく。

真夜中であろうと、いざ敵の来襲があれば、数十分にして七〇人から八〇人がかけつける。七理製作の闘いで、企業計算センターの闘いで、何回かそうであった。

出勤途中でも、矢賀がやられたと弁天町駅で聞くと、会社によらずそのまま一〇〇人ぐらいが矢賀にかけつける。

そして職場でズル休みをする労働者には、資本につけこまれないような労働者のモラルをめざして「職場に団結しにきているのか、金稼ぎにきているのか」と労働者に問いつめをする。

津島さんはたんたんと語る。

「どんな苦しい思いをしても地域を守る。必ず守りぬく。が、資本主義体制の中の橋頭堡である地域権力をあと大阪で二〜三カ所ほしい。そして全国でもそれをうけつぐ拠点がほしい。その網の目の一つとして『労働情報』に期待したい」

細川鉄工の社長、細川益夫は関経協の会議で、『鎚と楔』（細川闘争の記録）をかざして「かれらの運動は労働運動とはちがう。階級闘争だ」と叫んだという。

＊労働運動とはいったい……

日経連はすでに一九七一年、大阪にのりこみ、田中機械や港合同を標的にした「攻撃」を宣伝した。国鉄新潟や三池を「鎮圧」したあの石田博英（当時労相）は、二年前、「終戦直後のように、法と秩序のない（ブルジョアにとって）南大阪の労働運動は許さない」といった。「あれは労働運動ではない」ということだ。そして、五十数年来、共同特許をもっていた新日鉄との起重機をよそにまわしたりする兵糧攻めが三菱などとともにやられ、その真綿じめの結果が昨秋の自己破産であった。その前の一年間は、月五〜六万円の生活を余儀なくされてきた。だが、これらのあらゆる攻撃にたえて「全金・田中機械が踏みこたえてきたことはそれ自体、『敵』にとって脅威であったといわねばならない」

（緊急アピール）。

いま田中機械は、敵の総攻撃とともに味方からも思想や価値観のちがいから、「あれは労働運動ではない」と一部でいわれている。

では労働運動とは一体何なのか。今回あらためて五日間、港合同のいくつかの支部をまわり、泊まり、幹部と職場の活動家と語って実感したことは次のことだ。

〝職場に砦を！　地域に共闘を！〟このスローガンは、全国金属が敵との激しい攻防戦から生みだしたすぐれたスローガンであった。これをもっとも忠実に、もっとも息長く徹底して実践したのは田中・港合同ではなかったのか。

全金の一活動家は、この間の実践をふまえて「地域に砦を！」に発展さすべきではないか、とも提起している。その是非はおき、日本労働運動の古くして新らしい課題である「階級的団結」と「階級連帯」を今に創造化し、これまた歴史の伝統の一つであった〝地域ぐるみ〟闘争を発展させ、現に汗みどろ血みどろの戦闘を三六五日闘いぬく。この大衆路線は、朝の七時半には組合事務所に幹部が年中つめ（ずっと以前から）、夜は九時、十時までこれまた年中灯がともる「定時のない」作風と献身、自己犠牲は無条件に学ばれるべきではないのか。

この体制危機下に、社会主義をめざし、八〇年代階級闘争を闘いぬき、しのぎうる階級的労働運動とはなにか。これは今後、実践と理論の鋭い緊張のなかから生みだされるべき大テーマであり、私なりに分析し提起したいが、紙数はとっくにすぎた。そこで港の労働者が日常的に、かつ苦しい時、闘う時に愛唱する「港合同語録」のいくつかをかかげて結びとしたい。

「港合同は職場は一つ！」

「労働運動に定時はない。タイム・カードの運動をのりこえよ！」

「受けた連帯を運動でかえす」

「砂をかんでも闘う！」「階級利益のための地域闘争拠点の堅持！」

「社会主義建設のための自覚的団結！」


【『労働情報』第五〇号、一九七八年八月一五日】

2　国鉄労働者の闘う力は健在だ——国労ストの現場

＊ストは必ず職場にろう城

国鉄労働者の闘うエネルギーは健在だ。四月十五、十六日、「交運決戦スト」の二日間、国鉄のいくつかの職場をまわり、見聞した感想がこのことだった。

まず、ストライキ突入と同時に職場にろう城する組合員が多いこと、しかも酒を一滴も呑んでいないことに驚かされた。

国労は、長い闘いのなかから、ストライキと組織の防衛、士気の高揚等のためにネトライキ（自宅でゴロ寝）ではなく職場への泊まりこみ＝ろう城の闘いを二〇年らい積んできた。

今回も、夜勤勤務者、病気、入院者や班の特認者（全体の了解をえられた人）をのぞく全員がろう城した。平均しては、電車、客貨車などの日勤の分会では組織人員の九〇％、夜勤の車掌区、駅関係などでは七〇％ぐらいがろう城するという。

国労の中核、東京地本の新橋支部品川地協を例にとってみよう（カッコ内は組織人員）。品川車掌区（三〇〇）、同駅（三八〇）、同客貨車区（三六〇）、田町電車区（三七〇）、東京機関区（三八〇）、品川機関区（一五）、品川情報区（二〇）、同機械区（二〇）、田町駅（六〇）。合計国労組合員一八六〇人中、今回のろう城者は約一、三〇〇人という高率である。中高年者も相当多い。品川駅では、三十歳以下一二〇人、四十八歳以上一四〇人、三十一歳〜四十七歳一二〇人という年齢構成である。

十五日の夜、夜明け頃には毛布一枚では寒くて眠れなかったくらいの、春とはいえ相当の寒さだった。だが夜九時半の分会事務所前の全ろう城者の分会決起集会でも飲酒者はほぼゼロだった。初日は自宅から来るので一杯ひっかけてくる人も少しはいるが、二日めはゼロという自主規律が確立しているという。かつての国鉄から比べると天と地の差だ。私が毎日のように通った二十年くらい前は「牛飲馬食」、酒の強いのが自慢だったが…。

＊はがされたらはり返せ！

ストライキ突入の先陣は青年労働者の闘いから始まった。青年部は、十日前から交代で毎日、寝袋で泊まりこんだという。今回の特徴は、札幌判決（国労のビラはり行動への反動判決）をテコに、例年になく当局のビラはがしがすごかった。すでに五回はがされていた。

十五日夕、青年部は「はがされたらはりかえせ」の相言葉のもとに六度めのビラはりをやっていた。東京地本、新橋支部のステッカーとともに地区青年部の独自ビラがきれいな字で新聞紙に書かれはられていた。

「国鉄三五万人体制粉砕！」「国鉄の赤字は労働者の責任ではないぞ！」「労働戦線の右翼的再編『統一』粉砕！」「職場に砦を、地域に共闘を！」「全逓への不当弾圧を許さないぞ！」。安保、自衛隊、四次防反対とともに原発、狭山、部落解放等が「当局のビラハギを許さないぞ！」とともにはられている。

＊地域の官民ぐるみの団結

五時三十分、品川駅南口で品川地域の国労品川地区青年部、全逓南部地区青年部、ソニー・斉藤さんを守る会、泉自動車労組有志の四者主催による決起集会が始まった。六〇〇余人が結集した。

国労が地域の仲間と共同で決起集会をやるのは、七五年のスト権ストいらいだ。ソニーの斉藤さんは、臨時工としてまったく不当に首切られたことを怒って十年間、雨の日も風の日もソニー本社前でビラまきをつづけてきた。いま六〇歳。

泉自動車は大崎駅前にある自動車のハンドルメーカー（二〇〇人）で同盟。首切られた三人を守る支援共闘会議は、全逓大崎支部坂本支部長を議長、荏原支部川津支部長を事務局長に三年らい、不当解雇撤回をめざして闘いつづけてきた。この闘いに励まされ、この三月には国労青年部が四〇名隊伍を組んで合流し、味方を大いに激励した。駅をはさんだ電機労連明電舎の委員長も挨拶激励し、こちらの士気はあがり敵は驚いた。警察署からはすぐに明電労組にいやがらせ電話があったという。

「民」のこれら闘う争議団と「官」の国労、全逓が固く団結したこの決起集会は多くの青年労働者を感銘させた。

全逓被解雇者の天野君（高輪副支部長）、沖電争議団の鳥越君、品川区の臨時労働者で解雇反対を闘う佐久間さん、全逓南部地区青年部副部長、国労、最後に全国一般南部支部の争議分会が次々と立って八％要求の糾弾、不当解雇撤回、右翼的労戦「統一」粉砕、地域共闘の強化を訴える。おりから降りだした雨のため、場所は品川駅の団体待合所に移って続けられた。

基調提起でソニー労組の梁瀬《やなせ》さん（四一歳）は、国鉄三五万人合理化粉砕、全逓の反合反マル生、四・二八処分粉砕、民間争議団の団結を、闘う者の連帯、共闘を、カンパニアではなく日常的に闘うことを訴えた。そして「品川地域から日本の夜明けをつくりだそう」と意気高く結んだ。

そうだ！　日本の夜明けは品川から突破しよう。

＊自らの生活は自らの闘いで

午後十時、全ろう城者は各分会ごとに決起集会をもった。分会長あいさつ。

「①自らの生活を守るために、自らの闘いによって自らの賃金をかちとっていく。また、きびしさを増す合理化と対決していく。賃上げ四・四％（うち定昇二・二％、三九〇〇円）の予想を下回ってきびしい。この賃上げ分は一日一〇〇円ちょっと、タバコ銭にもならない。これでなぜストをやらずにがまんしろということになるのか。ストを一糸乱れず闘いぬき低賃金回答を闘いによってきり開こう。

②ＪＣでも電機は一発回答をけって闘っている。鉄鋼でも新日鉄労組の意識調査をみても、『組合はもっとしっかりしろ』をいれると七五％が組合のあり方に批判をもっている。職場に闘う力は十分にある。八〇年代労働運動を展望する第一歩をきり開こう！」

分会長の発言を最後に、明日のストに備えて仮眠に入った。よっぱらって騒いだり、なんてことは何一つなく、眼を光らせ、整然と集まり、整然と散会する。

品川駅分会では、その後闘争委員会で今日の集約、点検と明日の行動が提起され、交流会に入った。

飯塚藤郎分会長――茨城県取手一高から一九六〇年に国鉄に臨時雇員として入社。日給一八〇円だった。一九六四年に助役とけんかしたことをみこまれて組合をすすめられて運動に入る。その後、分

会、新橋支部、東京地本青年部長（二期）をへて、品川駅分会書記長（七一年）、七七年以来分会長。三八歳。

＊職場活動を下支えする年配者

国労には、現場の分会幹部に年配者が多い。全逓などとともに、中、高年者が労組各級役員に多いことが民間大手とはまったくちがう。後者は、六〇年代合理化と組合右旋回の中で、中、高年齢者の多くは沈黙し、あるいは一部転向して会社の職制となり、職場で信頼のある年配者が労組で戦闘的に闘っているというのはほとんどいなくなった。

品川駅分会執行委員のSさん、五五歳。彼は組合事務所が満員なので床に新聞紙を敷いて座っている。

「私は昭和二一年（一九四六年）一月二十一日、品川駅に就職。鉄道省品川駅のアメリカ占領軍第八軍輸送指令部（R・T・O）で働きました。横浜の日本郵船に本部があり、あの二・一ストもそこへ行き、横浜駅のプラットホームで、伊井弥四郎議長の涙を流したスト中止の訴えを、私も涙を流して聞いた一人です」

その後、長く品川駅に。貨物出身の執行委員だが、現場の活動はこういう年配者の下支えによってなりたっている。

一人ひとりの自己紹介のなかで、若い執行委員のBさんは「九州から東京に就職した頃は、母に〝必らず東京駅長になります〟と手紙を書き、それが今も残っている」というと、皆ドッと笑った。階級意識に目覚める前には、多くの青年はそういう「夢」をみる。組合に入ることにも抵抗を感ずる。

が、職場の先輩の闘いや、ふとしたきっかけによる〝めざめ〟、オルグられることなどを通じて活動家になっていく。

助役とのけんかが楽しみで職場に行くようになっていく。

彼は、その後停職二回、減給二回、戒告など合わせて七～八回の処分を受けてきた。

意外と二十五歳以下の若い人が多い。二十二歳のM君は、「運動がうすうす分ってきた。要求は断固撤回して」と、断固とるまでというのを、あがったからか言いまちがえて、また皆がドッと笑う。「今日の地区集会は、連帯をつなぐものとして感激した」とか、「あることで組合に助けてもらった」、「津軽のジョッパリ」など一人ひとりの個性がにじんでいる。

いまの情勢、国労の輝く闘いの歴史、労戦の右翼再編と国労の役割、なんのために労働運動はあるのか等の話も出、すでに時計は午前三時となっていた。

皆が寝ても、分会長はまだ起きている。現場の幹部は、銀座あたりの「キャバレー闘争」とも公労協の某議員のようにＫＤＤとも無縁であり、苦労が多いものだが、また、そうしてこそ現場の信頼関係は築かれていくものだ。ストライキ一つにしてもこういう無数の下積みの力でささえられていることを実感した。

＊露骨な交運共闘の分断

早朝六時のラジオは、私鉄が未明に妥協して、スト体制を解除したことを告げ、私鉄経営者協会代表がはずむ声で「花でいえば九分咲きの出来。来年は必ずストをなくします」としゃべっている。

歴年、私鉄と公労協の賃金は連動してきた。で、私鉄がストをうちあげれば、国・動労はまもなく打ち切ってきた。

午前中には、国労も「立ち上がり時間」（スト解除と仕事再開までの準備時間、三時間）を計算して、十二時か、三時に打ち切りかとも話が流れていた。が、それをすぎ指令はこず、テレビは公労委の労働者側四委員の抗議辞任を伝えた。

事態はきわめて明らかだ。第一にまったく露骨な交運共闘の分断である。「労戦統一」がらみの攻撃だ。史上空前の利潤をあげたトヨタより私鉄は二〇〇円上積みした！　その意図はあまりにもみえすいている。第二に、従来、公的理論的には「賃金は労資の力関係できまる」論だったが、現実には第三者機関であり、その「依存活用反対」であった。この賃金闘争路線が破算したのである。第三に敵の分断政策がわかりきったことに対する指導性の問題がある。

右翼再編のためには公労協、とくに国・動労、全逓の骨ぬきが大命題だった。全逓の戦闘的部分であった東京に指名解雇・弾圧が集中したように、国・動労にも懐柔と攻撃はより集中してくる。

当該労組が職場・地域を基礎に階級的労働運動総体の力でどうはねかえし、反撃していくかを八〇春闘の結果はきびしくつきつけている。

国労は、日本の戦後労働運動の歴史の、岐路のたびに大きな役割を果してきた。一九四六年七万人大首切りをゼネスト攻撃ではねかえし、翌年二・一ゼネストでは主力であった。以来スト権はく奪に対しても、歴史に残る新潟闘争や安保闘争でも一貫してそうであった。

十四年前、宝樹提案による前回の「労戦統一」を名のる右翼大再編は、あと一歩というところまで総評をおいこんだが、当の全逓労働者の決起と宝樹指導部の互解、国労の「座して死をまつより、立って闘う」という大闘争をバネとして粉砕された。

＊勝敗の鍵にぎる国鉄労働者

いま、国労と、日本労働運動は、日本プロレタリアート・人民は、歴史の重大な岐路にたった。民間大手、中小、官公労、すべての部署で闘う幹部、活動家の断乎たる決意、正しい方針と実践が、その命運を決するものとして主体的に問われている。わけても国労は、大きな位置をしめている。社・総評ブロックは右へ大きく舵をとり「労戦統一」＝右翼大再編・社公民路線へとふみきった。が、その立役者富塚事務局長の出身の国労は、二月の中央委員会でも「社共統一戦線」推進が決定であった。

　日本労働運動の歴史的な左右への分岐点をめぐる鍵の一つは、国鉄労働者がにぎっている。そのなかで、問題はどこにあるのか、職場と密着した現場幹部、飯塚分会長の意見をさいごに紹介する。

「国労はいま、曲り角にたっている。自らの道はどうあるべきか、そのための職場の闘いはどうあるべきなのか。運動の原則をふみはずさずに分会をどうまとめていくか。そのためにはなによりもまず青年労働者の活動、原則にのっとった闘いをどう保障し、どうのばしていくかにある。

①反合闘争の再構築――国鉄ではいま、民間委託、業務委託、下請化がものすごい勢いですすんでいる。国鉄の下請関連労働者は十万人以上であろう。このなかで国鉄労働者とその下請労働者との共闘がなく、当局の分断方針に対決できないようになっている。国鉄合理化の基本中の基本は、下請・民託化――本工の減員である。三五万人体制とは国鉄の総体人口はかわらず「その枠内で本工―下請の比重が変化することに問題の核心がある。いま「本工」四二万、下請一〇万、合計五二万人だが―定員法の頃と大差ない―、この四二万人を三五万人にし、下請を一七万人にすると思えばよい。したがって、国鉄関連労働組合協議会（国関労）の強化は必要だが、一方、今後も下請労働者をどんどん作

ったら、合理化が貫徹する。われわれのスローガンは、「これ以上国鉄職場に下請労働者を一人も作らない」であり、反合闘争の再構築はこの闘いをぬきにしてはありえない。

②地域の民間の争議団など、地域労働者と共同して闘う。青年は地域闘争を積極的にになない、異なる体験や民間の闘いに学び、交流し、勉強をすべきだ。国労の枠という「井の中の蛙《かわず》」を打破して、全体的な動きをみられる活動家になって欲しい。多少の波風を怖れず、支部の方針でも提起されている地域の争議団との交流、提携をつよめ、真の官民一体の闘いを通じて自らをつよめ、全体の運動を強めていきたい」

【『労働情報』一九八〇年五月一日】

3　ゼネラル石油の闘争は日本労働運動史になにを刻印したか

＊日本労働運動とゼネ石労闘争

全石油ゼネラル石油精製労働組合（以下ゼネ石労組）は、次の諸点について日本労働組合運動の歴史に新たな一頁を加えた。

①日本資本主義はベトナム戦争中の六〇年代に大躍進し、全国各地でコンビナートが造成され稼動したが、資本の圧倒的支配下に未組織のまま或いは労組は沈黙しつづけた。その流れの中で「若く無名」のゼネ石労組は史上始めて敢然と火止めストを打ち抜いた。

②日本の産業公害は当時「世界一」と不名誉の実績をのこす中で労働組合は圧倒的多数が闘わず或いは資本と一体の加害者化するが、発生源でストで闘ったのは合化労連新日窒（第一組合）とゼネ石労組だけであった。

③民間大企業における首切りで、原職復帰者はゼロであったが、ゼネ石労組は八年後に九人（一人は企業外の沖縄闘争で逮捕されそれが理由で解雇）全員が復職した。

これらの闘いのリーダーが、横山好夫、小野木祥之、大崎二三男（七〇年〜八〇年の委員長）らであった。

＊日本資本主義の先端コンビナート

ゼネ石川崎工場一帯のコンビナートは、日本資本主義の心臓部といわれた京浜工業地帯の第二次埋立地にある。かつては日本冶金のすぐ前まで海であった。私は一九五七年に埋め立て現場を見に行ったが、先端ははるかに先で送電線は小さく見え、「日本資本主義はすごいものだなあ」と実感した。六〇年安保、三池闘争後に総評太田・岩井指導部は全国オルグ計画の一環として、コンビナート組織化に三池のパージされた労働者など何人かを配置した。川労協（川崎地区労）は傘下一五万人、多くの県評を上回る大組織であったが、そこを根城にオルグ活動は始まった。意気込みは盛んだったが、感覚が合わないのか、オルグ方法が問題なのか、資本の労働者管理がうまかったのか、組織化はまったくすすまなかった。

＊資本＝ＪＣ派の制覇とゼネ石労組登場

当時の京浜労働運動は最大工場の日本鋼管（二〇〇二年に川崎製鉄と合同）川崎工場をはじめ多くは左派が主導していた。だが六四年にはＪＣ（ＩＭＦ・ＪＣ＝国際金属労連日本協議会）派が鉄鋼労連を右派に奪還。それに合わせて川崎の富士通等の電機大工場の左派は次々と敗北し、六〇年代に大きく右傾化する。国労など官公労は健在だったが、京浜工業地帯の中心勢力だった民間大手は「もうだめか」と私は右転換を深刻にとらえていた。

と、六八年春闘でゼネ石労組が二波のストライキ、しかも第二波は火止めスト（堺は七二時間スト）をうち、労資双方と社会を驚かせた。

その主体的要因は、職場闘争の活性化、とくに下請け労働者が労働災害で、安全闘争、要員闘争をつみ重ねたことが大きい（横山好夫『安全闘争と公害闘争』）。

労働災害は六八年度に頻発、夏の定期整備中に日通の現場監督が一七メートル下に転落死、下請け労働者の亜硫酸ガス中毒二回をへて、九月に下請検査員が六メートル下に転落、一〇月には建設中のタンクから転落死、一二月、原油船↓ハシケ荷役中に船長死亡。労組は設備と要員点検を行い五〇％強の増員要求を行なった。

＊七〇年闘争と労組完敗

七〇年五月二九日　会社は横山川崎支部長を解雇。
六月二七日　堺支部の小野木祥之、西岡健蔵、宇出三男、長尾次男を懲戒解雇。
労組は抗議集会。堺は大衆団交（六・一）。一三〇人のオルグ団がカンパと自費で川崎へ。川崎全面スト（七・一三）。八・一以降に対してスト権投票（七二・三％）。会社は八・二全面ロックアウトと全面対決が続いた。
八月一六日　第二組合結成。両工場計五六人が構内へ。そして切崩しが始まり資本が主導権を握り、悪名高い九・二就労協定をだし、また堺支部長らの脱落（両工場で五八人）下に労組は「完敗」し、三次にわたる就労で労資の力関係は完全に資本がにぎるにいたった。
それから八年間、首切りは一一人に及び、その生活費や闘争展開と立て直しでたいへんな苦闘をするが、職場の力関係を徐々に変えつつ、一九七八年、全員復職（うち二人は話しあいで離職）という、民間大手労働運動史上かつてない成果をあげて闘争は終了した（横山好夫・小野木祥之『公害発生源労働者の告発―ゼネラル石油精製労組の闘争』三一書房新書、一九七一年四月、以下「共著」）。

＊全共闘が労働運動へ波及⁉

六八～六九年、べ平連、全共闘、反戦青年委員会が体現した新左翼は、伝統的左翼の共産党をのりこえ、また戦後革新勢力の首座で「昔陸軍いま総評」といわれた総評労働運動と社会党左派ブロックの戦闘力をもこえる政治・運動体として日本社会をゆるがせた。

それから一年、ゼネ石闘争は、経団連をして「大学紛争」が労働運動へ点火したものかとしてたいへん警戒された。日本社会の最大問題といわれた公害に対して経団連は「公害問題全般を積極的に取組む」べく「環境改善委員会」が発足したが、はじめの三回の研究会でゼネ石精労組の「反公害スト」に最も関心が集まった、と『エコノミスト』（七〇年九月一九日号）が伝えた。

また『東洋経済』（同年九月一九日号）は「若い企業にありがちなストの洗礼を受けた。こうした災いを転じて福となしうるか、それとも…」ととらえた（「共著」）。

災いとは〝資本にとっての〟であるが、総資本の圧力を背景に、まきかえされ、破竹の如き労組は惨敗する。上部単産の全石油労組も、労組が職制への「暴力行為」云々で支援せず、一方では日本共産党大阪府委員会は、「大阪民主新報」紙で、「『反戦』が暴力・挑発」と資本よりゼネ石労組攻撃を主とし、かくて社会的に孤立させられた。

指導部とくに本部事務局長横山好夫の真骨頂はここからむしろ発揮された。

＊「豊かな」労働者――「新しい労働者階級」

ゼネ石労働者は、六〇年代に欧米や日本に登場した「新しい労働者階級」（このタイトルの本も出た）である。七〇年闘争で私は堺に二回行き、独身寮にも行った。

一晩中入れるホテルの浴場並みの風呂、三畳間ながら個室の部屋、そこに並んでいた百科辞典。新しい石油産業とそこの労働者の住居と生活にびっくりした。

第一組合は圧倒的に高校卒、そして一〇代～二〇代がしめている。指導部の第一世代、横山、小野木、大崎らはみな工業高校卒であり、大卒はのちに委員長となった佐藤克彦らごくわずかである。

高度成長期は、その以前とちがって絶えざる設備更新・技術革新であったが、当時の工業高校はその現場エリート養成学校であった。

横山はその典型的労働者で、ものの見方、考え方が合理主義的で、いつも客観的でさめた目でとらえる。戦後の産別会議、総評時代のリーダーとの時代的特徴が異る。彼の場合はプラス人柄である。「彼を悪く言う者はあまりいない、頭が良くて如才ない。人好き、人なつっこい天性の持ち主であった」（和田伸夫現事務局長）

＊べ平連への共鳴と百花繚乱

ゼネ石労組の初期のもう一つの特徴は、六〇年代の新左翼がもっていた理想を求め夢をおったみずみずしさと通底した発想である。

共著には、労組が会社（そして全石油も日本共産党も）による反戦青年委員会＝過激派、暴力分子、企業と社会の危険分子というとらえ方に対して、根本的に反対した全面展開がのっている。とくに「われわれの方で魅力を感じて近づいたのはべ平連であった」「小田実が提唱したべ平連方式は、やりたい奴がやりたい方法と時にやればよいというのだから、自分たちにもピッタリするではないか」（同書「反戦パージーべ平連に共鳴」）。そして「殺すな」のバッチを職場で売って歩き作業着につけて歩いた、という。

「ベ平連に共感」した思想・運動感覚は、七一年に全石油内で形成されたカタカナ三単組の中でもとくにゼネ石労組の政治的特徴といえよう。全体の少数派組合の中でも、平均年齢二三歳という若さ、工業高校中心に高卒者が大多数で時代の風に敏感な、青年労働者にぴったりと合ったのであろう。

闘争時に爆発したエネルギーは、ある時は横山解雇への即時反撃と大衆団交となり、また職場では闘うエネルギーが噴出してビラ機関紙がすごい勢いで作られ、まわされた。堺支部だけでも各係ごと──動力係の「かまたき」、製油係の「はんどるまわ誌」、第1操油係の「たちんぼう」、試験課の「らぼつうしん」、「技術科」の「技術通信」あるいは女性の「裸足」、「反公害グループ」の「こくはつ」等の職場の声そのままのニュース、ワラ半紙半分のガリ版で速報的なものまで百花繚乱として満開した（星野芳郎『反公害の論理』勁草書房、七二年）。

横山、小野木らはそれらを上から中央集権的に統制することとは無縁であった。七〇年前後に少数派組合は何十と生まれたが、第二世代が労組専従者となったのはゼネ石だけである。

七〇年闘争のこの組合の作風は、後年の組合運営にも引き継がれた。中執の運動方針や政治方針等は、いつも二～三日の合宿で皆が意見をだして討論し、集団意志として統一した、と大崎二三男（七〇～八〇年の一〇年間の委員長）は語っている。

＊三里塚空港を廃港に！

ベ平連に共感した政治運動感覚は反公害闘争に発展し、企業外では三里塚闘争に、復職後は『労働情報』、『季刊労働運動』（その後共に横山編集長）、『新地平』（小野木編集長）へと必然的に取り組むにいたった。

三里塚闘争は、戸村選挙（一九七四年）後も「三里塚闘争に連帯する会」が活躍したが、新たに「三里塚空港廃港宣言の会」が生まれた。それは従来の「絶対反対論」ではなく「廃港」をめざすべきだ、とゼネ石の古郡武夫の提案にみなが賛成したことによる。前田俊彦代表、鎌田慧事務局長が就任し文化人・知識人等の全国化に役割を果たした。

共著の第二章「安全闘争と公害闘争」（横山執筆）や「加鉛ガソリン追放」決議文等を再読して、古群が廃港論を提案した根っ子が理解できた。横山の合理的発想は、八年間の苦闘が資本・権力との根源的闘いと結合する中で新たなプロレタリア思想が形成され、まわりの仲間の中にじわじわと共通理解としてしみこんでいったのであろう。

＊歴史にのこる反公害決議

次の二労組の決議文は、真摯な自己批判と発生源労働者の責任と、闘う決意としてチッソをはじめとした多くの加害企業、これらと一体の行政、学者糾弾とともに、闘いえなかった労働者、労組の階級的「恥」の自覚として、歴史にのこる（のこすべき）ものである（新日窒労組決議文に不適切な言葉があるが、歴史的な文書なのでそのまま掲載する）。

〈合化労連　新日窒労組　第三一回定期大会の決議〉

「水俣病は何十人の人間を殺し、何十人の人間を生きながらの不具者にし、何十人のみどり児を生まれながらの片輪にした。水俣病の原因がチッソの工場廃水にあることは、当時からいわれており、今日では、市民はもちろん、日本中の常識になっている。

その水俣病に対して私たちは何を闘ってきたか？　私たちは何も闘い得なかった。

安賃闘争から今日まで六年有余、私たちは労働者に対する会社の攻撃には不屈の闘いをくんできた。その経験は、闘いとは企業内だけで成立しないこと、全国の労働者と共にあり、市民と共にあること、同時に闘いとは自らの肩で支えるものであることを教えた。

その私たちがなぜ水俣と闘い得なかったのか？　闘いとは何かを身体で知った私たちが、今まで水俣病と闘い得なかったことは、まさに人間として、労働者として恥ずかしいことであり、心から反省しなければならない。

会社の労働者に対する仕うちは、水俣病に対する仕うちそのものであり、水俣病に対する闘いは同時に私たちの闘いなのである。

会社は今日に至ってもなお水俣病の原因が工場廃水にあることを認めず、また一切の資料を隠している。私たちは会社に水俣病の責任を認めさせるため全力をあげ、また、今日なお苦しみのどん底にある水俣病の被害者の人たちを支援し、水俣病と闘うことを決議する。

昭和四三年八月三〇日
合化労連　新日窒労組第三一回定期大会」

〈ゼネ石精労組中央闘争委員会の声明〉
「加鉛ガソリン追放に立ち上がろう
一九七〇年七月八日
最近、新宿牛込柳町の住民における自動車排気ガスによる鉛害の事実が公表され、東洋エチルの労働者が自ら働く場を否定し、四アルキル鉛追放にとりくむなかで、公害に対し常に腰の重い通産省でさえ『五年後にガソリンの無鉛化を』という方向をうち出している。我々は四アルキル鉛のとり扱いに恐怖を覚えながら、また川崎での混入現場の火災を体験しながら、『危険の少ない作業環境』を求め、鉛そのものの追放という発想に至らなかったことを、我々の運動の質の低さとして決定的に反省する。『四アルキル鉛が国産化されれば作業が急に楽になる』として、日本の各地を猛毒を積んだトラックやローリーが走りまわることの恐ろしさを考えず、加鉛ガソリンによる中毒事故や自動車の排気ガスによる鉛害が発生しているにもかかわらず、生産計画上、品質上、何の疑いも持たず受け入れてきたことを反省する。

この反省にたって、我々は加鉛ガソリンの早期追放を目指して、とりくみを開始することを宣言するとともに、このとりくみを通じ、公害企業全般について発生源労働者の責任を明らかにしていくことを誓う」

＊技術論・星野芳郎の高い評価

総評は、高野―太田・岩井両期を通じて内灘→砂川→六〇年反安保大闘争を闘う中で「国民運動の輝ける旗手・にない手」として反戦反基地反安保、平和と民主主義の広汎な革新大衆・国民から歓迎され期待された。

その国民的信頼感が急降下して、総評・中立労連の道徳的ヘゲモニーが地に落ち、「労組たのむにたりず」となったのが公害問題である。昭和電工や大昭和製紙を典型として資本・行政・学者・労組が一体で加害企業を擁護し、漁民、住民と敵対したので〝敵のカタワレ一味〟として糾弾対象となるにいたった。

その風潮の中で、ゼネ石の闘いは労組の信頼をかろうじてつないだ稀有の実践の一つなのであった。公害問題は御用学者が多い中で、宮本憲一、宇井純、中西準子、星野芳郎らが良心を貫き、反公害の著書はかなりある。『総評四〇年史』（全三巻、良心的記述も一定ある）など労組史と共に反公害の一〇数冊を調べてみたが、両者を通じてゼネ石闘争をとりあげたのは星野芳郎（一九二二年〜、技術史・技術論）の『反公害の論理』（勁草書房、一九七二年）だけであった。彼は社会革命の思想と実践経験をもってきたので労働運動のよき理解者であったことによる。

この本では「反合理化闘争と労働組合」に一章をあて、「炭鉱労働者の反合理化闘争―労働者階級にとってエネルギー革命とは何であったか」、「（３）三池炭鉱労働者の反労災闘争」「（４）チッソ労働者の反合理化闘争―労働者階級にとって石油化学化とは何であったか―」「（５）ゼネラル石精労働組合の反合理化闘争―労働者階級にとってオートメーションとは何であったか」とかなり調べ紹介している。

ゼネ石は、①戦後派労働者の新風　②オートメーション下の労働の疎外　③ゼネ石精労働者の反労災闘争の展開　④労働組合運動の原点をもとめての構成となっている。「労働者たちが自由に突っ走る状態を、全体として柔軟に把握し、労働者自身、自己の行動の歴史的意義を自覚するような条件をつくり、さらにつぎの歴史の基本的な方向を打ち出すというところに、労働組合幹部の生き生きとした指導性がある」。その「特有の活動方式は、じつは労働組合運動の正当性に最も近いというべきであろう。そして日本の労働組合運動も、ようやく、新しい歴史の一端を、たしかにとらえつつある」。ゼネ石労組と横山、小野木ら指導部に対する最も高い評価である。

表　ゼネラル石精労組からの脱落者の学歴別・年齢別構成

	1970・5 在籍者	退職者	脱退者	1971・1・15 在籍者
大学・高専卒	63	1	58	4
高校卒	433	46	195	192
中学・高小卒	71	1	61	9
合計	567人	48人	314人	205人
10代及び20代	368	45	137	186
30代	151	1	131	19
40代以上	48	2	46	0

（横山好夫・小野木祥之『公害発生源労働者の告発』）

＊次の世代へのバトンタッチ

労働組合運動は（1）官公労、（2）民間中小、（3）民間大手を三分野とする。六〇年代後半からの資本・ＪＣ制覇下では民間大手は少数派運動と少数派組合だけが流れに抗して闘いつづけた。七〇年初頭前後に少数派組合は各地で旗を上げ、あるいは産別に結集し闘った。『労働情報』刊行時のスローガンの一つは反ＪＣ路線であった。

七〇年から三〇余年、〝冬の時代〟の労働組合は全体的にきびしく、左派系といわれる労組も、少数派組合もひとしく風雪にさらされた。ゼネ石労は、横山指導下に若い世代にバトンは継承され次のリーダーが何人もつづいている。大卒でただ一人の委員長となった佐藤克彦は、社宅で家族ぐるみの付き合いをする中で、彼が「原則的な人」という初印象を語っている。宇田三男（当時の解雇者）は「今、僕はあなたが作った組合の委員長をしています。あなたが追い求めた理想の実現に一歩でも近づけられるようにこれからもやっていきたいと思います」

同労組は現在七四人、他に特別支部八〇人、職場出身専従者一人をつけ、少数派組合運動の先頭で健闘している。横山は後輩の和田事務局長（七四年入社、翌年労組加入）らと、時代と経験の違いもあって何点か対立したが、数年前から次のように横山提案は一致したという。「彼は一貫してゼネ石少数組合維持を主張し、多数組合との統合は状況次第と、中間的な対応をしてきた私と違った。しかし、四年前の定年退職の頃、『和田、組合合併を決断しろ。多数に飲み込まれると心配する意見がある？　そんなだらしないことでどうする。多数組合でストをやらないと駄目だ』と説教された。これまでと一八〇度異なる組織論でビックリ。大衆感覚をつかむのがうまい人。産業合理化、右肩下がりの中で、闘う少数組合の限界をみ、職場の期待を感じていたのだろう」

全労協新聞の編集者も長くつとめた和田、七〇年闘争で首をきられ苦闘しぬいた宇田（七〇年夏、首切られた直後の堺支部大会で苦渋にみちた涙の彼の演説は忘れられない）。この委員長―事務局長コンビを中心に、「闘うゼネ石精の火」がどう継承されるのか、応援するＯＢの人々と共に期待し注目されている。横山の魂もそうであろう。同時に七八年の九人復職時の優れてユニークな「三大規律八項注意」がその後どうなったのか、実践と総括も併せて問われていよう。

【『追悼・横山好夫』二〇〇四年一〇月二二日】

第三章　日本労働運動の〈宝〉を掘り返そう

1　日本労働運動の〈宝〉を掘り返そう
――平和四原則・三池学習闘争・国労左派競争

＊総評は国際労働運動の「モデル」

総評労働運動は、とくに高野実事務局長―太田薫議長・岩井章事務局長ライン頃まで（官公労と民間中小は市川・大木ライン頃まで）が全盛期で、いまの連合や全労連と比べれば思想・政治・運動を通じた戦闘力で格段の実力差があった。その力量は日本だけでなく「先進ヨーロッパ」のドイツなどでも高く評価されていた。私がそれを知ったのは一九九五年、ドイツ、イギリス、スウェーデンの左派系地区同盟や、イラン革命を闘ったイラン人、クルド人の亡命活動家たちのネットワークに呼ばれて日本労働運動について講演して歩いたときである。聴衆には社民党左派や民主的社会主義党（旧東独の社会主義統一党＝共産党）系活動家が多かった。講演後の質問で、労働総同盟本部の古参幹部は言った。

「かつて日本の労働運動は、わがドイツ労働者のあこがれであり、闘うモデルであった。その総評がいつ、何でなくなったのか？」

予期せぬ質問にハッとなったが、米軍基地反対闘争やアイゼンハワー米大統領を追い返した六〇年安保闘争のことだと気がつき、当時の闘いを話したらすごく熱心に聞きいっていた。

ドイツ労働運動と社会主義は、明治、大正、昭和初期に日本のモデルの一つであった。だが第二次大戦後は、東西分割下で米ソ冷戦対決の第一正面として、「反米闘争」は米占領軍とアデナウアー西独政権によって全面的に抑圧・禁止されていたのである。社民党もまた東独地区でスターリンによって弾圧、投獄、追放、分裂させられ、そして共産党に強制的に吸収されたことなどを通じて強く反撥し、保守党と共に反ソ反共になっていたのである。

＊朝鮮戦争と平和四原則

朝鮮戦争下の「平和四原則」（全面講和、中立、米軍基地反対、再軍備反対）は、社会党左派がまず右派と対決して確立し、総評では国労、日教組が多数で右派を破り、しだいに多くの単産へ波及した。その実践こそが米軍基地への闘い――石川県内灘では私鉄北陸鉄道労組が米軍軍需資材輸送拒否で九六時間ストを打ち、現地漁民の大歓声をうけた――であり、それらのピークが六〇年大安保闘争であった。

平和四原則の闘い―反戦平和と民主主義の闘いは、各労組の金看板の運動方針であるとともに、組合員一人一人の戦争体験への苦き反省の上に立った「わが人生の闘い」そのものに一体化し、妻や子どもに誇るべき〝生きがい〟となっていったのである。

だが幾多の日本労働運動史には、その記述と評価がきわめて弱い。たとえば、権威あるものとされてきた元東大総長大河内一男と松尾洋共著の『日本労働組合物語』（明治、大正、昭和、戦後上・下各編の全五巻）の戦後下巻の「第一章　朝鮮戦争下の労働運動」は十二項目もあるが、「平和四原則」はない。まったく奇妙な歴史書である。

朝鮮戦争に対して日本は、米占領軍の命令どおりに米軍の陸・海・空　海兵四軍の最前線基地となり、後方、兵站、修理基地を担った。日本の資本主義は朝鮮人民の莫大な血の犠牲のうえに戦争特需を通じて復活し大きな利潤を得た。総資本と自民党は朝鮮人民への加害者の一端を担ったのである。

＊財界総ぐるみの支援体制

三池闘争に対して独占資本の本陣は当時のめぼしい経営者を組織して結束した。今里広記（日本精工社長）の著書は次の如くいう。

「日本の経営者の指導団体ともいうべき日経連にとって、その存在価値を揺さぶるような事件が起きた。昭和三十四年の三井三池争議である。石炭から安価な石油へとエネルギー革命が進行していく中での争議だったが、当時は『資本』と『労働』ががっぷり四つに組んだ天下分け目の戦いであった。財界人にとって、三池争議の敗北は絶対に許されないものであった。

こうした時に財界の勝利を収めるべく、三池争議の支援資金や支援組織作りを図ろうという趣旨で、日比谷の日活ビル（今は日比谷パークビル）に、秘密裏に某団体が設置された。全くの覆面団体で、当の参加者を除いてマスコミももちろん、その存在に気づかなかった」

「財界では、『自由主義経済を守り抜こう』という危機感が満ちあふれていた。こうした情勢下で『我々も応分の働きをしようではないか』と、日経連代表常任理事の桜田武さんがいいだして、作られたのが『共同調査会』である。その意味では日経連の分身といってよかった。

桜田さんの呼びかけに応じて、有力者が続々と集まった。この中から十二人が幹事に選ばれた。東京関係では小林中（当時、アジア協会会長）、植村甲午郎（同経団連副会長）、水野成夫（同サンケイ新聞社長）、永野重雄（同富士製鉄社長）、佐藤喜一郎（同三井銀行会長）、それに桜田さんと私の七人である。大阪関係は芦原義重（当時、関西電力社長）、松下幸之助（同松下電器社長）、堀田庄三（同住友銀行頭取）、松原与三松（同日立造船社長）の四氏。そして名古屋からは野渕三治（同日本硝子社長）が加わった。

この顔ぶれを見てもわかる通り、『共同調査会』は日本の財界の総意のもとで、これを運営していくことになったのである。企業単位の参加も、約百四十にのぼった。だが、会の性格上、表に堂々と出るわけにはいかず、あくまでも覆面組織で通すほかはなかった。

たとえば、『共同調査会』は三井三池争議に際して、会社側の三井鉱山を支援するための資金集めや支援組織づくりを行っていた」

「ドアには何の看板も掲げず、ただ〈四一五号室〉という表札があるだけであった。この会の最高意思決定機関である幹事会は、月に一回開かれることになった。幹事の下に幹事補佐として小阪徳三郎

（当時、信越化学社長）、鹿内信隆（同ニッポン放送専務）、井深大（同ソニー社長）、早川勝（同日経連専務理事）、そして坪内嘉雄（同全国文化団体連盟、東京音協専務理事、現ダイヤモンド社社長）氏などがいて、補佐会議を構成していた。事務局の運営は、早川、坪内両氏が担当した。各幹事、補佐の間で連絡する場合にも完全な秘密主義が保たれた」

「『この争議はひとり三井鉱山だけの問題ではない。全財界が一致団結して、対処していかねばならない重要な問題である』という認識から全力をあげて支援することを決めたのである」

＊三池闘争を学んだ者と避けた組織

国労はマル生粉砕闘争の勝利の上に、伊豆大川にかなり大きな常設労働学校を建設した。一晩に二百人くらいが泊まりこみ、哲学、経済学、社会主義のマルクス主義をみっちりと勉強する。そのためにテキストもつくられた。

講師陣は民同左派―労農派マルクス主義と、革同・日共―講座派マルクス主義と、戦前いらいの両派の対立をそのまま引き継いだものだった。が、当時の国労全体が民同、革同それに独立派を加えて左派性を競い合ったことで、総評の戦闘性への相乗効果となり、学習上でもマイナス面もさることながら、よりプラス性へと転化していった。このマルクス・レーニン主義学習は、単なる勉強で終ることなく、職場の実践と結びつくことで「企業への忠誠心」より「労組への忠誠心」が上回り、職制の命令統制秩序より労組の相互扶助・連帯秩序がより強まる状況を生み出した。こうして、マルクス主義世界観は、自らの人生を規定する人生観となり、労組の反戦平和と民主主義の路線と重なって組合員の生きがいとさえなっていったのであった。

三池は強力でも福岡県の点、一山の強さであったが、国労は全国津々浦々、三千の職場を網羅し、本部を頂点に現場活動家までが階級闘争史観、平和・民主主義・社会主義で理論武装した、三池を上回る全国性をもつ最強の企業別労組となったのであった。

＊華《はな》の新橋支部と左派三派の競争

東京地本の新橋支部は、支部として全国最大で約一万人、多くの地本を上回る量と戦闘性をもっていた。伊井弥四郎、鈴木市蔵や冨塚三夫書記長・総評事務局長らの出身支部であり、そこには主流の民同左派、革同そして両派に批判的な無党派左派（品川駅中心なので品川派といわれた）の三派があった。

七〇年代に形成された品川派は、民同、革同に対抗する理論的階級的支柱を求めていた。七七年に再刊された『労働情報』は、かつて高野実（総評結成の中心者）が、全国の戦闘的活動家（何派をとわず）のネットワークをつくり、太田・岩井ラインを左からチェックしていたものの復刊であった。高野派の市川誠（元総評議長）、松尾喬（同副議長、元全金委員長）、兼田富太郎（同副議長、元全港湾委員長）、清水慎三（信州大教授、元鉄鋼労連書記長）を顧問とし、私が全国運営委員長・編集人であった。

労資一体派だったＩＭＦ・ＪＣ（国際金属労連日本協議会）の大金属の制覇や民間大手の席巻、それによる総評の右への動揺に対し、強い危機感をもっていた全国の活動家の問題意識に見合って、発行部数はかなり急速に一万二千部に達した。国労新橋支部の第三勢力品川派は同誌を機関誌扱いとし、私を主任講師とした。同派の総会や分会、青年部に講師として何回も通ったので、同派と各学校の実態もよくわかった。

支部が毎年行う定例学習会の講師は三派がもちまわり、講演が終って夕食になると、さっと各派別の宴会になるのには驚かされた。全国大会代議員選出から本部中央委員、支部・分会役員選など、一年中が選挙戦といってよく、国鉄の合理化に対して、全国の政治問題に対して各派が理論武装し、論争し、実践を通じて一人ひとりの労働者、活動家を各派で奪いあう。私の長い運動経歴で、各左派が熾烈な左派競争を行う唯一の労組であった。それは単なる派閥争いというより、各政党と政治グループ別の思想政治運動に割れる政治闘争であり、組織闘争であった。

国労の強さは、（一）現場協議制――労組分会の承認なしに合理化は実施できない――が体現した職場闘争と「職場における階級闘争」、（二）国労学校でみっちり学んだマルクス学習、実践と結合した理論武装、（三）この二つを体現した分厚い各級幹部層の活躍と再生産力であった。

＊日本国家の参謀総長と国労対策

自民党に対立する最大野党の社会党、その党を支える四百万総評、総評の中核として機関車の役割を果した国労。中曽根内閣による国鉄分割民営化攻撃は、おりしもレーガン、サッチャーによる新自由主義攻撃と結んだもので、その真のねらいは、社・総評ブロックの解体化およびそのための中核体国労の解体にあったことは、中曽根が後に語ったとおりである（『天地有情』など）。

その最大の《軍師》《国家参謀総長》こそが瀬島龍三であった。〝日本のモルトケ〟であった瀬島は戦後さらに経済そして労資対決で腕をふるった。彼は、この闘いでは黒子に徹し〝裏臨調〟で加藤寛（国鉄・第四部会長）ら数人を集めて戦略的観点で戦術指導を毎週定期的におこない、「戦略とは何か」をみっちり教えこんだ。加藤は後年にその実体とすごさに感服している（『戦略なき国家に明日はない』

等）。

＊三池から国労へ

民間と公労協のこの二つの最強の労組は、戦後日本労働運動の強さを代表した。職場闘争と家族も含めたマルクス学習の二つを武器に（首切られて闘いつづける国労闘争団は主婦パワーを加えた）、日本資本主義による資本の論理の一方的展開をくいとめてきた。

資本・国家の総攻撃をうけ、百人をこした自殺者をはじめ、かつてない包囲壊滅作戦にもかかわらず、十八年たっても二万人弱という、戦後少数派労組の歴史をぬりかえてきた源泉も、くり返しみてきた二つの武器による。そして労働者が己の人生を貫く〝人は何のために生まれるのか〟という人生観を、プロレタリアートとしての世界観と結合し、団結、連帯、相互扶助の精神を統一した力であった。

日本の「社会主義と労働運動」の闘いが生みだした宝である。

＊国労の大きな弱点

国労には反面大きな弱点もあった。

〝日本の機関車〟の自負の裏側では、民間中小組織を差別軽視し、自らの国鉄下請労働者の組織化には全く無関心であった。その実体――駅や各区にどれくらい下請労働者が働いているのか――の調査は一度もしてこなかった。

八〇年代から急増した外国人労働者に対しては「労働運動のテーマではない」と先輩のこの取り組

みを否定してきた（沼津革同の実例）。日共の無対応ということの影響でもあろうが。

運動戦略では、いくつかの試みはあったにせよ、当局に対する対抗・対案戦略、経営権への簒奪性をふくむ労働者自治の問題は、今後の共通の課題であろう。

＊思想、道徳の危機克服を

最後に、権力弾圧への対応がある。

浦和電車区事件（ＪＲ総連傘下で〇二年、七人が一年間逮捕投獄）、千葉動労がらみの「五・二七事件」（同年同月八人逮捕、一年余獄中へ）は、いずれもＪＲと国労にも関係する事件である。

国労は、この二事件は、「過激派が勝手に行った」行為として大会で糾弾、絶縁の特別決議を採択した。

これは反弾圧救援の思想からはずれている。公安・権力の弾圧にはこの前後に立川自衛隊官舎へのイラク反戦ビラ投入で逮捕、或いは東部で都議選のビラをマンションに入れた日共党員を逮捕するまでにいたった。これらのあまりにも逸脱した弾圧の労働者版こそが前記二事件であって、「何派」の有無に関係ない。

私は一九四七年に民主革命に入った時に先輩が教えてくれた。

「俺と君とは何が真理であるか、命をかけて闘う。が君が権力弾圧を受けたら、命をかけて守って闘うであろう」

近代ヨーロッパの民主主義闘争の草分けの時の人権思想である。

一九四九年の松川事件に対した広津和郎、いまもつづく狭山事件に対した野間宏、七〇年安保闘争の赤軍等の弾圧に抗した（路線には反対しても）高橋和己らの対応、さらに古くはドレフュス事件で流れに抗して闘ったゾラの、反弾圧救援の思想は、闘う労働運動に不可欠の道徳であり、闘うリベラル・民主主義者と共に、社会主義と労働運動の精神が継承してきたし、いまも、貫くべきものである。

長い「冬の時代」の労働運動を、根源的につくりかえ新生をめざすためには、思想の危機、道徳の危機の突破が不可欠である。

【『葦牙』31号、二〇〇五年七月】

2　「社会主義と労働運動」の精神

＊社会主義者の二つの死生観

「社会主義と労働運動」は、その思想と運動を通じて日本の社会と未来をつくる道であると共に、その道を歩む人々の生きかたを規定する。死生観はその結論である。
社会主義者（左派）の先輩である次の二人は、まったく相反する地平に到達した。

荒畑寒村
　死なばわがむくろをつつめ
　　闘いの塵《ちり》にそみたる赤旗をもて
勝間田清一
　遺言（遺族に）で、
　内示のあった「勲一等旭日大綬章をうけよ」

勝間田以前の社会党領袖は、左派の鈴木茂三郎も右派の河上丈太郎も勲章はもらわなかった。社会主義者の衿持であるが、これ以後は堰をきったように授賞がつづいた。私の知る左派の複数の指導者（労働運動や環境など）も「後援者が喜ぶから貰えといわれる」と〝右へならえ〟（ただし勲一等端宝章）をした。

荒畑（一八八七～一九八一年）は、一九〇四年（明治三七年）に十七歳で社会主義協会に入会していらい、足尾鉱毒事件、平民新聞、非合法日本共産党創立メンバー、関東大震災直後の同党中央の解党決議にただ一人反対。敗戦直後に山川均と人民戦線を提唱。社会党代議士一期、片山・芦田連立内閣に抗議して離党。孤立しつつも革命家の節を貫いた。『寒村自伝』等著書多し。

勝間田（一九〇八～八九年）は、戦争中に和田博雄らと企画院事件で逮捕。戦後代議士、左右に分裂した朝鮮戦争下に少数派の左派社会党をへて、六〇年代に社党中央執行委員長、社会主義理論センター代表。衆院（十一期）副議長など。ソ連型マルクス・レーニン主義で、著作集はその用語に溢れている（プロレタリアート独裁論など）。

その没年・授賞は、偶然、総評の解散と連合結成と重なる。

労働運動の〝冬の時代〟は、八〇年代中頃に始まったが、社会主義の〝厳冬〟も同時平行ですすみ、ソ連・東欧崩壊で一挙に拡大し深まったのは、体験した通りである。

＊大衆闘争を放逐した政治

社会党系革新・社会主義者の「勲一等願望」は、末端にまでおよび公労協出身市会議員の勲六等を祝う会など構造的なものになった。念の為にいえばこの元闘士達（勝間田は若き日に左派のホープである）は、「いい人達」で反戦反安保・護憲であり、反自民革新勢力の一員で、ある種のマルクス信奉者も多かった。

共産党系共産主義・社会主義者は、叙勲者は一人もでていない（大学教授等にいるらしいが）。が、拙著『めしと魂と相互扶助』で一端をのべたように、党本部の幹部食堂と一般食堂の差別、各地の党別荘の私有物的使用等の党内（外労働者とも）差別構造と、ノーメンクラツーラ（特権階級）化など、平等精神におよそ反するものであった。

そして宮本共産党の最大の「罪」の一つは、下からの大衆闘争、資本と対決する労働運動を自陣営から放逐したことであり、それは七〇～九〇年代の長きにわたった。国労革同はかつての戦闘的左派から四党合意推進の右派が多数の主流派となったのがその典型例である。

全国有数の大衆的実力闘争を闘った関西生コン労組は、大阪港合同と共に、関経連・警察・検察権力に徹底的に弾圧され、マルクス主義学習を徹底的に行い、戦闘的行動を継続したが、日共はその闘いを、根本から否定するにいたった。その指導に怒って、党史上最大四〇〇人の規模で集団離党したのが一九八一年である。とにかくそのひどさは、権力に弾圧されて小菅刑務所に収監された仲間の出獄を出迎えにいった組合幹部が、党地区委代表がいるので「よく来てくれました」と挨拶したら、「除名の通告にきた」といわれたという。七〇年代の「教師聖職論」「自治体奉仕者論」は、官民を通ずる「ストライキ罪悪論」に実体的に作用したのであった。

日本労働運動の「右への転換」は、資本・権力・自民党労政が主導力であったが、社共革新勢力・党が、自らきりくずす補完化と一体になった結果でもあった。

＊日本型「中産階級」の形成

九〇年代に入るや、自民党№1の金丸信、社会党田辺誠委員長、経団連会長平岩外四、連合会長山岸章が、極秘の四者会談を何回かもって、「二大政党」と小選挙区制で合意。田辺は社会党左派を「切る」決意をのべた等の極秘情報は、金丸から中曽根康弘にと告げられていた。左翼切り捨ての「二大政党制」の一翼、その後の新進党やいまの民主党へつらなる両トップ合意であった（中曽根康弘『天地有情─五〇年の戦後政治を語る』文藝春秋、九六年）。

自民・社会、労資関係のトップの合同密約はこの時点で達したが、このボス交取引の社会的階層的基盤もまた、この頃までに醸成されてきたのであった。

「日本型中産階級」の形成である。それは池田勇人首相（一九六〇年七月～六四年十一月）による所得倍増計画によった。その裏側にかくされた国家戦略であったのである。

池田（そして大平首相）の参謀長であった伊藤昌哉（宏池会事務局長など）は、池田への「鎮魂歌」でいう。

「あなたは中間階級を生み落としました」「高い生産性を求め、農村も都市も流動化し、あらゆるところにサラリーマンと管理職という二つの階級が生まれつつあります」「革命にも似た一種の激動期にいます。あなたがはじめた新しい世紀のなかに生きているといえるのです。……動員された人びとの量が増加すればするほど、この人びとは新時代の新しい階級に変質するはずなのですが、それがまだできていません。政治も思想も、宗教も、この中間階級の人びとに方向と自信をあたえるにはいたっていないのです」（伊藤昌哉『池田勇人とその時代─生と死のドラマ』朝日新聞社、八五年）

新中間層＝中産階級が猛烈社員、企業戦士として大活躍したのが、七〇年代～八〇年代に全面化した世界に冠たる企業社会、企業国家形成の成熟期であった。その過程で、「労働者階級」―「資本主義における被搾取階級としての労働者集団」から徐々に「サラリーマン」（俸給生活者、月給取り）となり、労働者の自主自立性、階級としての自立と連帯精神をなくさせていったのである。

＊「労働者階級」から「サラリーマン」へ

一九九九年の衆院選で、私も加わる市民運動の東久留米市で、三〇歳代後半の若い無名の男が立候補した。大きなポスターに全身のスーツ姿で、スローガンはただ一つ「元サラリーマン」であった。大企業の係長クラスで、他に政策は一つもなく、ただ「民主党」だけ。その無名氏が、自民・公明ブロックの前厚生次官の公明党中堅幹部を、みごとにせり落とした。

民主党各級議員の多くは、中産階級を基盤にその出身者たち、例えば松下政経塾出身者の多くはそうであり、政策的には新保守主義・軍事大国路線で自民右派と共通している。

池田時代より発展して政治も思想も文化も保守と連なり、或いは変わらないようになり、その基盤としての「中産階級化」が定着を示したのであった。

だが、アメリカ資本主義の「マネーゲーム化」（寺島実郎）、「断末魔の資本主義」（日本一のコンサルタント会社、船井幸雄会長の著書名）の中で、中間管理職の座はゆらいで、大リストラのみせしめ的首切り対象となり（管理職ユニオンの発展）、ひと握りの管理者層をのぞいて中間層の企業内地位は大きくゆらいでいる。

さらに中小企業の労働者のあいだでは、「一年以内の失業」の不安感はひろがっており、収入減になった者の割合は四六％におよんでいる（「連合」総合生活開発研究所による〇二年一〇月調査）。

世界と日本の資本主義体制が、かつてない危機におちいっているいま、対抗戦略を展開すべき「社会主義と労働運動」も歴史的危機にある。このような状態下にあって、社会主義の原理、日本社会主義史上で、少数異端といわれてきた先人の足跡を、掘りかえし、光をあてる必要がある。

＊労働運動の危機と社会主義の危機

労働運動の危機を社会主義の危機と統一してとらえ分析する作業は戦後にまったくない。ただ一つ、「労働運動研究集団」（一九七六年発足、戸塚秀夫、兵藤釗、喜安朗」ら）は、次の問題意識でとりくんだ。

「世界的に資本主義が危機の時代に入りつつある状況のなかで、日本の労働運動が低迷し、政府・経営者側の鋭い合理化攻勢に有効にたちむかえていない、というある種の危機感を共有してきた」

「私たちは、一九八〇年頃から、労働運動の低迷を克服していくためには、単に労働運動の現状を分析するだけでなく、目標とすべき社会主義についての討議をおこなうことが必要ではないか、と考えるようになった」

『社会主義は可能か』（社会評論社、八五年）は、彼らの集団作業の結実であった。

＊労働運動の人間的要求

労働組合運動の根源的再建は、二一世紀の新社会主義（多様な）の創出と一体化を必要とする。

私は、九〇年代いらいゼネラル・ユニオンを軸とした労働組合と生活・生産協同組合の両輪と新社会主義の結合の思想・路線を提起してきた。数年前、ドイツ、イギリスを講演して歩いたが、とくにスウェーデンの強力な総同盟の本部、支部をたずねてその歴史的ルーツを確認した。そして、その大前提というか、貫くものとして「労働運動の精神」「社会主義と労働運動の精神」の復興を、昨今痛感している。

この一〜二年来、社会主義・共産主義思想の問いなおしの一環として、大正時代の「アナ・ボル論争」の総括、見直しを何人からも聞いた。

私が最もピタッと感ずる日本の革命家は何人かいるが、とくに荒畑寒村と大杉栄だと、『労働情報』の寒村追悼号（一九八一年三月）で記し、『日本労働運動―歴史と教訓』（九一年、第三書館）でも、大杉の社会主義思想、労働運動観を高く評価した。

大杉は労働運動の二大眼目は（一）賃金の増加、（二）労働時間の短縮、をあげたのち「労働者が人間である限り……或る人間的要求を持っている」「労働者が自分の要求の中の人間的要求をはっきり自覚しない間は、その労働運動は遂に本当の値打ちある労働運動に進むことは出来ない」といった。その人間的要求とは次のことをさしている。

「賃金と労働時間との多寡は、全く資本家によってきめられる。工場内の衛生設備もそうだ。其他、職工雇入れや解雇の権力も、職工に対する賞罰の権力も、原料や機械などに就いての生産技術上の権力も、生産物即ち商品の値段を決める権力も、又工場経営上の権力も、総て皆な資本家が握ってゐる。僕等は、此の専制君主たる資本家に対しての絶対的服従の生活、奴隷の生活から、僕等自身を解放したいのだ。自分自身の生活、自主自治の生活を得たいのだ。自分で、自分の生活、自分の運命を決定したいのだ。少なくともその決定に与りたいのだ」（「労働運動の精神」一九一九年）

戸塚は、イギリス労働運動研究においても第一人者といわれるが、労働党左派でギルド社会主義をとなえ、名著『イギリス労働運動史』等の著者G・D・H・コールと大杉は共通しているという。コールの資本主義批判の核心は、「資本主義の基本的弊害」は貧困にあるのではなく、「貧困は症状であり隷属が病弊である」とした。賃金奴隷制による「奴隷の精神的頽廃」こそ問題なのであり、労働者の自主自治的な能力を身につけ、自ら生産を管理する労働者主体の社会こそ、社会主義の理想である、と戸塚は大杉とコールの共通性をとらえている。

＊僕は精神が好きだ

日本社会は、資本主義の高度成長をへる中で、路上生活者や一定の外国人労働者などをのぞいて、絶対的貧困階層はなくなり、一方では新中間階層を形成してきた。その過程で、社会主義と労働運動の質的転換と発展に挑戦することを欠いてきたこと、生産・労働の社会的有用性の探求、労働者自治の追求を怠ったつけが、今日の思想と運動の危機の根底にあるのではないか。「勲一等欲求」は、巧妙複雑な差別構造の是認とつらなってきたのであり、「新中間階級の思想」となってきたのである。

勝間田的マルクス・レーニン主義理論にかざられた政治や運動をかえりみて、短文「僕は精神が好きだ」（一九一八年）（『日本の名著　大杉栄』所収）が思わず浮かびあがる。

「僕は精神が好きだ。しかしその精神が理論化されるとたいがいはいやになる。理論化という行程の間に、多くは社会的現実との調和、事大的妥協があるからだ。まやかしがあるからだ。精神そのままの思想はまれだ。精神そのままの行為はなおさらまれだ」

「思想に自由あれ。しかしまた行為にも自由あれ。そしてさらにはまた動機にも自由あれ」

＊労働者のパンと自由

労働運動の精神についてもう一つの原点を、荒畑寒村は「ストライキは正義の闘い」で紹介した（『反体制を生きて』新泉社、六九年）。

「罷工者の妻の言

一九一〇年九月、シカゴの衣服製造業ハート・シャフナー・エンド・マルク会社の労働者、九千人がストライキをおこなった。職工の大部分はヨーロッパ各国の移民で、一週七日間労働、週給一五ドルというおそるべき低賃金である。ストライキはつづいた。

一二月に入って、婦人労働組合同盟の委員がスト参加者の家庭を訪問した。酷寒の午後、イタリア人の家のベッドには生まれたばかりの赤子をかかえた産婦が寝ていて、部屋には食物も燃料もなかった。産婦は雇主から夫にあてた三通の手紙を示した。もし彼女の夫がただちに復職して、スト破りに強力してくれたら週給を倍の三〇ドルに上げてやると書いてあった。

彼女は夫が裏切者になるのを拒否したと誇らしげに委員に語って、次のようにのべた。『私たちが子供に与えるのは、パンだけではありません。私たちはパンだけで生きているのではなく、自由によって生きているのです。そして、たとえ子供に自由を与えるために死のうとも、私はそのために戦います』」

五五年前、婦人労働組合同盟の委員を感動させた貧しいイタリア人労働者の妻の言葉は、現在もなお日本の労働者階級に深刻な意味を有している。なぜなら、日本の労働組合はいま賃金問題だけでなく、もっと大きな自由の問題の解決に当面しているからである。

＊社会主義と労働運動の精神

ロバート・オウエンらユートピア社会主義者は、「科学的理論」には欠けていたが、搾取、抑圧、隷属、社会の矛盾と不正義に対して、みずみずしい怒り、良心、正義感にみちていた。

日本の初期社会主義思想、革命家も同じである。或いはキリスト教社会主義の賀川豊彦が、神戸の最貧街に飛びこんで実践し、それを記録した「死線を越えて」等は、当時もそしていまも人々の魂をよびさまさせる。整いすぎた「科学的理論」よりはるかに人々の精神にせまる。

「社会主義と労働運動」（と「生活・生産協同組合」）が、再び三度、光をうるためには、その精神がまず呼びさまされ、今に生かす必要を痛感している。

困難の中で闘う国労闘争団に敬意を表するが、その行商は、明治期に寒村らが大八車で「社会主義伝道行商」として歩いた精神を学ぶことをおすすめしたい（『寒村自伝』）。

【『人民の力』七五八号、二〇〇三年一月一日、一五日合併号】

3　戦後革命の敗北から学ぶこと――『占領下の労働運動』によせて

＊「戦後革命期」

明治維新いらい百十余年、日本人民が下からの攻勢と闘いによって革命に手がとどいたただ一回の機会は、一九四六～四九年の「戦後革命」の時期であった。その主力は労働者階級であり、日本共産党・産別会議ブロックがその中心部隊であった。

革命と反革命がぶつかり、激しくつばぜりあいが交差する中で、革命的ピークは二度あった。第一回目は一九四六年春頃から、翌四七年の二・一ゼネスト攻勢である。第二回目は、一九四八年末から四九年であった。

従来の戦後労働運動史のほとんどはこの観点がゼロである。代表的には芝寛（日共第七大会当時の東京都委員長）、海野幸隆（労調協）、小村英夫（産別書記局）共著の『戦後労働運動史』全五巻（三一書房）という大著である。この本の実際の作業はこの三人以外に長谷川浩（共産党政治局員、一九四六～四八年頃の労対の実質上の責任者）、西川彦義（産別金属書記長、党書記局員、その後社革議長）が加わっていたが、思想方法、評価が分れて名前を出さなかったという。

この運動史は、敗戦と共に「平和と民主主義」の闘いが始まり、ずっとそこをめぐって闘われたとする史観である。この思想は、野坂参三の平和革命論や、中国の劉少奇の平和と民主主義論と基本的に共通する。だから敗戦直後の数年間を「戦後革命期」と見ないし、かつ、一国主義に貫かれている。

一方、新左翼の多く、とくに七〇年代には労働者階級の力や労働運動を極度に軽視したことから、或いは反スターリン主義の裏切り史観で歴史を切り捨てるから、平和と民主主義派と表裏の関係で、同じようにこの戦後革命をすっぽりと見落としている。

その根拠には、マルクス主義の普遍的思想と日本人民の階級闘争の実践の結合から社会主義や革命論を提起することに根本的に弱く、モスクワ、北京、ハノイ、或いはレーニン、スターリン、トロツキー、グラムシ、毛沢東、カストロ、ゲバラなどの輸入思想をこえられなかった日本共産主義の根本的弱点がある。われわれも長くそうであった。

＊革命的高揚と産別会議

最近出たばかりの長谷川浩らの著書『占領下の労働運動』（占領史研究会、一九八三年一月）は、何百冊とある戦後労働運動史、日共党史、個別争議史の中でもぬきんでてユニークな本である。その最大の特徴は長谷川浩の労働運動論にある。これは「社会主義革命—前衛党—労働組合」の三位一体論であり、その運動史もこの方法による一元史観であることによる。

ほとんどの労働運動史とは労働組合運動史であり、一方、日共の「五十年史」「六〇年史」を典型とする党史とは、労働運動や大衆闘争、生きた階級闘争の実践と無縁な、或いは切り離されたものである。前者は組合主義思想、史観であり、後者は党、綱領絶対主義——大衆闘争を見下した、指導・被指導の一方交通思想である。

この本は長谷川浩の前著『二・一スト前後と日本共産党』（三一書房、一九七六年）と一対であり、この本が扱っているのは、一九四七年の片山内閣（日本の歴史上初めての革保連立政府）成立から、五〇年夏の朝鮮戦争勃発時までである。

二・一ストとそこにのぼりつめていった革命的雰囲気については、評価はちがうがよくしられている。四六年五月――吉田内閣は人民攻勢によって十九日間も組閣できなかった――についてはあまりしられていないが東大の山本潔教授の論文などがある。

が、もう一つの革命的高揚と、産別会議の命運を通じて文字通り階級決戦となった四八年末～四九年についての分析、研究は皆無に近かった。

当時の政治、社会、経済的状況についてはここでは略す。階級主体の側についてかんたんにいえば、わずか一年半前には労働者大衆の多くが期待した社会党は、右派はもとより、左派の半ばも大衆的に見放され、大きく離反しはじめる。最左派黒田寿男らは党決定に反対行動をとって脱党、除名、そして労農党を結成する。また山川均、荒畑寒村らも、もはや党内闘争をしても意味なし、出て新党をと決意し、「社会主義新党準備会」がスタートする。詳細は、拙稿「労農党・革同の足跡」参照〔本書一七九頁〕。

一方、社会党の支持基盤はなだれ現象をおこしてその多くは共産党に移行し、四九年一月選挙では、社党は一四三名より四八に激減し、日共は四名より三五名に躍進した。

労働組合における日共の力はどうだったかといえば、一二五万の産別会議の主導権を完全にとっていた。主要単産では、巨象国労は、日共、革同の左翼連合が中執の多数をしめる全国的な力関係であり、並ぶ全逓は、民同の中心者宝樹文彦が「当時共産党は全逓組織の少なくとも過半を掌握していた。

再建同盟（民同）は四分の一の勢力でしかなかった」と言っているくらいの力であった。

また四六年頃、天皇の住む皇居の停電ストをうつ威力を発揮した電産も多数派が日共であった。ちなみに今の民社党委員長佐々木良作は秘密党員で、統制委員の山辺健太郎が毎月党費をうけとり報告をうけていた。民間の中心全日本金属（東芝、日立などの電気、機械金属等が一本）も圧倒的にそうであった。

これらの「上」の労組中央機関と共に、「下」の工場・経営細胞もたいへん大きな力をもっていた。全国的にも、各地の工業地帯、とくに京浜でも東芝、日本鋼管をはじめ、国鉄の主要機関区、全逓の拠点、発・変電所等に、日本経済の中枢拠点の大多数に党細胞が存在した。その組織と力量はまさに荘観であり、党―労働組合を通ずる革命主体は大きな力量をもっていた。また当時は農民・農村の比重も今に比べてはるかに大きかったが、茨城県の日立総連と日本一を誇った山口武秀のひきいる常東農民組合の労農同盟も強力であった。

＊戦後革命の敗北と党

だが、これだけ大きな階級勢力と党をもちながら、いざ決戦という六～八月に、あっという間に大敗北したのであった。それは敵の巧妙な戦略戦術、大弾圧とともに、それを上廻れなかった党の指導性が決定的であった。国労の場合など緒戦の人民電車（東神奈川車掌区）を除けば闘わずして惨敗した。党中央の誤まりがまさに決定的であった。

長谷川浩さんの本の記述は生々しい。筆者の人生でもっとも光彩をはなつ時期として全身全力で闘った実戦の裏づけによろう。いくつかの諸事実も初めて世にでている。例えば、野坂参三は、敗戦直後に日共再建でなく労農党結成論であったこと、四七年の第六回大会の前日に徳田、野坂、志賀の三巨頭会談があって徳田が野坂を押し切ったこと等である。

そして決戦期における党と労組の関係として注目すべきことの一つに、四九年に中央委員会が六月から九月の間に三回開かれたことがある。だが直面する階級対階級の闘い、国労をはじめとする主戦場・労働運動については、たった一回の中央委でしか議題にならず、しかも誤まった戦略戦術に終始したのであった。階級から「独立」した「絶対」の党がいかに無力であり、どのくらい誤まっているかの典型がここにある。

この本には「革命・党・労組」の一元史観という大きな功とともに、がっかりさせられるのは、伝統的誤まりの思想、作風の罪が共存していることである。とくに大きいのは、彼は当時、「社会主義革命に直面していた」という。が、当時その戦略論を言っていたのは中西功のみであり、その中西はまったく孤立していた。もしもいま、そのように書くなら、今から見てそうだったというのか、当時そう思っていたが雰囲気におされて言えなかったのか、いずれにせよ本人の自己批判が当然である。

歴史をふりかえる場合、当時の客観的歴史的状況を分析してその時の言動の是非を検証するのでなく、今の到達点から当時を切るというこの方法は、もっともダメな方法であり誤まっている。また四九年に彼が関西担当となったために、中央の労働運動方針が誤まったかのごとき記述であるが、政治局員としてそれはおかしかろう。

とくに党の史上最大の大分裂となった五〇年分裂の発端となった主流九幹部（徳田、野坂、志田、伊藤、長谷川ら）の一方的地下潜行はやむをえなかったとするのは、党内民主主義をふみにじったものとしてとても納得できない。

また、一国主義革命論が一貫していて、中国大革命の勝利と朝鮮、日本の連動性の視点が皆無である。

この本はまさに功罪半ばするが、それをこえて労働運動を主戦場とする革命と反革命の激突、党の決定的役割等について生きた教材である。それが初めて世にでた点において功は大である。

日本革命の敗北というこの痛苦の歴史からよく学ぶこと、その時どうすべきだったのかをふくめて、戦後革命と労働運動、党について大いに学び、分析し、再び同じ誤まりをおかさないようこれからの革命運動に役立てることこそわれわれの階級的任務である。

【『革命の炎』一一九号、八四年七月三〇日】

4　労農党・革同の足跡――「過激派」と左派社会党のあいだ

一❖はじめに――運動史の陥没

歴史的な大不況で、日本の労働戦線は底流ではげしく動き、それと関連しあいつつ「五大政党」も「新左翼」も例外なく再編成に向かっている。この中で「労農党」問題は、労働組合における「革同」勢力とともに古くして新しい問題であろう。

日本共産党と社会党については、数十冊にわたってさまざまな角度から書かれてきたし、現にある。それと結びついた労働組合もまた、戦前の日共―評議会、全協、戦後の産別会議、社会党系の総同盟、総評とともに、これまた数多くだされてきた。だが、これらの政党、労働組合の歴史でもっとも無視、あるいはエピソード的にあつかわれている分野は、戦前の二度にわたる労農党―日本無産党―戦後の労農党の系譜であり、全産業労働組合全国会議―日本労働組合全国評議会（全評）と、戦後においては左社―民同とならず、革同と高野派であった。それらは、日本階級闘争の独自の左翼勢力として、一定の歴史的役割を果たしているにもかかわらず、共産党、社会党の谷間にうずもれ、政治的に双方の主流ではないところから不当に低い評価、ないし無視されてきたのは全く正しくない。

私は、かつて朝鮮戦争下に日共から国際派として五年間除名されていた一時期に、久保田豊（日農委員長、労農党代議士）のもとで二年余、労働運動のオルグをし（労農党には入らずに）、あるいは国鉄革同とはそれ以前から長く、高野派ともさまざまにともに闘ってきたことから、その内部関係や諸事情もある程度わかり、その戦闘力を高く評価してきた。戦前戦後を貫く、この政治的系譜と労働運動における役割は、直接の関係者をはじめとして本格的に分析・究明されるべきであるとかねて考えてきた。

編集部にいわれてから、国会図書館を初め各種の労働運動史、日共党史、社会党史等を調べ通読してみて改めて感じたのは、まとまった労農党論、革同論は、一冊の本はおろか一本の論文さえなかったことである。必要な資料も系統的でない現在、本稿はかねてから考えていたことのとりあえずのスケッチであり、いずれ改めてこの問題、とくに民同、日共と対比した革同論にとりくみたい。

二❖「満州事変」前夜

日本帝国主義は、日清、日露戦争以来、戦争につぐ戦争の中で肥え太り、発展してきた。国内的危機を侵略戦争によって基本的に解決してゆくパターンである。昭和期に入ってそれは完成する。戦争の前夜は政治経済危機、社会危機が頂点となり（一九三〇〜一年、戦争の性格は敗戦帝国主義下にかわるが、朝鮮戦争前年の一九四九年）、階級、階層の分解と階級対立は激化し、労働運動、大衆闘争は自然発生的に大きく高揚する。その中で労働戦線、政党戦線は、不可分に結びつきながら相互浸透しあい、再編成をとげていく。

一九三〇年（昭和五年）一二月の内務省警保局保安課の『特高月報』による、当時の各政党・団体間の色分け・勢力比は次の通り。

〔編者註〕ここで、本書七九頁十行目から一八行目まで、勢力比に関する同文の文章が紹介されている。

この年は、資本主義史上、最大の一九二九年大恐慌の始まった翌年、日本の昭和大恐慌がピークに達する三一～三二年の入口の時点であり、また、この大恐慌と危機を「満州事変」として中国侵略にのりだす直前である。

「失業にうごめく百万人――立派に働く能力を持ちながら職にあぶれて日々飯に飢えている同胞が三、四〇万乃至《ないし》八、九〇万もあって、その救済が焼眉《しょうび》の急」「現に東京では一二の職業紹介所があるが、労働手帳もものかは、この頃では毎朝二時三時頃から早くも押し寄せて物すごいばかりだ。それで職にありつけるかといえば、驚くなかれ九日にただの一日、あとの八日は遊んで食はねばならぬ。……知識階級の失業はなまじ洋服をきてるだけに一層悲惨でこれは団体を組んで時折市役所や警視庁へ押しかけ、不安な空気をはらんでいる」（「東京朝日新聞」五月一二日）

この年に倒産した企業は八二三社、減資した企業は三一一社、解散・減資資本額五億八二六〇万円。弁当のない子供達、娘の身売り嬰児《えいじ》殺し、一家心中、ゆきだおれ、売春、強盗事件は続発し、政府のいう刑法犯発生件数は一〇五万件、以後一九三四年の一五七万件へと急上昇して激増していく。産業合理化――大首切りはふきすさび、今日と同じく自治体の財政危機下に公務員労働者も、たとえば全国三七八四の小学校中、五五七校が賃金未払いというごとく、合理化攻撃は全産業をおそった。

都会では「大学は出たけれど……」、農村では農業恐慌への転化から、「娘身売りの場合は当相談所へお出下さい」という掲示が村役場にでるという騒然たる状況になる。この社会経済状態は必然的に、自然発生的な大衆闘争を爆発させた。

　このような階級対立の大きな激化と階級闘争の進展下に、国家権力が「社会運動」をどのように分類・分析していたのかが、先の分類である。この当時、「極左」「過激派」「暴力分子」の日本共産党は全く非合法状態であった。日共をのぞく無産三政党にたいして、権力―特高警察は、左翼＝労農党、中間派＝全国大衆党、右翼＝社会民衆党に分類する。その基準は、プロレタリア独裁と暴力革命をかかげる共産主義、共産党に対する距離のとり方であり、決定的には、天皇制国家に対する闘争、あるいは権力秩序への順応のあり方であった。

　同年一二月、三政党はそれぞれ大会を行なう。三つの合法政党に対する権力側の対応は大会への介入、弾圧に如実に現われている。

　左翼の労農党は、「殊更に警備員を増員し或は敢て不穏の言辞を弄して警察当局に挑戦的態度に出づる等計画的に会場を混乱に導かんことを企て、第二日の如きは終に解散を誘致せるの外検束者四〇数名を出すの止むなき状態に立至らしめたり」（「特高月報」より）

　中間派の全国大衆党は、「所論過激に亘るもの多く、之《こ》れに中止を命するや、会衆は徒らに反抗的気勢を揚げ、場内常に喧噪混乱ししばしば取締警察官との間に小競合ひをさへ演する状況にありき、……中止を命したるも肯せさりし為め之れを検束せんとしたるに場内全く混乱に陥り収拾すへからざる状態になり、遂に午後五時二〇分解散を命せらるるに至れり」（同）

　右翼の社会民衆党は、全く「平穏裡」に「無事散会せり」（同）

三党の試案では、その時の政治社会状態を反映して、失業反対闘争を中心にした案件をみなかかげる。ほかに特徴的には、労農党は「ストライキの自由獲得に関する件」、「治安維持法その他一切の無産階級抑圧法全撤廃に関する件」や「労農自衛団組織に関する件」を、全国大衆党は「暴圧反対闘争の件」や「枢密院貴族院廃止の件」を、両党とも「植民地問題」と「帝国主義戦争反対」――後者は、「絶対反対」――等をあげている。

社会民衆党は前二者と大きく相違し、「『帝国主義戦争反対運動なきは如何』との質問を為したるものありしも赤松書記長より『現在の状勢に於て特に其の必要を認めず』と説明して一蹴せり」とする。この九ヵ月後には「満州事変」がぼっ発するという時期に、である。

このような左右の原則的ちがいにかかわらず、中間派は「資本の攻勢を前にして……無産大衆の要望たる無産政党戦線統一のため」三党の無条件即時合同を提唱する。

労農党は満場一致賛成。社民党は「労農党を除外せる理由（共産主義系政党として）及大衆党とは現在の状勢に於て無条件合同は困難（共産主義系分子介入のおそれありとして）」という赤松書記長提案をめぐり、合同派と「互に鎬《しのぎ》を削り、その間盛に野次起り罵声をさへ放つ」が、合同派は四〇〇名中二〇数名、絶対多数で本部案が通る。

それにもかかわらず、翌三一年七月、社民党内合同派と「二党半合同」となるが、それもまた一年にして、再び分裂していく。

「満州事変」前後における、無産政党―労組のめまぐるしい再編成の中で、労農党のこの政治的選択は、戦後労農党―社会党の原型でもある。そしてまた、この過程の最大の特徴の第一は、「過激派」

たる革命的前衛党・日共と労農党との関係もきわめて類似していることである。

日共と労農党（第一次——一九二六年〜二八年、大山郁夫委員長、細迫兼光書記長）は、非合法日共の合法政党としての性格であり、共産主義者と左翼社会民主主義者の協同党として、書記長は杉本文雄（戦後日共中央委員）ら日共党員で固めていた。一九二八年の三・一五事件は検挙者一六〇〇人、うち五〇〇人が起訴され党の主要幹部の多くが（山本懸蔵、水野成夫、野坂参三、志賀義雄ら、徳田球一は二月末に）逮捕され「獄中一八年」が始まる。追い打ち的に四月一〇日には労農党と労働組合評議会は解散命令に。新労農党樹立協議会はこれまた即日解散命令というように治安維持法（二六年成立）による弾圧は猛烈をきわめる。

その中で同党系は分解を始め、「穏便派」は、鈴木茂三郎、黒田寿男らによって無産大衆党へ、左派は翌二九年一一月漸《ようや》く結党する。大山郁夫の「われわれの行くところ戦場であり、墓場である」という大演説の如く、合法左翼の最先端をぎりぎりにめざしていく。

だが日共は、今度は前回と対応を一変し、「労働者の党はただ一つ」として結党に猛烈に反対しきりくずす。これは、ソ連共産党—コミンテルンが、合同反対派を除名し、左旋回＝極左化する路線転回の中で労働組合政策の急変と共にとった方針の一環をそのまま機械的に適用した、極左的組織方針であった。新労農党は三〇年二月の総選挙に四〇名をたて大山が当選。だがその直後に、赤松五百麿書記長、小岩井浄らの「組合第一主義」への右転換に対し、河上肇、上村進らは共産党への合流へと左転換し、左右からの挾撃で党員約七千名中一六〇〇名が脱党する。日共による結党反対につぐ第二撃とこの両翼の解党派によって大打撃をうけ、前記の如き「三党合同」という山川流協同戦線党へと後退し、左翼の水をうすめてゆくのである。日共が第一次の如き対応をもしもとっていたならば、その後の階級闘争はある種の変化をともなったであろう。

だが、三・一五につぐ四・一六事件で幹部の大半を失い、田中清玄、佐野学ら大衆闘争と党の経験が全くなく学生から一躍党指導者になった状態下にはそれは全く無理であった。一九三〇年五月の川崎「武装メーデー」――ピストル、短刀、竹槍による武装で、東京もまた同方針で皇居占拠をめざすという左翼日和見主義路線と新労農党への全くのセクト主義的対応は、同じ思想、政治から生まれたものであった。

新労農党を解体においこんだ別の要因は、山川均の「協同戦線党論」とその展開であった。すでに山川は、革命的前衛党から原則的に一歩さがったところから「政治的統一戦線へ」――三党合同（日共を除く左、中間、右）を一九二九年に提唱し、鈴木茂三郎中心に推進する。戦後社会党の原型である。

雑誌『労農』は、一九二九年一月に創刊され、「戦闘的マルクス主義」をかかげた。同人は堺利彦、山川均、荒畑寒村、猪俣津南雄、大森義太郎、橋浦時雄、黒田寿男、岡田宗司、小堀甚二、北浦千太郎、野中誠之、足立克明、鈴木茂三郎、吉川守圀、青野季吉の一五人であり、まもなく向坂逸郎、稲村順三、伊藤好道、大西十寸雄、高野実が加わる。

この中の「過激派的異分子」は、猪俣―高野であった。「日本共産党との組織上の関連について、これは私としては関知しない問題であったが、猪俣は第二次共産党にたいしてかなり強烈な郷愁をもっていたようで、日共の方針や政策の重大な誤診が修正されたうえで迎えられるならば進んで入党したいとの意欲をもっていたと思われる。堺も山川も、猪俣と同一の考えをもっていないと猪俣が感じたとき、彼は私にひどく失望の色をみせたということもあった」（鈴木茂三郎『自伝』）

一九三一年テーゼ草案（日共史上唯一社会主義革命をとなえたもので、プロフィンテルンのピアトニッキー起草といわれる）は猪俣理論と共通していたが、その頃が鈴木のいう時期であろう。猪俣と組んだ高野実は、労働組合で、「全産業労働組合全国会議」を二九年四月から始める。これに対して山川均は、「日共の左翼組合主義と同じであり、二重組合主義」としてその傾向性＝革命性に猛烈に反対し、鈴木らもこれではじめて気がつきつぶしにかかる。「特高月報」は、この「全産」を、中間派（大衆党）とも左翼（労農党）とも異なる極左派（日共）に分類しており、さすが山川は、その違いをいち早くみぬいていた。猪俣―高野ラインは、その思想、理論においても、党論、労働組合論においても、山川労農派と一線を画した革命派であったのである。

日共と猪俣―高野派との歴史的すれちがいは戦後も一貫するが、その原型もこの時期に集中的に現われていた。

山川協同戦線党の実践的推進者であった鈴木茂三郎は後年、両社合同後に『自伝』で次の如くその党の性格をいっている。

「左の共産主義から、右の社会民主主義から、どこから批判の征矢をあびせられても応戦できる陣立てに仕組まれている。したがって防塞から打って出て敵陣に斬りこむとなるとどこから出ていくのか、出口が見つからないようなむずかしさを感じさせられた」

「私のもっとも悩んだ問題は第一には、協同戦線党の党内における『究極的意義との関連』を理解した左翼先進分子をどう結合するか、という問題であった。協同戦線論の神髄がここにある以上、やれなくともやらなければならない。ところがその結合がうまくできれば、治安維持法でタタキつぶされる。ウマクいかなくても中間派、右派との間に同じ党内で摩擦を起して分裂の危険がある」

鈴木は、分裂―統一を身をもって何回もくり返してきただけに、協同戦線党の「神髄」をうまく要約している。彼が恩師に背いたのは、日本無産党のみであった。

三❖「戦後革命期」―朝鮮戦争前夜の階級闘争

戦後の労農党は、一九四八年一二月に結党する。「戦後革命期」ともよばれる敗戦から一九四九年までの間には、二度にわたって、労働運動の革命的高場があった。

最初は、一九四六年五月、幣原《しではら》内閣の崩壊と第一次吉田内閣成立にいたる時をピークとし、さらに同年の一〇月攻勢から、翌年の二・一ゼネスト準備にいたる過程である。前期は、各地に生産管理がまたたく間に普及し、常磐炭鉱、江戸川工業所等では、「工場ソビエト」的機能をさえ現わしていた時であり、その根柢にあった絶対的な飢餓状態、高騰するインフレーション下に多くの労働者人民大衆が、今日の飯を食うのに困った社会経済状態と政治的危機下にあった。だからこそ五月一九日の「食糧メーデー」は十数万のデモ隊が史上始めて坂下門を突破し、天皇家の台所までなだれこんだのである。首相官邸は、徳球を先頭に大衆団交、「暴力団交」の場となり、内閣は、二〇日間にもわたって組閣できないという戦後期を通じて最初にして最大の政府危機となっていた。この怒涛の如き攻勢は、チャーチルのフルトン演説―反共声明と「冷戦体制」への転換下に、生産管理の弾圧、朝鮮ゼネストの流血の大弾圧となって日本―朝鮮を襲う中で、飯を求め変革を求める労働者の革命的エネルギーは大噴出をつづける。国鉄、海員の大首切りを産別会議の一〇月攻勢によって一挙に粉砕し、二・一ゼネスト推進になだれこむ。この頃から五〇年にかけてのことは戦後労働運動史各書にくわしく、また、最近、よりすぐれた研究もすすんでいるので省略する。が、一つ注意するべきは、当時の社会党左派の領袖《しゅう》として加藤勘十とならんだ鈴木茂三郎は、二・一ゼネストそのものを「労働組合の組織を占領軍のために破壊されるようなことをすべきでないとの見地」から反対だったことである。

日共―産別会議は、その戦略的誤りから、マッカーサーの弾圧中止命令をよみそこね、収拾にブザマなドジをふみはしたが、労働者の革命的エネルギーと固く結びつき、その先頭で闘った。それに対比して社会党左派とその系列の「ゼネスト反対」の中に、戦前権力が権力秩序への対応から「中間派」と読み区分した「左派性」は形をかえて現われ、戦後にひきつがれているといえよう。

二・一ゼネストの不発、後退にかかわらず日共―産別会議は、地域人民闘争の戦術をもって再び攻勢をつづける。四八年春の全逓中心の闘争、初夏の北海道に始まる国鉄の「職場放棄→民族独立青年行動隊→全国オルグ」の中に、戦術的是非はさておいて闘う革命的エネルギーは踏襲《とうしゅう》され、翌四九年の大首切り直前にまで再び高揚していく。

片山、芦田両連立内閣（昨今いわれる保革連合政権の原点）の短期間の崩壊（米占領軍はとくに片山内閣の崩壊に反対）の中で、社会党は大動揺し、左派もまた「右往左往」する。四八年には党内の両極が左右に向ってとびだし結党したことに、危機下における協同戦線党の限界性と状況は明白に現われていよう。右への分裂と「社会革新党」樹立は、平野力三（戦前、皇室中心主義の綱領で宇垣一成大将や正力松太郎とくみ、〝錦旗事件〟をおこした札つきの右翼）系であり、鈴木善幸、早川崇ら今日の自民党の準実力者達が加わっているのも興味深い。

左派五月会の動揺、分解と、黒田、中原、木村、岡田らの国会における反逆―除名（七月）の経過は、笹田繁著『日本社会党』（三一書房、一九六〇年）や当時その渦中にいた松本健二著『日本革命運動の内幕』（亜紀書房、一九七四年）により具体的にくわしいのでここでは省略する。

猪俣の弟子であった木村禧八郎は「国民はインフレで溺死しそうになっている。政府はその最後の助けとしてつかまった一枝（国鉄運賃、郵便料値上げ反対）をも折ろうとしている。これは許せない」と激怒したと松本は記している。ゆずれぬ最後の一線ということであろう。であるから「純正左派」は左派から二名も入閣している連立内閣に見きりをつけたのであり、「社会党正統派議員団」→労農党には加わらなかった荒畑寒村も反対し、即日脱党、松本治一郎（参院副議長）は、「諸君の考えは正しい」と言い、棄権にまわったのである。

階級闘争の激化と社会党の危機は限界点にあった。だからこそ山川均もまた同年一二月に「ただ一つ残された道は、日本社会党を解体して再組織することである」と『前進』誌上で断言し、「日本社会党そのものの革命」「中から改造せよという定石的な呼びかけも……いまは現実にはおこなわれる望みのないまでに、社会党はその信頼を失っている」として、「山川新党」→「社会主義政党結成促進協議会」が労農党結党直前に発足する。

「戦後革命」の第二のピークにさしかかったのである。

「山川新党」は、アドバルーンのみで、主として労働運動にみるべき足場がないところから、「社会主義労働党準備会（荒畑委員長）」と改称するが、何ら進まずにずるずるとすぎ、二年後の社会党分裂―左社発足になだれこんでいった。

これにくらべれば、労農党は黒田主席、松本健二事務局長、労組二（国鉄革同の藤川勇と全石炭池戸芳一）、日農二（藤田勇、西原佐喜市）と、社会党の議員中執とちがって非議員四を加え黒田、岡田、中原健次、太田典礼、石野久男（日立）、玉井祐吉、堀江実蔵（以上衆院）、千葉信（全逓）、鈴木清一

（国鉄）、堀真琴、木村禧八郎（以上参院）の一五人の執行部を形成して出発。その二ヶ月後の明けて四九年一月総選挙に四五人が立候補。総得票六四三、七五五票、当選七人、法定得票の次点者七人、一万票以上六人の結果となり二議席減となったが、社会党の大敗に比べれば、傷口は浅く、敗北感はあまりなかったという。

労農党と不発に終った山川新党の決定的差は、労働組合内勢力、特殊には国鉄革同の存在である。

四❖革同が労働組合運動にはたしたもの

国鉄革同（革新同志会）が発足したのは、四八年二月。国鉄は、今日でもそうであるが当時、大金属とならび、全逓と共に戦後労働運動の一貫した牽引者であった。一〇月攻勢―二・一ゼネスト準備の中核であり、それ故に権力の集中工作をうけ、「国鉄反共連盟」は産別民同に半年もさきがけて四七年一一月にスタートする。岩井章らはまだ地方におり、連盟の立役者は星加要、斉藤鉄郎であり、右派が圧倒的にリードする。

「反共民同の発生」という表題について、岩井章は最近、次の如く言う。「さて、そこで民同の発生の問題に移るんだが、歴史的にいえば民同の発生というのは共産党の戦略的な誤りを克服しようとするものであったことにちがいないけれども、しかし、運動の流れとしてはその時に反共の気運が強くなり、それが大衆運動としての枠組みに結集していくのだが、それもやはり、歴史上の一つの泡のような出来事であって、いきすぎた反共的考え方は、結局時計の振子のように元にもどるけれどもね。だからその意味では、反共民同発生というのは歴史的産物だ。そのようにいえるだろうね」（岩井

章・篠藤光行対談『これからの労働運動を語る―階級的労働運動の構築のために』労働文庫、一九七〇年七月）

反共民同の発生について、以上これでおしまいである。

国労は、反共連盟→左右分解→民同左派（現社会党員協）と日共、そのあいだの革同が本部から分会までつらぬき、今日まで継続した唯一の単産である。この三つは単なる「派閥」ではなく、政党或いは政治的集団であり、警察と当局は、今年度でさえ第三六回大会代議員の分類をそうおこなっている。ちなみに本年度の内訳は民同派二九〇人〔七三・八％〕（うち中立二、反戦系と思われるもの北海道一、盛岡一、高崎四、東京三を含む―原文通り）、革同派九人〔二・三％〕、共産派七〇人〔一八・五％〕、中立七人〔一・八％〕という。

「左翼＝社・共、中間＝公明、自民・民社連合」と規定し、「左翼ブロック」形成を追究する「社会党・総評の陰の大実力者」（朝日）としてはさわりたくない古傷であろう。我々もむりやりあばきたてることはない。ただ歴史から教訓をうるためには、歴史的事実は事実として記すべきであろう。

社会党両派―国鉄反共連盟のおかした重大な階級的犯罪はいくつかある。それは第一に、政令二〇一号――あれから二七年、今、大詰めをむかえつつあるスト権問題の元兇――の「合憲是認論」である。国労の指導権をうばった星加はインフレーションの乱舞下に、生活危機打開を求める労働者の最低生活保障要求にたいして「水に映りし月の影」とうそぶく。だがうっせきする噴まんと戦闘的エネルギーは、芦田内閣―加藤勘十労政の「毒入り二九二〇円ベース」、職階給賃金紛砕、理論生計費―最低賃金確立をかかげ、地域闘争戦術を追求する左派指導部をまもなく選出。反共連盟―右派支配を再び半年位の短時日にくつがえし、日共、革同ブロックを確立する。全逓の「さみだれ闘争」と共に、産別会議中心に再び戦闘性をとりもどし、突出する金属戦線と共にくつわを並べてひた押しするその瞬間に、マッカーサー指令―スト禁止が発せられる。階級闘争の動と反動が入り乱れ、大高揚するルツボに投じられたくさびであり権力の集中的反撃であった。国労は団体交渉も不能、獲得してきた労働協約も無効という反革命的「無法状態」においつめられる。その時、反共連盟は、「占領軍の指令だから合憲、支持」をうちだし、米帝国主義権力の先兵をになったのである。若冠二六歳の岩井大会議長による「政令二〇一号合憲論」の集約は連盟フラクの結論であったろう。

第二に、四九年の百万人首切り企業整備合理化の中心として国鉄定員法一五万大首切りの決定的瞬間における「零号指令」である。

国労は全階級闘争の焦点として左右の激しい対立をまねき、権力と日共が両フラクを通じて全力で指導介入する。半年きざみのヘゲモニーの流転、革命的激動期にのみ特有のつばぜりあい、革命と反革命の一進一退のくり返しが日共の牙城、国鉄に集中する。その中で定員法による大首切り案に対し、日共―革同の左派ブロックは大衆の要望をになってヘゲモニーを握り、「断乎たる実力行動」方針を確立し決戦を迎えうつ体制を固めた。

だが権力側は、アメリカ支配階級の伝統的手法（大フレーム・アップの適用）下山、三鷹事件と日共、国鉄、東芝をねらいうちした松川大事件による「犯人＝日共」の一大キャンペーンをはり、人民の耳目をそこに集中させる。日共は右翼的戦術―ストライキ放棄の「民族産業防衛闘争」によって「人民電車」→実力闘争を瞬時にしてつみとり、両者のはさみうちの中でまたたく間に闘争体制はくずされてゆく。その「決定的瞬間」をねらった大首切り強行に際して、またもや反共連盟は権力の手代となり、「零号指令」を発し、「実力行動をしてはならない」が合言葉となる。また、「首切られた者即非組合員論」をふりかざし、中央闘争委員＝最高指導部一七人の首切り（日共全員と革同の半ば）に対し、「事態収拾」の三派会談において、「首切られた者は組合員ではない」「すぐこの場から出て行け」と怒号を連発。

共産党の「辞任の意志はないが大会の決定に従う」、革同の「首切られた役員の辞任の意志表示は大会もしくは中央委でおこなう」という妥協案も一蹴し、米帝国主義占領軍の全一的支配権力の意志を忠実に貫徹しぬいたのであった。

民同左派と革同の、思想と戦術の原則的相違性は、これ以外に職場闘争と実力行動や被解雇者役員問題（民同はびびり、革同は擁護――今日そうなっている）、国際自由労連（民同は支持、革同は脱退→アジア労組会議提唱）等がつづくが、とくにきわだたせたものは国鉄広島・新潟闘争であった（一九五七年六月、七月）。

広島闘争の評価は、民同左派＝『スト権奪還の闘いは姿勢を低くして闘っていく」。革同＝「長期低姿勢論は、敵のいう泥沼闘争理論と表裏一体である。一〇月に経済要求ときりはなしてゼネストをおこなえ」。民同右派＝「この方針で闘えば労働運動は後退する。実力行使、非合法闘争をやめよ。むやみに警官に力をふりまわす、暴力革命的戦術反対」（塩田庄兵衛『現代労働組合論』労働旬報社、一九六九年六月）

その直後の七月、大闘争となり政府が直接のりだす全国的政治闘争となった新潟闘争についての評価は、その直後、八月の総評九回大会において、民同対革同のはげしい論争となり、双方の路線をうきぼりにした。

岩井総評事務局長「国労本部は、国鉄全体がいっせいにたちあがる情勢になく、新潟地本のみがねらいうちされる危険をさけるため……中止指令を出した。総評としてはこのことを支持する。……一部の強い組合の独走では十分にその（全労働者の）力が発揮されないし……他の組合が闘う体制をとのえていない時は、力を結集するためにもやはり、姿勢を低くして闘いを考えねばならないと思う」

革同の細井代議員「新潟闘争を打ち切ったのは全体の態勢がそろわないからだと岩井報告はいう。だが闘っているときは犠牲者は一名にまで譲歩してきた。そして中止指令の出された一六日に四名、翌日は一五名の首切りがおこなわれている。要するに敵前でわれわれは武装解除を行なったのである。統一行動とは平均化運動ではない。条件がないからやめるというのではなく、どう将来にむかって発展させるのかという立場で考えなければならない」

新潟地本相田委員長（革同）「政府が全権力、勢力を動員して新潟地方当局をバックアップしたときに、労働者側はバックアップしないばかりか中止指令を出した。これによって敵の力は大きいという恐怖感をあたえ、組合員の創意と自発性をおさえてしまった。闘争はもともとその出発は不均等なものだ。先進部隊が闘いつづける中でひろがり、足なみがそろうのである」

その後（六一年）、太田薫総評議長はこの闘争を次のように言う。

「国労のほかの地本の労働者がどういう気持でいるかを理解せずして、この不当首切りは階級的な問題であるという原則的理解で、全国労の闘争に押し広げようとしてもそれは無理であった。まず拠点の労働者が立ち上り、これを全国闘争に発展させて突破口をつくるという闘争は、全国の労働者の支持を越える段階にまでゆけば統一をさえこわす危険がある。……一見いさましいかにみえる旧日本軍隊のような突撃精神、玉砕戦法のようなものとしてストライキを考えるならば、それはむしろ罪悪と呼ぶべきものである」

この二つの考えの中に、民同左派と革同の立場と路線は集約的に現われている。

一九五〇年、レッドパージの翌日から、一九五二年頃までの間の大闘争、講和問題と破防法反対の政治ストライキも、日産自動車、尼鋼、日鋼室蘭、国鉄新潟闘争や北陸鉄道の職場闘争、内灘軍事基地への軍需輸送拒否の政治ストライキなどの大争議は、広義の革同（国鉄革同のように組織だってはいないが、日共でも左社でもないという益田哲夫〈日産〉らをもふくむ）と高野派指導によるものが大半であり、革同と高野派なくして、この間の運動史はありえない。日共は誤った左翼冒険主義―軍事闘争につっこんで大衆闘争から全く召還し、左社―民同左派は合法主義を一歩もでない状態下に、革同は大衆的影響を保持しつつ両翼にはさまれながら戦闘的に奮闘したその歴史的功績は大きい。

その幹部は国鉄の細井宗一（北陸）、子上昌幸（東京）、横手真夫（大阪）、金政大四郎（門司）、本間久雄（広島）、中村満男、相田一男（新潟）ら、青年層では木田忠（新橋支部）、長谷川弘俊、田村登（沼津支部）ら精鋭を擁し、私鉄の内山光雄（北鉄）、柴田豊一（富山鉄道）、炭労の森谷雅晴、落合己代治（日産自動車）らとともに、高野総評の左翼を構成した。総評大会には革同―労農党は、五七年度は大会代議員二名、五八年度は一二名（国労八、私鉄二、炭労二）を送り、総評の左旋回にあたって、全自日産自動車等と共に、高野派とくんで牽引者的役割を果したのである。

とくに国鉄革同は当時千人といわれ、労農党の公称党員二千人の半数をしめたのみか、政治的、組織的、財政的に支えた最大の力であった。

五❖高野派・革同と左社・民同との対立と闘争

総評は高野指導下に、「にわとりからアヒル」に転化し、破防法反対ストライキを闘いぬくことを通じて短期に左旋回をおこない、占領軍―吉田政府の手代、武藤、小椿ら右派のヘゲモニーをうちやぶる。アメリカ帝国主義は中国革命後のアジア戦略の要として南朝鮮―日本を最前線―基地の関係としてくみこみ、日本全土に米軍の陸海空基地をはりめぐらせ、治外法権状態をつくる。経済的にも「MSA援助」を通じて強力に支配する。

米軍による軍事的、政治的支配は、民族的抵抗気運を急速につよめ、民族的闘争と階級闘争の交差点として総評は、一躍広汎な階層の人々と戦線の関心と支持を一手に集中し始める。それがピークに達する五三〜四年は、高野派と左社の対立をも同時に強め、矛盾もまた急速に激化した。

社会党の左右分裂に対し、その独自の党理論から動揺し逡巡する鈴木をしてふみきらせた決定的力は、総評をバックにした高野のひきいる「労働者同志会」であった。左社の政治的大前進をかちとらせた決定的推力もそこにある、だが、高野派の政治的影響力が広汎なものとなり、かつその路線が左社とくいちがい始める中で、和田博雄を中心とした左社―民同の反撃が始まる。

労農党の『党報』一九五三年一二月二九日付七八号は、「社会党左派の最近の情勢について」を特集している。「綱領草案」をめぐる対立―労農派理論による本部案と清水私案の対立、本部による太田薫中心の旧同志会の復活と高野派のきりくずし、「労組内党員の規律について」の指示と反対派の抑圧、山口本部青年部解雇問題、『社会主義』誌加藤長雄編集長の追放（同誌一一月号に高野の「救国戦線のために」をのせたことを理由に、向坂が理事会にもはからず強行）と高野、清水、加藤の協会からの脱退、党内「良心派」―綱領研究会（松本治一郎、細迫兼光、田中勝男、田中稔男、山花秀雄、飛鳥田一雄、成田知己ら四十数名）の結集等を分析している。

この過程は、高野派と労農党、革同を急速に接近させ、政治的には、左社対労農党対立の表現をもとりつつ、総評大会における高野対太田対決（五四年）、さらに高野対岩井対決（五五年）で頂点に達していく。

日共は、朝鮮戦争開始直前から、在日朝鮮人総連盟（解散命令）と共に、「極左」「過激派集団」として弾圧を集中される。中央指導部の追放、国会議員の議席剝奪、機関紙『アカハタ』の発刊停止の攻撃がかけられ、徳田書記長ら九幹部の地下潜行と非合法体制への移行、軍事闘争へ転換となる。同時に、コミンフォルムの日共批判を契機にした「国際派」との対立と大分裂、一方では前年の、大首切りにつぐレッド・パージによって経営細胞と党員は一掃されて労働組合から加速度的に影響力を失う。これらの状態下に、合法政党として労農党の果たした役割は大きく重要であった。また、国労等ではパージの翌日から革同が最前線で頑張り、反戦反合闘争を闘いぬいたのであった。

だが、日共党史も、総評史も、この歴史的一時期の労農党・革同の果たした階級的、民族的役割は全くといっていいほど黙殺或いは無視してきた。

六❖労働運動の積極性と党への受動性――戦闘的労働者にとっての革同と党

労農党は、戦前の日共―協同戦線党の間という位置と両者への吸引というパターンを戦後もひきつぐ。結党に反対した日共は、伊藤律によって全議員を始めとした吸収合併を強引に策する（東ドイツなど東欧の社共合同をまねた）。同時に、結党と併行して「社共合同攻勢」をかけ、大沢久明（青森）、小原嘉（長野）らと共に労農党からは山口武秀ら常東農民組合一五〇〇人が日共に合流。代議士二名をもち岡山とならぶ最強の県連、茨城はもとより党全体が大きなダメージをうける。また、初代事務局長が日共の秘密党員という如く、後半、代議士秘書の多くもそうであったように、「容共」に徹しつつ、日共にゆさぶられ、常に「主体性」の堅持が問題とされていた。

戦前と同じく、日共側の労農党観が一貫して定まらず、一方左社からは、協同戦線党内左翼の仲間が一時離れたものとみられる。

労農党解党の最大の理由は、「革命政党は唯一つ」というコミンテルン流党観が圧倒的であり、当事者の多くもまたそう思っていたこと、ただ、その革命党の左右へのブレとぬきがたいセクト主義（「平家にあらざれば人にあらず」的な）と大衆のひきまわしに反撥し、片や、その中でたびたび反共・体制内改良党へと吸引される第二インター系社会民主主義党への階級的チェック機能という消極的、受動的方向であったこと、等々にあろう。

日共と労農党の関連について、結党時に入党し、綱領草案を起草したが、間もなく脱党した対馬忠行は、「日本共産党とは、科学的社会主義の日本的適用において非常に異なっているのだ、という対立した自覚」がなくて、党組織論においては共産党＝前衛党、労農党＝大衆党という性格規定のために「結局は日本共産党の分業的出店化の危険」（「社会党の再建と労農党の自己批判」『前進』四九年四月号）という。対馬の主観的意図は別にして、客観的にはそう機能した面が強かったのではないのか。当事者の歴史総括が望まれる。

広義の革同（国鉄革同や高野派）は、労働組合運動ではきわめて積極的、能動的役割を果たし、歴史の一定期間に先導者であった。だが、革命党・前衛党の問題になると全く弱く、その問題に直面した瞬間に、つまずくか分解するか、或いは距離をおく。労働組合運動における前衛的機能と、二律背反的に党問題での受動性は、革同と労農党とその解体、革同と「過激派」共産党との問題であろう。

その解決は、高野個人の共産党人党、或いは、国鉄革同の集団的入党となる。が、後者の「新しい発足にあたって」（一九五七年）は、今度は労働組合運動において世界労連主義への純化となる。（世界労連主義については拙著『右翼「労戦統一」反対』拓植書房、一九八一年、参照）

そして、この問題こそは、前衛党内における経営細胞、労働者党員―「労働者派」の立場、位置、方向性と不可分であり、おりかさなった問題でもある。日共党内における経営細胞、工場細胞の中央指導部への圧倒的受動性、消極性、綱領的、戦略的諸問題、理論的政治的方針はインテリゲンチャ党員のイニシァチブの一方性と、「現場」における実践への自己の限定化、それこそ、たびかさなる党内闘争―階級闘争の反映であり集中点―において、常に主流派に自然発生的にひきよせられる根源であった。

日本資本主義の心臓部であった京浜工業地帯における労働者党員の圧倒的多数をみよ。それは、日共の五〇年大分裂に対して集中的に現われていた。自己の実践、闘争と明らかに異質な路線、方針にもかかわらず、その判断、選択は、戦略的原則的に分岐対立する党内にあって、ただひたすら党主流にしたがっていく。思想と政治、路線は「上」の「えらい人」におあずけし、実践、闘争は分担し、先頭にたって闘う。「むずかしい議論はさておき、明日どう闘うかを議論しよう」という「作風」「党風」になる。そして、中央の組織統制の強化のなかで自然と思考力もまたそれに同化、風化され一体化していき、そのうちに逆に「魔女狩り」の先兵にさえなる。

革同の内包した問題は、このように、立場をより左にとるか右にとるかの違いはあれ、「過激派」日共→「新左翼」でも、左社系でも基本的に同じだったのではないのか。であるからこそ、革同、或いは革同と労農党の問題は、まさに古くして新しい、歴史性をもった革命運動と労働運動の根本的な諸点を内在的にもっているのである。

そこをどう突破しこえていくのか。重大な歴史的転機の渦中にある現在、労働組合運動において、類似した新たな革同的要素が再び出現しつつある中で、我々は歴史を正確に把握し、分析し、教訓を十二分にくみとりつつ今日ただいまの実践に生かさなくてはならない。

【『新地平』一九七五年一二月号】

〔編者註〕以下は、樋口宅に保管されていた本論文のコピー紙〔「(五) 高野派・革同……」以後の頁が欠落していた〕最終頁裏に記された樋口氏による手書きメモである。また、文中の〔　〕は編者による註である

このあと半頁分がみつからず。

寺岡本〔寺岡衛著、江藤正修編『戦後左翼はなぜ解体したのか』同時代社〕は「高野派革同」と一つにしている。が、共通面も大きいが、高野派は官公労は日教組、民間は全金中心にかなりひろく、全金〔二〇万〕は全体が「高野派」的だったので、資本がとくにマークした。

革同は、新潟、広島地本が中心。幹事長は長く子上昌幸、二代目徳沢までが革同らしかった。本になったのは広島・本間のみ。〔伊東・さつき会館――「組長」は人物をよく見分けていた――で、

一年とまって書いたとのこと）〔「組長」は松崎明氏のことを指していると思われる。本間氏が伊東・さつき会館に一年間泊まって執筆した、と松崎氏は樋口氏に明かした、ということ〕

革同のモデルは「沼津」だった、と徳さんに何年か（十年？）前に聞いて少々おどろいた。創立者と各リーダーとはとくに親しく、彼らは政治・理論で私をうけいれ、「64・4／8スト破り」の時は鈴木市蔵の紹介を私がやった。

大歓迎し、その直後、野々山一三（民同・社会党労働局長）と両者の講演会で千人余を結集、全国でここだけ。

沼津革同には約百人（1500人中）。幹部会－班にきっちり組織され、「入りたい」といっても職場の信頼がないものは拒否。スト権禁止後のはじめてのS30のストは沼津機関区が本部指名で完遂した。（子上が沼津出身でその実力をよくしっていた）

朝日の村上寛治も高い評価。

日共、社・協会よりずっと「党」的機能をもち、かつ大衆性もあり、リーダーはおおらかだった。

（中核、ブント、幹部を紹介）

葛西敬之（JRのトップ、東海会長）の本〔『国鉄改革の真実』中央公論新社〕に出てくる「沼津のリーダー」は、S20年代はNo.7～8くらい。が、静岡地本に長くいき、中央革同5人のリーダーの1人に。私のいう意見をよくきき、沼津に行くと必ずバーで一杯。

1980年頃から、葛西の線で動いていたのにおどろいた。

彼を通じて国労の中にクサビをいれられ、動労との仲たがいの役割をになった。今年になり、総連静岡の前委員長に、工藤の葬式に葛西夫妻がきたとき、葛西の本を見たら、1986年修善寺大会のことがでていて、やっとかれの役割が分かりました。私も葛西情報にひっかけられ（まことにうかつであった）ていたことが分かり、「情況」論文にいたったた一因でした。

「情報力」のおそろしさ、大事なことを改めて痛感している。

5　六〇年間の実践の教訓と私の自己批判
――産別民主化同盟と動労革マル問題

一❖産別民主化同盟の評価

＊〝日本一の工場細胞〟「赤い東芝労連」で

私は戦後革命の高揚期だった一九四七年に革命運動に決意も固く参加し、翌四八年に民間労組最強工場といわれた東芝堀川町工場（国鉄川崎駅裏）書記局に入った。大東芝の拠点工場であり、本社も研究所もあって、従業員四千五百人、共産党細胞は三百八十人で日本一といわれ、官公労の国労（全逓も電産も都市交や民間大手のかなりもみな強かった）と共に官民の中核だった。

一九四九年の「百万人首切り」は戦後革命の命運をかけた決戦となったが、下山・三鷹事件で腰砕けになり、さらに松川事件――国労と東芝のねらいうち――で勝負は決まった。

このときのわたしの闘争経験は、『東芝堀川町労組における共産党と産別民主化同盟――産別会議大拠点における対決と問題点』（『めしと魂と相互扶助－革命モラルと対抗対案戦略の確立のために』第三書館、〇二年）で総括をした。

再度、強調したいのは、革命党・日共細胞は若く勇敢でよく学びよく闘い、仕事も優秀な青年労働者が多く参加した。が党の社会民主要打撃論の誤りは決定的不信感を良心的労働者（中間層に比重を占めていた）に与え、独善的セクト主義は中間的人々をことごとく敵にまわしてしまった。

いざ首切り決戦の時には、職場の多数はそっぽを向き、党員は孤立無援下に確信を失って内部崩壊を起こし、〝日本一の細胞〟もあっという間に勝負はついた。指導部は川岸工場をはじめ頑張ったが。敵対した「会社派・右派」にも良心のある者はかなりいた。

＊〝反共闘士〟竪山利文の行動

今秋、死んだ竪山利文は、兄が戦前非合法下の東大新人会・日共党員で、彼は日共との対決の為に経歴詐称（九大中退を中卒に）して会社から拠点職場に配置され、大活躍した〝反共闘士〟であった。が、争議後の行動をおってみると、彼らは日共と連日競い合った日刊新聞（ビラ版）をその後三〇年余間も連日門前でまき、工場放送局（労組が昼休みに毎日やる）を会社の中止勧告を無視して続け、六〇年安保や春闘をストで争い続けた。その記録と組合史を見て「闘う右派」に驚いた。多くの〝ダメ左翼〟より遥かに立派であった。

飛島田一雄は横浜市長を経て社会党委員長（七七年〜八三年）を務め、自らはマルクス主義者を自認し（明大学生時に『共産党宣言』を翻訳した）ていたが、自伝『回想録』（八七年）でいう。

「総評の言う『労働者の全的統一は非常に重要なことだと思っているんだ。資本の側に対抗する勢力の戦線強化としてね』「竪山さん（全民労協議長）はこの点、非常に堅実なんだよ。社会党員だし。いつも全民労協が右に流されていくのを食い止めようとしてる……」

飛島田は一九五一年の県議当時に、日共党員として鋼管鶴見造船でレッドパージされた竹田四郎（後年参議院議員）を秘書として使っている。このことを見ても、朝鮮戦争下の時勢でよくやったものだと感心したものだ。

小堀正彦、竪山、保坂玄造や、全電工委員長・落合英一（堀川町民同のトップ）ら民主化同盟を、私は一九四八年当時の党の認識そのまま、長らく会社派資本の手代と見てきた。

＊春日庄次郎の民同評価

それから二十数年後に共労党で一緒になった春日庄次郎から「あの民主化同盟事件は、日共の側が誤っていたのだ」と直に聞いて、衝撃を受けた。彼は当時東北地方委員会議長だったが、同事件の責任をとらされて長谷川浩（政治局員・労対部長）が関西に更迭され、春日が入れかわって労対部長となったので最も精通していた。

春日は、「命も名も地位も金もいらない」「無私無欲」の人、満身これ革命一筋の剛毅誠実の人であり、その民同評価は当っていた。その中心の細谷松太、三戸信人も優れた人で接して感服した。私は現場で民同と対決してから、実に二十年余を過ぎて、初めて真実に目覚めたのであった。「自らの経験」は絶対基準ではないことを痛切に学んだ。彼我の状況を相対化して総体的に見る視点、思想性、そして「人物鑑識眼」等がいかに大事か。他人を批判するとは、己、志、思想、眼力、基準が同時に問われることを味わった。

二❖動労・松崎の評価

＊中曽根内閣と「国鉄大改革」の参謀総長

私が長い実践と闘いのなかでもう一つ失敗し、誤ったのは、八〇年代の国鉄分割・民営化闘争である。私はその時に左派の〝司令塔〟であった労働運動研究センターで、全盛時の総評議長・事務局長経験者の岩井章、太田薫、市川誠三代表の下で、市川派〝代貸し〟で皆勤した。

周知のように、中曽根内閣は、最大の大仕事として行財政大改革、わけても三公社の国鉄・電電・専売の民営化を掲げた。とくに親方日の丸、つまり効率性が問われた大赤字（政府自民党の責任がより大きい）の国鉄を民営分割し、同時に総評の中核体、国労と動労を解体、その上にのっている社会党をつぶすのが政治攻撃の中心眼目であった。

中曽根はこの大仕事の会長（臨調行革）として、経団連会長にして私生活も質素で、〝メザシ〟で有名な、人望の厚い土光敏夫（石川島播磨、東芝社長等）をあて、マスコミ論調と世論はそこに注目した。が、私は敵状をみて実質的参謀総長役は瀬島龍三（帝国陸軍大本営の中枢作戦参謀、ソ連抑留十一年の後、伊藤忠商事会長。福田赳夫、田中角栄元首相らは〝作戦・経営のカミサマ〟視していた）と見、彼について資料を集め、情報を追い、彼こそ中心者と論じた（『労働情報』八四年）。

しかし、左翼はほとんど無用心・無防備で、とりあげた党、労組、機関紙誌は皆無といってよかった。ある研究会で瀬島こそ〝元凶〟と発言をしたら、高名な評論家が「石油をトンでいう男などイカサマ師で論外」と切り捨てるほどであった（帝国軍隊はそのトン数計算だったのだ）。

先の労研センターでも、突っ込んだ議論は一度もなかった。八三年頃に太田が岩井に「民営一元論で行くしかないのでは」と言ったら、岩井は「いや、だめだ」とはねつけたのがすべてで、わずか一分間、聞いていたのは私一人だった。岩井は国鉄総裁ら三役が猛反対している、自衛隊が民営分割では有事の時に困るので反対すると固く信じていた。だが、八五年、中曽根、瀬島は総裁らの首を切り、軽く乗り越えたのであった。

その岩井は死の直前にかつての仲間の土屋晃（動労甲府支部書記長）に「君ら（動労）の方が見通しをもっていた」と述懐したという（土屋の友人で、十三年山梨にいた、全労済の由井格が直に聞いた話）。

＊新左翼労働運動

私は敵将瀬島戦略についてはよく調べ、追跡したが、その反面、階級主体の側、とくに動力車労組（国労本部の全体についても）の動向は三〇年近く見誤り、その全体像がわかったのは〇三年頃から、とくに〇七年に入ってからであった。痛恨の失敗であった。

「鬼の動労」という呼び名は、青年部・反戦青年委員会の激しいデモや七〇年前後のストライキ、順法闘争の多発、電車はスローガンだらけという国労の左へ突出した行動をマスコミが命名したことから始まった。七四年の目黒今朝次郎の高位当選は、その動労への社会の一定層の共鳴の反映でもあった。七八年貨物安定輸送宣言、八五年マスコミのいう「華麗な転身」、以後、分割・民主化是認、総評脱退（八六年）と続き、国労左派（民同、革同）や新左翼等から「裏切り論」が多数意見となっていった。私も「革マル派なら当然の右旋回」と思っていた。

というのも革同の全国指導部五人の内の一人が、沼津機関区出身で古くからの親しい友人であり、彼が「動労は八二年から寝返った」と言うのをよく調べもせずに信じていたからだ。それは誤報偽報であった。この情報が誰から誰へどういう経路で流れたのか、彼も死んで迷宮入りである。公安警察や当局労務と労組一部がかんでいたのであろう。動労は八〇年には「反ファッショ人民大会」を日比谷公園で開いた。総評の全港湾、全造船左派系単産や社会党の矢山有作、吉田正男ら左派国会議員等、私や労働情報ともごく親しい労組政治家等による統一戦線を目指したもので、「動労・革マルもなかなかやるな」と思っていた矢先であった。

動労は八〇年前後には全日自労・中西五洲を講師として何回も呼んでいた。黒田寛一は八一年に激しく中西をたたいていた。日雇労働者の同労組は、かつての戦闘的日共党員が多く「仕事はさぼるほど革命的」という雰囲気で、一日に一〜二時間しか働かないような状態が続いて、市民の反発をかっていた。中西はそれに気付いて、改革せねばと痛感し、市民に喜ばれる公園、プール作り等の仕事を積極的に行い、「民主的改革」＝「民革・みんかく」が失業対策のおじさんおばさんにも受け入れられ、労組も一変した。動労の貨物安定輸送宣言（七八年）と「より働く」ことも全日自労に共通し、共有されていたのである。

＊動労観の変化の過程

動労観が変わる一つの契機は、黒田寛一が『労働運動の前進のために』と題する四二八頁もの本を出したことである。

「労働運動＝松崎」でこれまできたのに、労働運動の実践が何もない哲学者がなぜ労働運動論を出すのか、直観的な疑問であった。何か同派内に対立があって「教祖」が調停にのりだしたのか？　この本は一九九四年九月刊である。

ちなみにこの著書の一章「日本労働運動の現状」に「10・20『労働三団体』集会の破壊」（八一年一〇月二九日）がのっている。

冒頭に「『労働情報グループ』（四トロを含む）と宮顕の意を体した中西五洲グループとが、総評を破壊することを狙い、謀略グループにあやつられてひきおこしたところの反階級的事件」と出ている。ベトナム反戦集会で「労働情報派」が演壇占拠した事件のことである。そして「労働情報グループ（ハミダシ・スパイ分子の巣窟）――権力や独占資本家の意を体した総評を破壊するのにふさわしいブランキー主義・極左盲動主義」と規定されている。

私はその「ハミダシ・スパイ分子の巣窟」の親分というふうに評されて、しばしば批判された。私は共労党の武装闘争に反対して、いいだももからは右翼日和見主義といわれたが、黒寛からはその逆のブランキー主義、極左盲動主義視されていた。人へのレッテルとはこんなものが多い。

昨今、ようやく分かってきたが、「一九九四年」とは、ＪＲ総連革マル派幹部が同派主流に拉致された時である。本部批判の沖縄革マル派（十人が外国に〝亡命〟したと現地ではみていた）に、「説得」に派遣された上野孝（動労第四代青年部長）らが同調し、査問のため二年半も監禁されていた時であり、つまり革マル派主流にＪＲ総連グループが反旗をひるがえしていたのであった。

その対立、分離分裂の全体像がより分かり始めたのは、四茂野修『「帝国」に立ち向かう動労～ＪＲ総連――職場からの挑戦』〇三年、五月書房）と、『甦れ、労働組合―「もうひとつの世界」を求めて―』（〇五年九月、社会評論社）の二冊を読んだときであり、著者は動労組織部、ＪＲ東労組中執、総連副委員長（〇二年）である。彼から、私の著書を読んで手紙が来、会いに来たが、私の思想や運動論をよく読みこんでいて、礼儀もきちんとし、誠実であった。何回か会って話をし、世上言われる「同労組＝革マル派」観が事実でないことが分かりはじめた。

＊「信ずる党に裏切られた」

〇七年に初めてＪＲ総連へ行き、玄関正面にはめこまれた「上野孝を偲ぶ」（〇一年十二月）の碑文を見た。それには彼の闘争歴と共に「彼は自らが信じてきた党に裏切られ」とあり、末尾には「彼を裏切った党が、九・一一自爆テロを『画歴史的行為』と礼讃し、全世界の労働者・人民から孤立し、自爆の道へとひた走っているのは、けだし必然ではないか。つねに人民の側に立って、人民の中に深く入り、人民と共に闘い抜いてきた人、上野孝とはそういう男である」とある。

「信じてきた党」とは革共同革マル派を指している。私はこの碑で動労革マル問題の本質が見えた。その理解を深めたのは戸塚秀夫（労働問題研究の蓄積が深い）教授中心の松崎ヒアリング（五回）であった。戸塚は、そのために同労組本部資料室に六日間通い、かなり厖大な松崎著書、講演、方針書をすべて読み込んだ。私には真似ができないことである。そのヒアリングを編集したものが〇八年に本になるので、賛否論を問わず――とくに批判者は――読んで欲しい。私の認識が変わるのに三〇年ぐらいかかったが、心を澄まして対すればずっと早く対応できうると信ずる。

＊松崎明の自己批判

最後に、同労組のＯＢ会を中心に「初心忘るべからず」の集会がやられてきた。今年もやるというので行ってみた。

「われら生涯労働者なり！　一二・一三集会二〇〇七──怒りを炎とし、職場、地域でいざ闘わん！美代志会と共に！　労働者の未来を切り拓こう」で千人参加のうちOBが六割余りとのことで、弾圧解雇になった梁次邦夫、小黒加久則（浦和電車区）と加藤誠二（東海労）と、蒲田・浦和電車区分会代表、司会東京地本実原らのパネルディスカッション。

松崎明（国際労働総研）は講演で言った。「私は東大闘争、三里塚闘争で闘わなかったこと、同じ埼玉県に住みながら狭山闘争をやらなかったことを自己批判します」と組合員とOBに向かって詫びた。

人間必ずプラスもあるが誤りもある。が、中心者が組合員に向かって自己批判したことのある人々がどれだけいたであろうか。彼は左翼＝多数の批判に対して「誠心誠意」（勝海舟）の人なのだ、という思いを深めさせてくれた。彼はアイヌ人連帯闘争を本気でやったこと等とともに、我々の「人物鑑識眼」が問われている。

国鉄闘争を今振り返ってみる時に、当時は（一）〝冬の時代〟が激しくなる後退戦の時期であった──攻勢期の戦略戦術とは当然異なるものが問われる。（二）〝国労の左〟としての動労が以前のように突出すれば、国労一〇四七人首切りと並んでおそらく数百人首切られたであろう。（三）まして「前門の虎の権力、当局」、背後からは、たえず「反革命松崎明を殺す」と宣伝され、さらに「信ずる党」とは七〇年代以来決別状態で、独自の路を歩んでいた等いくつもの強敵に包囲された中で選択した路線。（四）組織防衛戦、活動家確保策として〝大胆な妥協〟という選択はありうる。そのなかで幾多のやりすぎ、誤りもあったであろう。それは当事者が長い時間と総括のなかで解決することである。

【『情況』二〇〇八年一・二月号】

第四章　新しい飛躍をめざしてよびかける

1　朝鮮の兄弟に――月二回刊にあたって

「決死宣言」――ソウル労働者が「立ち上がれ！　六〇〇万労働者よ！」と韓国労働者に訴えたこの檄は、日本労働者への檄でもある。これに呼応した学生の「七七年延世大民主守護決死闘争宣言」は「いまや対日隷属は限界をはるかに越え、民族の名前に泥をぬってしまった」という。

日本労働者に問うているのである。

西郷隆盛は「命も名も金も官位もいらない」人こそ大業をになうといった。名言である。だが、言うはやすく行うは難しい。フンドシを日々新たに締め直す心境を現実にすることは、大変なことだ。

韓国労働者の兄弟たちは、今日、ただ今を覚悟して訴えている。年老いた父母や幼い子供をかかえ一家の生活と行く末を思案なげ首の、多分普通の労働者たちが。

その韓国労働者、朝鮮人民を日本帝国主義は再び侵略している。「平和」と「開発」、「援助」の名のもとに。戦う日本労働者もまた朝鮮人民にとっては抑圧民族の一人である。

我々は父祖の代からアジア、とくに朝鮮、中国の民族的、人民的抑圧と二重搾取の上に生き、育ってきた。春闘も賃上げも、マイホームもその上にあった。

いま、歴史のその重荷を背負い、この現実の厚き冷たい氷と壁を突き破る時代にさしかかった。それは「言葉ではなく実践」で、新たな侵略の元凶、日本帝国主義をうち倒すこと、そこに肉薄する一歩一歩によって、経済侵略を自らの生産点に即してバクロし闘い、多様な連帯の行動を重ねてこそ朝鮮の兄弟の真実の信頼は、たしかめられていく。

現代の飢え。心身の病い。さまよう魂。日本労働者の底辺の絶望的悩みと現状。韓国労働者のまなじりを決し「生きるために死を賭して闘う」すさまじい現実。「われらは今、一歩たりとも後退することなく、一人が斃れれば次がそのかばねを越えて進む決死の抗戦を宣言する」……「前へ進もう。闘おう。勝利をかちとろう」という背水の陣。

百余年前、明治維新を前にして、勝海舟は「日本—朝鮮—支那」の団結を言った。

一九七七年。

新たな歴史的条件下に、日本プロレタリア解放の闘いは、アジア解放をめざす闘いと固く結合しなくてはならない。とくに東アジアの日本—朝鮮—中国人民の大団結をめざす時である。日本労働者は、階級闘争の法則性の上に、明日必らず「決死宣言」に答えなくてはならないし、階級的、民族的兄弟の仁義と同志の愛をもって答えるであろう。

わが『労働情報』は、プロレタリア国際主義の生きた一灯をめざす。闘う日本労働者階級の生活、権利、解放の旗印をめざす。反権力を闘う三里塚、狭山、反原発と労働運動の合流、連合、団結をめざす。いかなる人民日本、社会主義日本をいかにして闘いとるか、共に闘う。

月二回刊は、大きな志に向う、ごくささやかな一歩である。にもかかわらず、それは量より質を問われる。

編集委員会は持てる力で限りなくやるであろう。それは、職場、地域で悩み苦闘する数十、数百万労働者の無限のエネルギーと固く結びつき、依拠できるか否か、その姿勢、思想、方法、作風が決定的に問われる。

乞う、同志的批判、助言、激励、行動。求む、銭。

【『労働情報』第九号、一九七七年一一月一五日】

2　同志たちへの手紙——自信をもって歴史の大道へ

一、

わたしが敗戦の廃虚のなかで、「革命こそわが人生」と決意し、みずからの解放と労働者階級の解放、人民の解放をひとつのものとして革命運動に参加してから、三分の一世紀がすぎました。革命とは労働者階級が主人公であり、その主人公を基礎にした党に加わるというのは、ある自明の前提でした。

階級と前衛、人民と党ということは、水と魚の関係のように、あるいは空気のような存在として、それなくしては闘えない、生きられないと思い、信じ、その旗の下に闘ってきました。

だが、理想と現実はあまりに乖離し、長き党生活のなかで党が労働運動、大衆運動に役立った、プラスする、人びとの導きの星である、自分を鍛え自分の養分となり、とにもかくにも真理と運動に役に立つと思えたのは、三分の一にも満たない期間でした。

あとの多くは、その党に属していることが苦痛であり桎梏であり、およそみずからが加わる大衆闘争の前進のための道具たりえないことの方がより長くつづきました。それを耐えたのは、革命とマルクス・レーニン主義への忠誠心、みずからが革命に加わった原点――すなわち、帝国主義戦争に絶対に反対し、帝国主義を打倒する、人民解放の革命の一戦士たろう、ということに尽きました。

長きにわたって「公と私」が、「革命、組織と個人」が、あるいは「母、家庭と私」が相克し、対立し、きしみ、うめき、悩みにあけくれてきました。

しかし、その数々の経験、実践、そして多くの誤まりと敗北の教訓を、これから生きかつ闘い抜くためのこやしとして、いまこそわたしのすべての力を労働運動を基礎にした革命と党に結晶するときがきたと固く信じます。

退路を断っても前にすすむ。それは、すでに五十五歳でありますから、一時の気負いや興奮ではなく、心を平らかにして、いわば平常心として、そのなかからの飛躍をもとめる心境です。

二、

かく思い、ふたたびみたび、みずからの革命的情熱をかけて決意するのは、第一に労働・生産現場と地域社会における労働者・人民の耐えがたい精神的物質的苦悩であり、きわめて巧妙な搾取、収奪、人間の心・精神をも奪い尽くす管理支配への階級的憎しみと、核・原発が集中的に示した自然・生態系・環境破壊のすさまじい現代ブルジョア文明との対決のためであり、第二に、わたしが歩き、見聞してきた韓国、フィリピンなど新たな日本帝国主義支配下のアジア労働者民衆の、今日の日本では想像を絶する絶対的貧困、隷属、抑圧支配からの根源的解放をもとめるからです。この現実をぬきにして、人間の解放とか真・善・美等々はありえない。

しかも、現在、資本主義史上幾度めかの大経済危機、大不況下に、日本もアジアも世界も、いちじるしい緊張、再編、激突にふみこむにいたりました。失業と飢えと差別――それは日本ではまだせっぱつまったところに少し距離はあるが、にもかかわらず寿町における中学生らの日雇労働者虐殺事件、夕張炭鉱のいいがたい殺りく、そして閉山などは、水俣がしめした生き地獄と本質を同じくし、さらに大きく深く拡大しつつあります。

危機の突破口がない資本主義社会は、中曽根政治が代表する核安保・国防体制の突出と韓国・ASEAN諸国への新植民地支配、そして「第三憲政」、あるいはレーガン政権下の大軍拡と新たな核戦争への瀬戸際政策などの一環として、かつて朝鮮戦争下に「髪の毛一本によって平和が保たれる」という状況に近似したものが、われわれの眼前で展開しています。

三、

日本、韓国、アジアの労働者人民の、あるいは世界の人民の運命を決する歴史の一瞬が近づきつつあることはまちがいありません。

階級闘争は、ある一瞬の実践と対決によって、その後の一時代、一時期の事態が決せられるということがしばしばおこります。

富国強兵・脱亜入欧できた日本資本主義が破滅に突進する歴史の一瞬は、大恐慌→死にものぐるいの労農争議の爆発→「満州」侵略戦争の一九二九〜三〇年に決せられました。そのとき革命勢力が敗退したことは周知のとおりです。

歴史的段階を異にしたうえで、いまそれにある共通した事態が近づきつつあります。

一九四五年八月十五日。あの敗戦の日に、日本人民もわたしも、巨大な歴史の転換を味わいました。その大きな反省を現在に生かすならば、われわれはいま何をなすべきか、問題はきわめて明確です。単純なひとつの問題に行きあたります。

それは、新たなファシズム、新たな戦争、新たな反革命を防止し、対決し、逆転させる勢力と革命主体、すなわち強固な隊伍をもつ階級部隊とその前衛部隊の形成に尽きます。

階級部隊の再建、形成については、労働情報が、労組連が、労研センターが、金属の連絡会議などが、おのおのの努力と連携をはじめ、今春闘でも、全港湾、私鉄中小、日雇労働者、争議団、あるいは大工場、官公労のなかでさまざまな改悪と部隊編成がすすみつつあります。

問題は、まさに前衛隊すなわち党の形成にあります。

十年前いらい、三十五もある新左翼党派の、そのつぎの三十六番目の党をつくっても意味がないといわれてきました。それはまさにそのとおり。

だが、その三十いくつもあった党派の大多数は奈落の底に突き落とされ、自民党、社共の分裂・分解ぶくみの退潮とともに離合集散、分裂・分解・再編は必至です。かてて加えて、転換期をいろどる一方の極――絶望、虚無、反動の廃虚のなかから、「マルクス主義こそ諸悪の根源」なるマルクス葬送派まで（ブルジョワジーやＪＣ・同盟がマルクス主義死滅論をいうのと軌を一にして）横行するにいたり、社会主義革命、マルクス主義、労働運動、党は、日本近代百余年のなかでも、大逆事件後、十五年戦争中につぐ底をきわめています。

だが、危機の頂点にこそ新たな芽は育つように、大逆事件の翌年と直後に労働運動の友愛会（のちの労働総同盟）、女性解放の青鞜会、吉野作造の民本主義、あるいは朝鮮の反日闘争が芽ばえたように、あきらかにいま、新たな革命的芽ばえも生まれつつあります。新左翼をふくむ既成・既存の党の危機は、一方では真の党をもとめる、ごく少数ではあるが力強い萌芽をもまた生み出しています。

四、

日本共産党創立より六十余年、新左翼が生まれて二十余年。われわれはさまざまな実践と無数の闘争、経験を積み、血を流し、その苦闘のなかから「これだけは」といういくつかの確信を共同の財産としてきました。

日本階級闘争の豊かな実践――ゲーテやマルクスのいった「緑の実践」を基礎にして、歴史的総括をなしうるにたる歴史的段階をわれわれは経過してきました。

かつて、徳田球一を先頭とした日共が路線は誤っていたが革命的ではあった戦後革命の頃、アジア人の心と中国革命をよく知る竹内好は、「日本共産党は日本革命を主題としない党である」と舌鋒するどく批判しました。

よく考えればまさにそのとおりであり、新左翼もまたそうでありました。日本の革命は、日本プロレタリアート、日本人民こそ主人公である。その主人公である労働者、農民、人民が、何に痛み、何を思い、何をしようとしているか——新旧左翼の党は、そのことを真正面から党のすべてをあげて主題としたことは一度もなかった——ごく一時的、部分的な時をのぞいて。

すなわち、労働者は、人民の多くは、第一にいかに食うか（衣食住）を生涯悩み、第二に、みずからの魂・精神の問題として、いかによりよく生きるか、何のための人生か、のふたつを労働と生活と人生の中心においています。

それにこたえられない革命運動、綱領、党、組織とは、人びとにとってはやはり外在的なものにすぎない。よしんばその革命党員が、どんなに潔癖で自己犠牲を恐れず献身的であってさえも、人民の魂とかけはなれた党と戦士であるならば、人びとにとってはやはり「外人部隊」であったのです。

われわれは、みずからをもふくむ労働運動と党のさまざまな誤まりと失敗、そして痛苦の敗北のなかから、しっかりとした歴史的総括をへた歴史的教訓を学ばなくてはならない。

毛沢東と中国共産党が、ホーチミンとベトナム共産主義が、カストロとキューバ共産主義が、ロシア革命とレーニン主義をもとに打ちたてた国際主義と土着性、その階級性と民族性との統一をなしとげたように——その後の変質、挫折、後退等の教訓とともに——、われわれもまた、宮本顕治や黒田寛一流自主独立派、日本派と決定的に異なるマルクス主義の普遍性と日本階級闘争の実践の結合——すなわち日本共産主義を打ちたてるべき歴史の岐路に立っています。

すべての問題が解けるわけではない。が、これだけは確信をもっていえるという思想と路線を共同で打ちたてるべきときです。

そしてまた、成功した革命がすぐれて高い革命道徳に裏づけられたように、参加するすべての戦士たちが、みずからの内発性と自発性において「革命のために生き、革命のために死す」に象徴される日本の革命道徳を運動の根幹にすえ、きずきあげるべきだと確信します。

思想的政治的へゲモニーと道徳的へゲモニー。このふたつを握り、武装し、人民の魂と前衛がひとつにとけあい、結びあうならば、われわれはかならず勝利する。

日本よりマルクス主義や左翼勢力がはるかに弱いアメリカ帝国主義下で、その巨大な文明の行きづまり、沈滞、混迷、あるいはその廃虚のなかから反核百万人運動が立ち上り、根強く闘いつつあるが、そのなかの前衛的メンバーたちは次のようにいっています。

「自信をもて
　自分の力をためせ
　語りかけよ
　大きなことを考えよ
　あきらめるな
　答が出るまで待つな」

これはまさに、われわれが闘い、歩き、生活するその実践のなかからつかみとった革命的楽観主義と根本的に共通するスローガンです。

敵と真向から対決するなかで、労働者の解放とみずからの解放をめざす工場・地域の根拠地、重層陣地をつくり、守り、発展させ、そのうえにかつ終局の目標をかかげて追求する。すなわち、日本労働者階級の解放とアジア人民の解放。日本帝国主義の打倒と社会主義日本。そこをめざすわが同志たちが、豊かな志と燃える革命的情熱、忍耐、犠牲的精神、あるいは名誉も金も地位も生命をも惜しまない、その革命的気概において、ひとつの志、ひとつの思想、路線、ひとつの組織の旗の下に結集しよう。

八五年体制へむかう階級闘争の激突が世界的にも日本でもはじまっているいま、前衛形成のときはいまである。この歴史の一瞬をとりにがすならば、悔いを千載に残すでありましょう。

巨大な労働者階級の多数者を組織する階級部隊の隊伍と固く結合し、その前衛を司る党形成の準備のために、先進的、革命的労働者がまずたちあがり、「労働者共産主義委員会」（仮称）を共同の事業としてまず組織しようではありませんか。

この委員会は、（一）当面する実践について正しい政策、戦術を提起し、かつ意志を統一して実践的に共同して闘いぬき、（二）いかなる革命をめざすか、その思想と路線形成を、そして、（三）その革命のためにいかなる党を構築するのかを共同で探求し、ねりあげることを自力更生でめざすとともに、思想・文化戦線や、志を同じくする党派や活動家――建党協議会など――とともに党形成のために思想的、理論的、政治的、組織的一体化をめざす努力をはじめようではありませんか。（一九八三年九月）

〔附記〕この一文は、八〇年代の嵐と革命の時代にそなえて、階級部隊と固く結合した党形成をめざすべく、労働戦線の戦列でともに闘ってきた同志たちに訴えた手紙です。

3　いま、新たな革命党を！――新たな出発にあたって私の決意

一、時代の転換期

時代が人をつくり、人が時代を切り拓く。

歴史の舞台は大きく転換する一瞬にさしかかった。その特徴は戦後期を画する右旋回であり、その思想は新国家主義、新たな国家と民族論である。

日本資本主義の新段階は、労働者階級を上から強烈に再びみたび分裂再編しつつある。ＭＥ革命を先頭とする産業再編成は、高成長期の労働力配置を大規模に流動化させ、一握りの管理・上層労働者と派遣労働者を先頭とする膨大な底辺、下層労働者に両極分解が急速にすすんでいる。それは日本型労資関係の基本で敵の強力な武器であった年功序列・終身雇用・企業別労組を、敵がその内部矛盾によって自らくずし再編することにほかならない。

政党、労組、大衆団体は五五年体制下のあり方から、八五年体制といわゆる嵐の時代に対応すべくすべて再編成に入っている。自民党、民社党、社会党そして共産党は党綱領の部分的或いは全面的改訂をとげたか、とげつつある。その動きをいち早く先導したのは独占資本＝労働組合であり全民労協の結成と綱領的文書としての基本構想であった。社会党の新宣言はそれらとまったく一対であり、両者を貫いて、この百年間に階級闘争の曲り角のたびに必ず登場した搾取と階級の消滅論であり階級闘争無用論の新版にほかならない。

社会党は、かつて毛沢東が世界最強の人民の敵アメリカ帝国主義と闘ったことをさして「西欧社民

とちがう不思議な党」といった。

その直前に西ドイツ社民党は、マルクス主義を全面放棄したバード・ゴーデスベルク綱領にふみきっていた（一九五九年）。この綱領的大転換は、その後ブルジョアジーの党キリスト教民主党と連合、連立政府をつくる戦略的布石であり右旋回であった。

二、党の役割

社会党・総評ブロックはいまや死に体になり、かわって社会党、全民労協ブロックが生まれつつある。社党左派は、向坂協会、太田協会、平和戦略研、新生研みな分裂、分解・再編しつつある。その基盤であった総評とくに官公労は全逓、動労等とともに、総評ご三家の自治労も一線をふみきって確実に分裂再編成に入った。今夏の各単産大会は一斉にそのことが顕在化するであろう。ひきつづいて総評最後の財産である県評、地区労にも波及することが必至である。

その突破口は、この一月の社会党大会と新宣言の採択である。

ダメな社会党は、ここでは一変して強い社会党――各級議員、労組役員の人事、カネ、ポストをすべてとりしきる――となって強圧化し、恫喝する。

いまの労働戦線再編成について、多くの活動家・幹部は労働四団体や労組のみをみている傾向が強い。だが、それはきわめて一面的な見方だ。その深層は第一に日本ブルジョアジー・自民党、具体的には中曽根・後藤田、瀬島らが主導権をとっている。中曽根は今夏に代わっても後者の役割は生きのこるといわれる。

第二は、これと連動した政党、政派、民社、日共、とくに社会党が果している役割りだ。国鉄解体化は、自民、社会党と総評、国労首脳らが真犯人であり、「民営一元」か「民営分割」かという独占内部の二つの流れとその一方とくっついた労働戦線の利害の対立が主導しているのだ。

三、敵の戦略と我々の布石

自民党は「八五年体制の戦略的課題」として次の三つをあげた。（一）労働組合を敵対者ではなくパートナーとしてとりこむ。（二）全国に噴出した住民闘争も同じようにとりこむ。（三）野党を連合・連立にとりこむ。これに敵対する勢力として、大衆に影響力をもつ新左翼（それも一時代の役割、機能は終り大きくかわりつつある）を断固として排除、きりすてるか、弧立させるか、内部分断するという大方向である。

新たな社会主義と労働運動の結合、革命運動の再建、新生をめざすわれわれの課題は何か。

第一に歴史を画する革命党の創立である。

第二に創造的な階級的労働組合を生みだすこと、組織的具体的には「新生総評」をかちとることであり、新たな大衆闘争を通じたいわゆるゼネラル・ユニオンの形成である。

第三に職場と地域を一つのものとしてとらえ労働運動と住民闘争の結合である。

この詳細はいずれのべるが三つの要こそ、階級部隊と固く結びついた「新たな党」である。

日共―新左翼は、六〇余年の歴史を通じてついに階級と前衛、階級と党の関係について二つを弁証法的に超克できなかった。その歴史的実践は、「大衆に忠ならんとすれば、党に不孝」になり「党に忠たらんとすれば大衆に不孝」となることが圧倒的であった。

議会主義・修正主義におちいった今日の日共のなれのはて（まだ良心的戦闘的部分は長い伝統の中で

残ってはいるが）、内ゲバに代表され、或いは街頭と労働運動のあいだを常にゆれ動く戦略的日和見主義の新左翼の多くはその冷厳な事実と結果である。

そしてまた、われわれもそのいくつかの成果と共に根強い大衆運動主義を克服しえなかった。

四、私の決意

時代の政治的枠組みは激烈な階級闘争の結集に規定される。今年から来年にかけて、体制側は上からの国民戦線、保革大連合形成をめぐり、革命勢力は、自らの階級的・前衛的自立と下からの左翼大連合がどこまでどのようにつくるかをめぐって激突する。

われわれは戦略的構想力をしっかりとたて、その戦略的布石と展開を全力で闘いぬこう。今は小さくとも末広がりの一石を見事に投げきらなくてはならない。その鍵は「党」であり正しい思想路線の確立と、なにものも恐れない革命幹部団の結集である。

量は少なくともすぐれた質をかちとろう。私はもてる経験とエネルギー、革命の心（仁）と頭（知）と身体（体）のすべてを新たな階級部隊と前衛隊＝党形成に投入するつもりである。十年間にわたる『労働情報』編集人を、私の強い希望でおりたのもその為であり、当面は労働情報組織委員会が新たに新設され、その仕事も大きい。

私は、五八歳になったが、「第三の人生」――職場、地域でへばりついて闘い五回の首切りと二回の日共除名の十八年間が第一の人生、東京にでて初めて党中央幹部や全労活、労働情報などの全国労働運動を闘ったこの二〇年間が第二の人生――にむけて静かに情熱を燃やしている。

革命運動四〇年にして、最初の初心――生涯を革命に献身する職業革命家――に再び復帰できるのは、身にあまる光栄であり、人生最大の喜びである。

私は大いにやる気でいる。

志を同じくする全国の同志達よ、不退転の決意で前へふみだそう。


【『革命の炎』一九八六年一月二五日】

4　四〇年の見果てぬ夢――労働者が天下をとるまで闘いぬく

＊難局に強い運動者、危機に強い革命家

階級闘争の転機は、そこで闘う人びとの人生の転機でもある。

「危機に強い政治家たれ」。昨今、中曽根康弘は己の政治生命をも二重映しにしてその信条を語った。しかり。われら階級戦士は内容を一八〇度異にして「難局に強い運動者、危機に強い革命家」たることを問われている。

いま、ブルジョア陣営とそれに限りなくすりよる戦後革新勢力右派の中で、元日共党員、左社党員がめだっている。指おり数えればすぐに二～三ダースの名があがる。

私たちと同世代のかつての仲間たちは、太平洋戦争―革命的高揚期に、社会主義、共産主義、革命と労働運動こそ明日の日本人民の道であり、搾取、抑圧の廃絶＝労働者階級解放の闘いこそ最も偉大な事業であると目覚めた。一生をその道にと青春の情熱を限りなく燃やして実践に献身した。

私もその一人だった。戦後、己の生き方を決定づけたのは、帝国主義戦争への志願兵としての従軍、三人の兄の戦死の体験の上に反戦・反日本帝国主義に命をかけて絞首台に消えたリヒアルト・ゾルゲと尾崎秀実の壮絶な生死であり、尾崎が最愛の妻子へ獄中から送った書簡集『愛情は降る星のごとく』であった。

共産主義、マルクス主義の正しさを確信したのは毛沢東の「持久戦論」であった。

そして革命戦士の理想、モラルは、レーニンの「万人パンを得ざるの時、一人の菓子を食らうを許さず」がもっともぴったりした。

＊人間の顔と魂をもった社会主義へ

私の世界観と人生観の統一、革命運動、労働運動、人生の初心である。

労働者階級と被抑圧民族の解放、人間の顔をし、人間の魂をもった社会主義、その大理想のためにこそ、なくてはならない武器、道具として党があり、労働組合があり、統一戦線がある。なにより解放を求める労働者に役にたち、思想、路線の正しさと前衛的機能を実践で大衆にためされた党、それと有機的に結合した職場と地域の砦である労働組合。理想と手段、階級と前衛の統一、労働者が主人公である労働組合と党……。

だが四〇年の運動と組織の実態はごくわずかをのぞき大半はことごとく逆であった。その結果いま、社会主義、マルクス主義、労働運動、党、そして革命は、すべて「神話」「空語」と全否定する流行現象が逆巻いて大合唱がおこされ、かつ唱和がされている。階級・前衛主体の危機は底をはいつつある。

＊多数者獲得のために「命がけの飛躍」を

一方、敵もいまを敗戦につぐ国難ととらえ、その突破のために国民的統合路線の戦略、戦術を懸命に展開している。「冬の時代」はどこかの諸君の大転向をおおいかくす言葉ではなく、敵、味方を貫いているのだ。だからこそ互いに階級と政治主体の命運をとして「命がけの飛躍」にいどんでいるのだ。

われわれは現代社会主義と新たな労働運動の結合、労働者階級の多数者獲得の戦略と、いまの後退局面の戦術的突破、そして歴史的総括をふまえた従来の水準をこえる労働組合・党組織論の確立を早急に問われている。階級闘争と労働運動の全体性が問題なのである。

私は、準備期いらい『労働情報』の先陣で十年間闘った。人生で最も長い職歴であり、思想と実益のまれな一致であった。感謝あるのみである。が、選手交替のしおどきであり、自らの意志で新たな戦線と任務につくが、その一環として新設された組織委員会の仕事もになう。

私は五八歳になった。第三の人生の始まりである。四〇年の見果てぬ夢が現実になるために日本プロレタリアートが天下をとるまで志を同じくするすべての同志、戦友と団結し、あと二五年生きて、命ある限り闘うと勝手に決めている。

私は革命の一オルガナイザーとして、鍛えた心、知、体をもって新たな仕事につく。スクラムを組んで前へ進もう。

「春はまだかと問う人に、冬はしばしと答うべし」（国分一太郎）。長い間有難うございました。

【「編集人辞任にあたって」『労働情報』一九八六年三月一日】

5　同憂同志の皆さんへ――「天下の目・天下の耳」通信発行によせて

① いまの時期は、一八六八年の明治維新革命、一九四五年の敗戦・戦後大改革に次ぐ大改革期といわれています。

私達の世代は、戦後民主主義革命の疾風怒濤の時代に参加し、五五年体制の転換を、そして六八年の世界史的激震をくぐり抜けてきました。

既成の大勢力、三〇〇万人もの陸軍や、大地主制が一挙になくなり、天皇は現人神から人間になり、逆に極少数派が新たな主流派、多数派に押しあがるなど、極めてダイナミックな階級闘争を経験し、人生に刻印してきました。

明治維新は、憲法制定まで二二年間も右に左に揺れ、戦後は、池田内閣の所得倍増政策まで十五年間かかってやっと安定した、と後藤田正晴は歴史総括しています。

② 四〇年近くつづいた自民党政権が崩壊し、細川連立政権が生まれてから七年、この間に内閣は六回も替わる――サミット諸国でただひとつ――政治再編は激動中で、あと二～三回の総選挙を経なければ次の枠組みは定まらないといわれています。

しかし、その改革主導権は、大企業と新保守革命派によるものでした。政治・経済・社会・文化そしてマスコミ等「白い革命派」が次々と仕掛け、その旗手は小沢一郎、石原慎太郎、鳩山由起夫らであり、八二歳の中曽根康弘がニラミを効かせて「国家戦略」を説き、あるいは民主党・松下政経塾派や自民内新右派と小沢自由党を連ねる「新帝国主義新党」もうごめいています。

憲法改正問題が最大の焦点にせり上がり、次の総選挙の争点は憲法、特に第九条だが、自民党派閥領袖の山崎拓は、草案の段階で自民、民主は分裂する可能性がある、といっています。

③　憲法危機を頂点に、戦後民主主義は右へと傾きつつ歴史的岐路に立っています。
左翼は、自己革命と再編成で大きく立ち後れてきましたが、昨年のガイドライン＝戦争協力法、国旗国歌法、盗聴法、住基台帳と、上からの連続突破の中で、危機感は高まり、五月の戦争法反対集会では、六〇年安保以来の左翼大結集が実現。共社代表に婦民クラブ、一〇〇〇万人署名らが挨拶。

日共は、国労革同の新版民同右派化や民主党へのゆきすぎた擦り寄り等議会主義純化右傾の一方、宮本体制は一掃。拠点の民医連（四・六万人）は、「党が強くなれば医療は良くなる」式の守旧派と非営利・協同理論派との思想闘争で後者が勝利したのは注目すべき一石です。

中核派系といわれた小西誠（反戦自衛官）は、内ゲバ、軍事主義批判、大衆運動の自立、左翼の大統一戦線など私と共通の見解を公表したのも別の一石です。

新旧左翼はようやく革命的改革の芽を生み大再編、大連合の好機到来です。

④　いま、新帝国主義・ナショナリズムの制覇か「左への回天」か、「歴史の一瞬」（とくにこの五年前後）の時です。
「新たな戦前」への大右傾化に反対し抵抗する人々は「堅くふんでも三割はある」（鶴見俊輔）といわれるが、その民衆のエネルギーを結集し、内外の「人類の敵」と闘うときです。私達は、この一〇

年余「明日を拓く」に拠って協同労働・相互扶助の協同社会、労働組合と生活・生産協同組合、市民運動の結合による地域社会の変革、都市と農村の新たな連携やキューバ革命連帯などを展開し、あるいは日本労働運動の戦略問題を提起してきました。

左翼大連合のためには、職場、地域の拠点と共に、思想・政治から様々な変革のための運動のイニシアチブ・グループ形成を不可欠とします。その実践のための理論、戦略戦術の理論誌はなくてはならない武器です。

従来の枠組みを思い切って越える内容、形態にすべく協同の準備が必要です。

その推進力としてネットワーク形成のために『明日を拓く』通信をまず作りたい。

「回天の事業」を一緒にやりませんか。私は半世紀余の革命運動のひとつの決算として頑張るつもりです。

【『明日を拓く』二〇〇〇年八月一五日】

6　コレコン——今日のイニシアチブグループと横断左翼

＊半世紀余の統一戦線運動

私は、戦後民主革命に、一九四七年参加して以来、現場生活と党専従（日本共産党・共産主義労働者党）、労働運動（産別会議・東芝堀川町工場や総評全金支部等）、生協運動専従（川崎生協─現コープかながわ）として、全力で闘い、駆け抜けてきた。その中で、日共から除名二回、資本・権力、そして左翼党派や民間等から首切り五回の〝刀傷〟を受けた。

私は、若き日から、フランス等の人民戦線（根本的な問題点があったが）、フランス・イタリア等の武装レジスタンス、中国の抗日統一戦線に強く共鳴し、統一戦線を長く追求してきた。その工場版、地域版、労組と生協を両輪とした社会主義の三結合をめざしてきた。

一九七〇年には、全労活（全国労働組合活動家会議）、七七年には、「労働情報」（高野実が主宰していたものの復活・新生）の組織者だった。同志たちと共に、社会党左派の　部や高野派等と「プロレタリア統一戦線」を本気でめざしたのである。

だが、現在から振り返ってみると、当時の歴史的状況、日共と新左翼の間、あるいは、社会主義協会との間における相互の「反革命」規定や「敵対矛盾」規定による激しい対立、中央集権制の組織論に私たちもとらわれていた。国労革同や全日自労、あるいは、民同左派の一定層もマル生闘争（生産性向上反対闘争）やベトナム反戦ストを闘ったことなどを総体的にとらえ、統一戦線を働きかけて組むことをなしえなかった。一定の成果もあったが、主観的願望はとにかく「左翼セクト主義」的に「偏っていた」。

＊冬の時代と新生事物としてのコレコン

今回のコレコンは、その枠組において格段の違いがある。実体はこれからであるが、全労活や「労働情報」当時は考えもせず、ありえなかった潮流の人々の連合であり、今日の多様なイニシアチブグループと横断左翼のネットワークをめざすものと私は思っている。

コレコンは「これからの社会を考える懇談会」の略称で、いたって「穏和」で当たり障りのない名称である。アメリカ帝国のネオコン（新保守主義）は、チェイニー副大統領やラムズフェルド国防長官ら右の実力者がのったことから、アフガン・イラク侵略戦争の推進力となった。それへの対抗名称だと半ば冗談で語られてきた。だが、その志は大きい。

コレコンは長く深い左翼の危機のどん底から生まれた。その人々は「六〇年安保世代と六八年世代の混淆」「新旧左翼の混淆」である。その経過と性格は「私たちは何者であり、何処へ行くのか」（川上徹コレコン合宿レポート、04・9）が要領よくまとめている。

＊「新日和見主義」派と社会主義協会

コレコンは大別して三潮流から出ている。そのうちの二つは以下の潮流である。

① 七〇年前後に史上最盛であった民青（日共指導下の民主青年同盟は二〇万人もいた）の「新日和見主義」派（宮本顕治の命名）には、七二年の中央委員会一〇八名中七八人が参集したが中枢部はすべて処分され、解任された。川上徹の『査問』（筑摩書房）は文庫版も含めて二・六万部というこの種のものとしては異例に売れたという。「新日和見主義」派の層の厚さを示している。当時、連携していた幹部には、広谷俊二（党書記局員、青年学生担当）、山川暁夫（川端治）、細井宗一（国労革同キャップ、日共労働運動の「顔」）らがいて、各戦線に共鳴者がかなりいたこと等、今回初めて知り、長年の謎がようやく解けた。

「新日和見主義」が、同党で戦後何回も起こった批判・反対派と最も異なる点は、綱領や路線への批判即脱党（玉砕）コースをとらなかったことであり、民青中央委員は罷免されても党籍は残っている人が多いことである。

一九七〇年の人民的議会主義は、「議会・選挙のみ主義」となって、院外の大衆闘争、下からの戦闘的労働運動を「放逐」した。その典型が数年後の「教師聖職論」であり、「スト罪悪論」ともなって、教職員の多くの支部は、文部省と日共の「共闘」で、スト権が一〇％台におちこんだ。右派の牙城であった鉄鋼労連でさえ五〇％前後をめぐる攻防であったのに。

民青中心者達への反人権的査問とその後の除籍、さらに同党の「良心」として党内外の信望を強く集めてきた哲学者・古在由重氏らの名誉回復は、同事件の再検討と共に、同党の信頼回復のために是非とも行われるべきであろう。

② 明治の社会主義者が結集した「社会主義協会」はすぐに権力の弾圧で解散させられた。日本マルクス主義者は、一九二二年の日本共産党創立に多く参加したが、数年後にモスクワのコミンテルンの指導のありかたや二七年テーゼをめぐって理論的に分岐し、政治的に対立し分裂した。労農派マルクス主義グループは、堺利彦（日共初代委員長）、山川均、荒畑寒村、猪俣津南雄らを中心に形成された。敗戦後は、亡命一六年から帰国した野坂参三の歓迎国民大会（一九四六・一）は、山川、荒畑が提唱し、たいへん盛り上がったが、日共・徳田書記長らと社会党の実力者、右派の西尾末広ら両極からの反対で実らなかった。一九五一年に社会党が左右に分裂した時、山川均、荒畑寒村、鈴木茂三郎、向坂逸郎らの理論家や政治家と高野実ら総評幹部らが「社会主義協会」を結成した。六〇年三池闘争の主力は宮川組合長を中心に協会派の塚元敦義、灰原茂雄らであった。

その三池闘争の職場闘争、総学習運動や「社会主義の魂」を引き継いだのが国労であり、岩井章を中心にした協会派が民同左派として主流を担った。ちなみに、もうひとつの左派、革同の総帥、細井宗一は総評日共派の代表であり、川上徹ら「新日和見主義」派が最も信頼したリーダーだったが、同事件で日共を離れた。彼の位置の大きさからか、日共本部や国労革同は真相にふれず、「新日和見主義」派の「口も堅かった」。

協会派は七〇年代に社会党を二分する大勢力となったが、それをめぐって党内の左右抗戦が頂点に達し、以後、協会派は「研究団体」に転じた。だが、「労働大学」が自治労本部にあったように、自治労、国労など官公労系や党地方組織に根を張ってる。

山崎耕一郎は、社青同委員長を六年務め、今は、協会代表代行。その思想と理論はレジュメにあるように総括と自己批判を深めつつ、「賃労働と資本」の定点はゆるがない。

「全戦線に横断左翼を！」の提唱は、一九二八年に猪俣が行ったものである。

＊第三潮流——旧「新左翼」系

③　新左翼、独立左翼系が三つ目の潮流である。ローザ・ルクセンブルグ、トロツキー、グラムシ、毛沢東などに依拠しつつ、反戦青年委員会運動、全共闘運動を担い、ベトナム反戦闘争を街頭闘争で闘い、六九―七〇年学園闘争を闘った。東水労等は青年部として加わっている。

「人民の力」は新左翼ではなく、協会太田派から左へ自立した独立左派で、今も国労の一角で健闘している。〇四年秋には韓国労働運動の連帯行動を展開した。

新左翼は、六七年秋の二回の羽田闘争、六八年一月の佐世保エンタープライズ反対闘争、三月の王子野戦病院反対闘争、六月と一〇月の新宿米軍タンク輸送阻止闘争、また、三里塚闘争（成田空港反対闘争）を闘った。そして、一躍世の耳目を引きつけ、「社共を乗り越える（社共に代わる）」勢力として、彗星の如く登場し、青年、学生、知識人のかなりの部分の期待を集めた。

しかし、思想と路線の「復古主義」とゆれ、一定層の武闘傾斜、とくに、内ゲバ（赤軍派のリンチ事件、両革共同の抗争など）で隕石の如く落下する。それには、その極度の中央集権体質を利用した権力・公安の操作がかなり効いている。

コレコンには内ゲバに反対してきた流れの系列に属する人々、また、まともな自己批判とその後の実践を経てきた人々が加わっている。

数年前から左翼の歴史の根本的見直しの一環として、「アナ・ボル論争」の再検討が行われている。戦前以来の講座派マルクス主義と労農派マルクス主義の対立分裂の歴史も、従来とは異なる思想性や観点から歴史的再検討が問われている。新左翼にもつながるこの問題は、思想・理論と共に、政治、運動、組織にも関わっている。

＊コレコンの出発点――三池写真展

コレコンの出発点は、東京の三井三池闘争写真展（〇一年）とその一環としてのシンポジウム「三池闘争と現代」である。

そのメンバーにはかつてなかった幅の結集があった。すなわち、

開会の言葉・司会／中野義人（東水労）、津和崇（賃金問題研究家）

主催者挨拶　樋口篤三

①簡単な闘争経過の説明／山崎耕一郎（社会主義協会）

②三池労組の主張／山下開（元三池労組書記次長）
③総評・炭労の主張と行動／田中勝之（労働大学）
④三池闘争と安保闘争／川上徹（同時代社）、宗邦洋（被指名解雇者）
⑤三池闘争後の労働運動・労使関係／栃原裕（東水労）

＊東北アジアの牽引車――韓国民衆の闘い

韓国資本主義は、サムスンが同産業の日本資本をすべて上回って世界一の企業となり、鉄鋼、造船等でも日本独占資本に並び立つなど、その躍進はめざましい。

一方、これに対する労働運動、左の政治運動は日本のそれを遙かに追い抜き去っている。

東北アジア共同体についての戦略的構想力と実現化へのヘゲモニー力は日本の運動に最も欠けているものである。このことを痛感し、共鳴したのが〇三年一〇月の池明観（チ・ミョングァン――宗教哲学者、元東京女子大教授、ノ・ムヒョン大統領就任演説起草委員長）の講演「T・K生の時代と『いま』」であり、〇四年一〇月一日の劉徳相（ユ・ドクサン、全国民主労働組合総連盟前首席副委員長）の講演「胎動する韓国社会と労働運動の『いま』」であった。この二つの講演会は、コレコンメンバーを主とする実行委員会が呼びかけて行われた。

池明観は、一九七〇～八〇年代に、岩波書店発行の「世界」に、T・K生の筆名で、軍事独裁下の韓国における決死の闘いを伝え、軍事独裁政権を告発して、自らも「生命がけ」の執筆を続けて、日本の知識人や労働者に大きな感動と影響を与え「世界」の評価を高めた。

韓国学生運動の先駆性は、一九六〇年の四・一九革命で一四二人の死者を出しながら、その死を乗り越えて闘い、ついに李承晩《イ・スンマン》買弁独裁政権を打倒したが、労働運動もこの市民革命の炎を引き継ぎ、共通した闘いを続けてきた。

一九七〇年一一月一三日、全泰壹《チョン・テイル》（二二歳）が「私たちは機械ではない」と労働条件改善要求を掲げて焼身自殺した。その後、工場・本社・御用労組事務所の占拠闘争などの体当たり闘争を続け、かつての体制派ナショナルセンター（韓国労総八〇万）に対し民主労総は七〇万と拮抗する勢力となって韓国労働運動全体を牽引している。

韓国の労働者、学生、知識人を貫く捨て身の闘いは、日本の諸運動が失った魂、気迫に満ちている。劉徳相の講演を聞いて〝勢いと迫力〟を感じた。韓国の労働運動、市民運動、政治運動は、いま、東北アジアはもとより、世界的にもブラジル、ベネズエラらと共に、グローバリゼーションに対する闘いの先端を切り拓いている。

＊戦略としての統一戦線

コレコンのこの二年間は、日本労働運動の最高峰、三井三池闘争と「東北アジア共同体」への闘いを共通項としてきたと私は思っている。当面するイラク反戦、自衛隊撤退要求の闘い、国鉄闘争や各種選挙闘争、沖縄の闘いに連帯し、日米軍事一体化に反対する闘い、エコロジーの闘い、等々問題は山積しているが、「いま」を突破する可能性、そのエネルギーは深部からせり上がりつつあるように私には見える。

今こそ、創造的な前衛機能が問われている。戦略的構想力・想像力が問われている。統一戦線は「戦術」ではない。レーニンが社会主義をめざすヨーロッパ労働運動の敗北に直面して気付き構想したプロレタリア統一戦線、中国の抗日民族統一戦線、明治維新と薩長同盟が示すように、革命と戦争を決定づける「戦略」である。

（現在の日共の統一戦線——「全国革新懇」が母体——は根本的に誤っている。もしも革新懇が統一戦線であるならば同党がいま大宣伝している憲法「九条の会」《小田実、大江健三郎、梅原猛ら九人の呼びかけ》は、その一部分にすぎないことになる。その問題点は何か、では統一戦線をどうつくっていくのか、については別の機会にゆずる）

【「コレコン」（これからの社会を考える懇談会の機関誌）第一号、二〇〇五年三月】

第五章　対抗戦略なくして未来なし

1　よみがえるロマン、労働者協同組合——その歴史と問題点

＊社会運動の新しい四つの芽

「冬の時代の労働組合運動」といわれてから一〇年余たつ。「連合」の結成とその後は、危機を乗り切るどころかより深化させている。半面では国労・不当労働行為糾弾支援、原発、湾岸戦争、ＰＫＯ等を通じて新たな改革派も登場している。

危機突破は伝統的な基幹産業労組とちがうところから実践的理論的に懸命に取組まれてきた。

清水慎三は昨年来、社会運動における新しい芽として、①コミュニティ・ユニオン、②労働者協同

組合＝中高年雇用・福祉事業団、③生活クラブ生協型の生協、④外国人労働者の組織化の四つをあげている。

私見では、さらに次がある。いまや社会の政治問題化しているゴミ問題で先進的な沼津方式（七〇年代末に井手敏彦市長〈現生活クラブ静岡理事長〉・行政、清掃労働者・労組、市民の三者連携による分別収集）。静岡市のひまわり労働センター・労組の障害者と健常者による協同労働・相互扶助の前進と、市内障害者団体と労組のネットワークによるその代表の市議当選（九一年）。練馬区職労熱血団による労働者、生活者・生協、市民の連携運動。国労音威子府闘争団を典型とする新たな家族ぐるみ、地域ぐるみ闘争と労働者協同組合など。しかしここでは清水説にそって、その新たな質をみてみよう。

第一は、一九八四年に発足した草分けの江戸川ユニオンをはじめ、〝ビルの谷間でがんばる〟大阪のユニオン〈ひごろ〉、視覚障害者（はり・灸・マッサージ）と東京ユニオンによるハリ・マッサージユニオン等全国各地にひろがっているユニオン運動（『コミュニティ・ユニオン宣言』第一書林）。

第二は、全日自労を母体にした中高年雇用・福祉事業団（労働者協同組合）で、これは世界的にもユニークな失対現場から出発した。いまその団員（組合員）は七〇〇〇人、年商約一〇〇億、その賃金はビルメンテナンス業界では平均以上に達している。同事業団と京都生協、協同総研などによる「いま『協同』を問う」全国集会は、第一回（八九年）目にスペインのモンドラゴン、今年はイタリアからの参加があり、国際交流が広がっている。

第三の生活クラブ生協（東京、神奈川、千葉、埼玉、札幌など一四生協）は、組合員が七万人ともっとも多い神奈川を例にとると、協同組合地域社会の形成と、分権・参加・自治をかかげて、今年度から一一のブロック単協に分立され、別にデポ（荷さばき所＝店舗）にコミュニティクラブ生協がつくられ、また福祉生協の全国的な先端をいく福祉クラブ生協はすでに四〇〇〇人に及んで、一万人をめざしており、ワーカーズ・コレクティブ（労働者生産協同組合）は八二年に「にんじん」という名で生まれて以来、年々増えて九二団体に達している。さらに自治体選挙のたびに注目されるこの生協を基礎にした神奈川ネットワーク運動は、三三地域に二五〇〇人の会員をもち、その代理人（議員）は、神奈川県議一、川崎、横浜市議各三、藤枝、大和、厚木市議各二など、その他の市や町を合わせて二六人に達している。これは食の生協から出発して、多面的な社会運動体に深化、成長したのである。

第四の外国人労働者の組織化については、戦前、在日朝鮮人を全協関東自由労組が組織したことはあるが、その他の組織にはほとんど広がらなかった。昨今も、イラン人や日系ブラジル人などが急速に増加しているなかで、立ち後れは著しい。しかし、全国一般南部支部は早くからこの問題に取組み、それは江戸川ユニオン、横浜港町診療所などに広がり、さらに連合金属機械は「外国人労働者の採用及び同研修生の受け入れに関する協定基準」（九一・一二）を策定した。これは単産として初めてというだけでなく、単産がつくるモデル案として相当の水準に達している、と評価されている（「労法センターニュース」九二・三）。

この新たな四つの芽のなかでも、先にふれた「はり・マッサージユニオン」は、協同組合思想に基づいて自らを障害者生産協同組合と名付けている。いまその組合員は一五〇人、出資額は四五〇万円と、八七年発足当時から倍化している。またその理事長・視労協代表の堀利和は、八九年参院比例区に社会党から立って当選している。

＊主婦によるワーカーズ・コレクティブ

生活クラブ生協を特徴づける大きなものにワーカーズ・コレクティブがある。八〇年代日本におけるワーカーズ・コレクティブの第一号は、女性のみによる「企業組合・にんじん」（宇津木とも子理事長）であった。いらい年々増え続け、九二年現在、生活クラブ神奈川内で九二団体、二〇〇〇人に達している。その業種はクラブ生協業務の請負＝世話役、荷さばき、配達など一五団体、食＝仕出し、パン、スナック、惣菜など四、リサイクル・ショップ四、ほかに昨今は福祉・家事介護が一七団体九〇〇人と急成長している。また技能を活かしたものとして翻訳者が三〇人、編集者が八人などで、第三世界ショップや結婚相談所もある。賃金は時給制で業績の上がっている「にんじん」などは一〇〇〇円に達している。

クラブ神奈川は、二〇周年を記念して、イギリスの労働者協同組合を紹介した『ワーカーズ・コレクティブ』（緑風出版、九二年）の著者セイタリアの他、石見尚、佐藤紘毅（翻訳者）、宇津木とも子らでシンポジウムをおこなった。この会は盛況で、参加者は予想を大幅にこえ、クラブ外の一〇〇人を含めて四〇〇人に達し、女性を中心にした人々の関心の強さを浮き彫りにした。またこの会には、労働者協同組合中西五洲理事長が始めて出席して挨拶し、注目された。先の四つの芽でいえば第二に当る労働者協同組合そのものがワーカーズ・コレクティブであり、また第一の中にもあり、第三の柱の一つもそうであるように、それは新たな思想、運動、事業の芽として拡大上昇していることが、これらの例で分かる。

＊日本における三回目の高揚

日本の労働者生産協同組合（ワーカーズ・コレクティブ）運動は、三回目の高揚期をむかえた。最初は、一九二〇年の測機舎結成を先頭に、都市に波及したものである。その社会的背景は、ロシア革命、米騒動を経て、労働運動では総同盟友愛会が左旋回し、社会主義運動が高揚する。賀川豊彦らの神戸消費組合はその前年に生まれている。

賀川らはまた大工、印刷、作業服などの生産協同組合をつくり、これらは一九三〇年ころには全国的に広がって八〇団体に達したが、そのほとんどは経営管理能力の不足や工場内自治水準の低さなどから長続きしないでつぶれた。

そのなかでも、測機舎は、測量機械の国産化に成功して、労働者は八〇余人に増え、業界のトップメーカーとなった。戦時統制下の一九四三年に軍の「指導」で労働者生産協同組合は解散して株式会社になったが、今日では世界的な精密測量機メーカーに成長している。

第二の波は、敗戦直後の民主革命の爆発的高まりと並行して四五年一〇月「再建合作社必成会」が結成された。提唱者は杉山慈郎（情報局嘱託）らで、戦中にニム・ウェールズが紹介した抗日戦争における生産合作社の成功や、当時のニムの夫エドガー・スノーの話等を参考にその日本化をめざし、賀川豊彦、鈴木真洲雄、松本重治、中西功らの支援をとりつけ、有馬頼寧（元農相）が資金を提供した。

一九四八年三月までに三五〇社以上がつくられ、協会加盟三〇〇社で社員総数六五六〇人、一社平均二二人であった。

片山内閣は合作社の要望をうけいれ、中小企業等協同組合法のなかに「企業組合」法を準備し、翌四九年に法制化された。しかしその時にははげしいインフレとともに、第一期と同じく経営能力の弱さ等で、そのほとんどが解散においこまれていった（樋口兼次「日本における労働者生産協同組合の源流と特質」『日本のワーカーズ・コレクティブ』学陽書房に収録）。

日本の歴史に足跡の記された前二回と比べ、八〇年代以降のその発展はいちじるしい。

この時期のタイプには三つある。

①失業対策現場の日雇労働者を母体とし、昨今は二〇代の青年も入りだしている労働者協同組合＝中高年雇用・福祉事業団である。②生協運動のなかから女性の社会的進出の一環として発展したもので、主婦による多様な業種における「生きがい」と「助けあい」のワーカーズ・コレクティブである。③東芝アンペックス（争議終了後はタウ技研）、パラマウント製靴共働社などの長期争議から工場占拠・自主生産をへて労働者生産協同組合になった（あるいはこれを指向する）ものである。国労闘争団でも次のように波及した。

＊国労闘争団と労働者協同組合

国労は、分割・民営化前後の国家的不当労働行為で一〇四七人が解雇され、それを違法・不当とした全国各地の地労委決定が、中労委で権力的にくつがえされるなかで、当事者を中心に健闘している。そのなかで、北海道五、九州二の計七闘争団が事業体を発足させた。それは次のとおり。

労働者協同組合　音威子府

労働者企業組合　博多

有限会社　稚内、名寄、北見、帯広、筑豊（九二・七現在）

音威子府は名寄の北約五〇キロの地点にあり、家族ぐるみ、地域ぐるみの闘争の典型である。この事業団（四八人）は、生活費目標額の四〇％に当る利益を七人（羊羹三、木工四）で生みだし、このペースで進めば十分に生活資金をまかなえるという。自治体との関係でも施設の利用のほか一村一品運動、温泉旅館・ドライブインでの土産物、他自治体への働きかけ等が行われている。こうした販路の開拓により、当初二〇数名が出稼ぎに行っていたのが、条件の良いところに一〇人行けばすむようになった。

その羊羹は、近隣の十勝平野の小豆を原料にし、後述のワーカーズ・コレクティブ調整センターのオルグらの働きで鎌倉の老舗で技術習得をし、この間に高級品六八〇本、新製品真空入り七三〇〇本を販売した。一時は生産が間に合わないほどで、今は月産三四〇〇本のペースで、さらにそれを高める努力がはらわれている（「おといねっぷだより」九二・三・一六）。また今年二月には筑豊ワーカーズ・コレクティブが発足した。

筆者は一九四九年の国鉄一〇万人首切り当時も現場で闘ったが、こういう発想と運動事業はなかった。労組、生協にも、とくに政党にそのような思想は皆無に近かった反映であろう。

＊ワーカーズ・コレクティブ調整センター

私たちが労働者生産協同組合（ワーカーズ・コレクティブ）調整センターを形成したのは八八年七月のことである。

その目的は二つ、すなわち（1）「社会的に有用な生産・労働」への取組み、（2）ワーカーズ・コレクティブによる諸力の調整であった。構成メンバーは①自主生産・労組、②大学などの技術研究者や現代技術史研究会（星野芳郎代表）、現場技術者、③生活クラブ生協、Ｅコープなど、④中小企業研究者・実践家、⑤自治労、自治体等の有志によるネットワークであった。

その前年八七年に、自治労はイギリスのルーカス・エアロスペース社における社会的に有用な生産・労働の闘い（『ルーカス・プラン――〈もう一つの社会〉への労働者戦略』緑風出版、八七年）の中心者マイク・クーリーを招請した。その講演とスライドは人々に感銘を与えた。その講演を聞いた後、私は東芝アンペックスの都築氏と東大の機械工学、バイオテクノロジー等の研究者の集りに行き、このルーカス・プランの日本化をと訴えた。そのなかには私たちと同じくクーリーの講演を聞いて「目からウロコが落ちた」と共鳴する人々もいて、その場で合併浄化槽（石井式）などの提案があった。

この合併浄化槽は、山田国広（阪大）、宇井純（沖縄大）などの提案と重なり、大阪の金属港合同・田中機械が試作を始め、その後学校向けなどの生産に入っている（「Q――生活協同組合研究第一号――倒産はねのけ自主生産――合併浄化槽づくりで環境生協と接点」九〇・一一）。

パラマウント製靴のシンポジウムでは、東大の機械工学者が高度の数式を使って注文靴の図表をつくって参加者を驚かせた。

東芝アンペックスは、争議・自主生産としては史上トップの賃金（約一九万円）を払い、その裏付けとして高い技術水準を維持してきた。そしてチェルノブイリを契機につくった放射線探知器などの新製品を次々に生みだし、タウ技研となったいまも廃食油リサイクルのためのミニプラント＝せっけん製造機、せっけん高速粉砕機を開発して生協等との提携を強めている。

国労の音威子府や筑豊ワーカーズ・コレクティブは、当事者の懸命の努力に調整センターが協力して成果がもたらされた。調整センターのこうした開発、販売への成果は、当初の目的に比べれば、ほんのわずかのものに過ぎず、この限界はセンター自らの力不足に加えてワーカーズ・コレクティブの現状に大きく規定されている。

生協の主婦などによる福祉、サービス、食べ物、情報、文化等にかかわるワーカーズ・コレクティブは、人間の生きがいと働きがいを求める時代の気運にのり、適当な収入とあいまって、今後大きくのびる可能性がある。

したがって問題は、製造業の分野であろう。

＊一九世紀の生産協同組合

現在の問題点と今後をみるうえで、一九世紀におけるその高揚と没落から、その教訓を学びとる必要があるが、ここでは要点のみにとどめる。

協同組合（生活・生産）の結成と発達は、ロバート・オウエンとその弟子たちの功績である。とくに現代生協の原型となった一八四四年のロッチデール・公正開拓者組合は、一五〇年たったいま日本で全面開花し、第三世界ではこれから開花しようとしている。八〇年代にオランダ、フランス、ドイツなどの西欧ではスーパーに敗北したが。ロッチデールの成功はそのなかから当然、販売品の製造を手掛ける生産協同組合を一八五二年に生みだした。マルクスは、それからかなり遅れた一八六四年の第一インターー＝国際労働者協会創立宣言で始めてこれを高く評価した。そして全面的にその評価を定めたのは六八年第一回ジュネーブ大会に向けた「指令」においてである（マルクス、エンゲルス『労働組合論』国民文庫）。

この「指令」は、マルクスの労働組合論の中心である「労働組合――過去、現在、未来」が終節になっており、その一節前が次に抜粋する「協同組合運動」である。

「（a）われわれは、協同組合運動は階級対立に基礎をおく現在の社会を改造する原動力の一つであることを承認する。この運動の大きな功績は、労働を資本に隷属させる現存の専制的で、貧困をうみだす制度を廃止して、自由で平等な生産者の協同社会という共和的で、幸福をうみだす制度でおきかえる可能性を、実地にしめしているところにある」

「（c）われわれは、消費協同組合よりもむしろ生産協同組合にたずさわるよう、労働者にすすめる。前者は現代の経済組織の表面にふれるにすぎないが、後者はその基礎を攻撃する」

マルクスは七一年の「フランスの内乱」、七五年の「ゴータ綱領批判」でも、協同組合労働、生産協同組合、協同組合工場を高く評価した。論争相手のラッサール派もこの点では一致しており、違うのは後者の「国家の援助」論をマルクスが批判した点だけである。

だが両派が妥協したアイゼナッハ、ゴータ綱領の段階をすぎ、マルクス派単独でカウツキーが起草した九一年のエルフルト綱領と、これに対するエンゲルスの批判にも、生産協同組合や協同組合工場はまったく姿を消す。

＊死滅宣言とその原因

そのことを解く鍵は、ベアトリス・ウェッブの調査報告（一八九〇年頃）で、その頃、イギリスの全土で、生産協同組合は二〇団体くらいにすぎず、かつその力も弱く、生活協同組合は社会的意義をもつが、生産協同組合は社会改革の力にはならない、と彼女によって「死滅宣言」をされていたのである。つまり発達を続ける資本主義との市場競争に生産協同組合は敗北したのだった。生産協同組合の原点であるロッチデールが破産したのはそのずっと前の六二年のことである。

この破産は、マルクスが「協同組合がブルジョア的株式会社に変質するのをさけるために」（前記「指令」（e））と記す二年前のことであった。マルクスは、こうした事情を知らなかったのであろうか。もっともパリ・コミューン（一八七一年）では、ごく短期間だが生産協同組合は一挙に開花してその最高に達したのであるが。

生産協同組合の破綻についてイギリス人のジェニー・ソーンリーが書いた好著『職そして夢』（批評社、八四年）では、次のように言われている。

「協同組合店舗の経営に成功したロッチデール組合は、一八五四年に生産協同組合を設立し、五〇〇台の紡垂と一〇〇台以上の動力織機を導入して、綿織物製造を大規模に開始した。当初は、協同組合共同体の建設の見地から、生産の仕事をロッチデール消費組合の組合員の出資と労働力でまかない、また新たに採用する従業員は同組合店舗の組合員にする計画であった。しかし、現実には従業員五〇〇人のうち出資者はわずかに五〇人に過ぎず、外部出資者に資本を依存した。一八五八年の不況を契機として、労働者の賞与と投資者の利潤配当の要求とが衝突した。結局、一八六二年、投資者の主張がとおり、生産協同組合は利潤追求と配当を目的とするジョイント・ストック・カンパニーに変質した。この時、ロッチデール組合の共同村建設の理想主義的計画は終わった」

つまり出資者が組合員の一割しかいなかったことに示されるのは、生産協同組合の理想と思想そしてその自治が極めて弱かったことであり、これが失敗の第一の原因である。

その第二は、多くの組合幹部が社会主義については大いに語るが、現実の経営、生産については勉強も、努力もせず、経営能力をいちじるしく欠き、市場競争に敗北したことである。日本の第一期も第二期の敗北の原因も、この「経営の危機」にあった。

「思想の危機」と「経営の危機」が重なれば、破産するのは当然である。日本の生活協同組合はいま事業面で大いに発展しているが（思想の危機も深まっていると多く指摘されている）、一九五〇年代末には経営危機が深まり、当時の四大生協、灘、神戸、川崎、横浜のうち、川崎と横浜は不渡手形をだして倒産し、神戸もそれに近かった。

その後、再建、合併を続けるなかで、コープかながわ（川崎、横浜ほかの合併事業体）は、いま連合事業をいれて一〇〇万世帯、年商二二〇〇億円と大規模化し、その本部は大企業の本社ビルのようにそびえている。「経営の危機」は見事にのりきられた。

＊よみがえったワーカーズ・コレクティブ

かって死滅宣言されたワーカーズ・コレクティブが世界的に再浮上したのは、スペイン・バスク地方のモンドラゴンにおける「協同組合の拓く町」の成功であり、それをうけて路線提起した国際協同組合同盟（ＩＣＡ）大会（一九八〇年、モスクワ）における故レイドロウ会長（カナダ）の「西暦二〇〇〇年における協同組合」報告であった。

モンドラゴンの成功とレイドロウ報告については数多く紹介されているので省略するが、その成功の一例をあげれば、モンドラゴンの中心の事業体ファゴール・グループは、労働者七三三一人で、産業用ロボット、工作機械、コンピューター、半導体等を手掛け、とくに家電部門（冷蔵庫、電子レンジなど）はスペインで第一位、ＥＣで第四位の実力をもっている。このグループの年商は一〇六〇億円、製品の三五％を輸出し、利益は三五億ペセタ（一ペセタは一・五円）、中国、ギリシャ、アルゼンチンで工場を建設、管理をするまでに成長している。史上最大のスケールをもつ協同組合の事業体として、思想と事業を一体化させたのである。

日本の中高年・福祉事業団（労働者協同組合）はモンドラゴンに続けと、中期目標に年商一〇〇〇億円、組合員五万人をかかげている。そのためには事業の複合化、高度化、技術力向上、そして社会的には高齢者福祉と高齢者生協、ゴミ問題をアピールしている。今後の前進の鍵は、以上の課題とともに、いま増えつつある青年・女性層をどう引きつけるかであろう。

このことはワーカーズ・コレクティブ全体に共通している。そして、最大の問題は、レイドロウ提起や協同組合の基本的価値（92）などを中心にした協同思想、相互扶助運動と、スーパーなどに拮抗しうる経営の確立という矛盾する両輪を持続的緊張関係とバランスで共存させることであろう。その衝にあたる人、リーダー、幹部層が厚く、かつ優れていることが前途を左右しよう。

本文中の労働者生産協同組合、生産協同組合、労働者協同組合、ワーカーズ・コレクティブは同じものであるが、当事者の呼称等をそのまま使った。

【『労働運動研究』九二年九月】

2　対抗・対案戦略の確立をめざして

＊白い革命家の登場

革命家とは「赤い」のが常識化してきた二十世紀に、十九世紀末のプロイセン（ドイツ）の鉄血宰相ビスマルクを「白い革命家」とよんだのは、キッシンジャー（ニクソン政権下で米中和解を劇的に仕組んだ米国務長官）であった。ビスマルクは、ヨーロッパ大陸の覇者フランスを、モルトケ将軍ひきいる軍隊で一撃の下に葬らせた。そして上昇しつつある社会主義運動を徹底的に鎮圧するとともに（のち妥協して、合法化する）、八〇年代には史上画期的な社会保障政策（失業保険・医療保険・婦人、児童労働保険）を行い、二〇世紀の福祉国家の原型を作った。それらをさしてキッシンジャーは「白い革命家」といったのである。

現在の日本で、上から強力に進められている一連の「改革」政策は、「新保守革命」といわれる。その最大の統領小沢一郎をさしてリベラリスト國広正雄は、和製「白い革命家」として指弾してきた。（『小沢一郎探検』朝日・政治部、九一年）

五五年以来続いた今までのやり方では駄目だと多くの民衆は肌で感じ、支配階級――巨大資本・官僚・保守政党・マスコミの多くもそう感じ認識しつつある。

その気運をとらえ先行して国家戦略を「日本改造計画」として体系的にまとめ戦略展開しているのが、小沢一郎とその一党・新革新官僚群・大資本の一定層である。

＊対案戦略

現代日本の左翼は、ソ連・東欧型社会主義の崩壊と、「社会主義敗北・死滅」の大合唱におされ、思想的理論的混迷と、とくに労働組合運動の戦後かつてない危機下に戦術的、組織的対応にのみ追われ二一世紀への戦略的構想力を失っている。対抗・対案戦略をその以前から提起してきたのは、「民衆的対案戦略」（戸塚秀夫）、「対抗社会――平等・連帯の協同社会」（清水慎三）であり、小沢戦略との対決をめざした「新福祉国家戦略」（渡辺治、木下武夫ら）等である。

だが、それらはまだ政治・社会運動に転化せず、社会主義と労働運動の結合をめざした運動は「社会主義」の内実を失い労働運動の理想と目標を失って、大海を漂流している。

私たちは、イギリスの「ルーカス・プラン」――社会的有用の生産・労働に触発されて「ワーカーズ・コレクティブ調整センター」を一九八八年に発足した。自主管理労組・労組オルグ・生協活動家・工学部や社研等の東大助手・現場技術者等によってその後を歩んできた。また国際協同組合同盟（ＩＣＡ）による、協同組合地域社会の提起への共感等を契機として「協同社会研究会」を九三年から始めた。労働組合・生協活動家、農業労働者、研究者等が構成メンバーである。

＊協同社会の復権

「労働・協同・地域」についての「労働」は、本書所収の戸塚論文に、ルーカス・プランの歴史的背景と日本での取り組みのデッサンが語られているので省略する。次の参考文献をも学ばれたい。『ルーカス・プラン〈もう一つの社会〉への労働者戦略』（解説・戸塚秀夫、緑風出版、八七年）。戸塚秀夫『労働と生産の社会的意味転換―労働者へゲモニーの模索』（自治総研ブックレット、八八年）。

協同社会については、その目標は同じであるが、協同社会とは何であるのか、その形成は誰がどのようにして、などの問題についての議論はこれからであろう。戦前賀川豊彦によって提案された源流はあったが、なにしろ日本ではこの提起と討論そのものが初めてであろうから。

「協同社会」は、九三年頃から学者・研究者と実践者の双方から出始めたことが特徴的である。たとえば、田畑稔（大阪「唯物論研究会」編集長）『マルクスとアソシエーション』（新泉社、九四年）。大藪龍介（富山大教授）『社会主義像の展相』所収「過渡期国家像の再構想」（世界書院、九三年）。小塚尚男（生活クラブ生協・神奈川理事長）『結びつき社会――協同組合その歴史と理論』（第一書林、九四年）

田畑によればマルクスは未来社会を「ひとつのアソシエーション」と規定したが、その「アソシエーション」の日本語訳は、マルクス・エンゲルス全集だけでも次のようにバラバラの訳語になった、と指摘した。

協同すること。協同組合。協同生活。協同団体。協同関係。協同組合。協同的結合。協同社会。結合。結合社会。結合体。集団結合。連合。連合社会。連合体。結社。協会。組合。連帯。団体。

これは単に日本マルクス主義の理論的不統一、あるいは統一訳語が無かったというだけのものではない。アソシエーション概念は、抹消され続けてきたが、田畑はその基本的理由として、マルクス死後の社会主義、共産主義運動の中心的方向が、歴史的諸条件下に実践面でも理論面でも「国家集権的性格を持ち続けた」ことにあるという。

それはまた協同思想を生み協同社会をめざして実践したユートピア社会主義、とくにロバート・オーウェンなどを、科学的社会主義――「正統派」マルクス主義が「科学」におとる「空想」として扱ったことと一体であったろう。

大薮龍介は、「アソシエーション」を「協同社会」「協同組織」と訳した上で、一八七〇年代の円熟したマルクスが、未来社会の根幹を「協同組合型社会」としていることに改めて注目する。「社会の経済的編成の軸は『協同組合的生産』であり『協同組合的所有』であった。そして『協同組合の連合体』が『ひとつの共同計画』に基づいて全国の生産を調整し、こうしてそれを自分の統制のもとにおく、そうした方向に向かって社会的生産を組織する」

この協同組合型社会と一対で国家の基体となるのは、「コミューン（地方的）自治体であった。国家はコミューンの全国的連合体であった。社会についても、国家についても、比較的規模の小さな自治的団体が編成基軸とされていることに、改めて止目したい」（大薮『過渡期国家像の再構想』）

この「協同組合型社会」と「コミューン」というマルクス再評価は、今日につながる問題である。

＊協同組合地域社会の実践と世界への提起

国際協同組合同盟（ＩＣＡ）モスクワ大会（一九八〇年）における故レイドロウ会長の「西暦二〇〇〇年における協同組合」は、国際協同組合運動史上で非常に秀れた、歴史を画する問題提起であった。

それは、①飢えた第三世界に、飽食の北が食糧、農業で連帯する。②労働者生産協同組合。③社会的に有害なものを扱わない。④協同組合地域社会の形成を世界の協同組合に呼びかけた。

レイドロウ提起の重要さでひとつ確認しておきたいのは、これは協同組合の分野だけではなく、労働組合や社会主義にも共通する普遍的価値を持つものであるということである。ここでは、協同組合地域社会、スペイン・バスク地方のモンドラゴンの協同組合地域社会とマルクスの協同組合型社会が、期せずして一定に共通していることに注目したい。

＊日本の土壌――協同労働・相互扶助

ただし、日本で実践的構想力をたてる場合、思想の共通性は持つが、日本の歴史的土壌に見合ったことの上に、また地域社会は一つ一つが歴史、産業、性格の違いを持つことを前提に取り組むべきであろう。

日本にも「協同労働・相互扶助」にもとづく地域協同社会の、原型は敗戦頃まで続いていた。橋浦泰雄は「協同労働・相互扶助」と題して「労済だより」（全労済中央地本機関誌）（一九七三年八月から五回）に連載し、その③と④で青森県の尻屋村（現、東通村尻屋）のことを強い感動を持って紹介した。

橋浦泰雄（一八八八～一九八〇年）戦前、日本無産者美術家同盟委員長、日本消費組合連盟教宣部長など。戦後、東京都生協連合会理事長。戦後、第二回民俗学会で柳田国男、折口信夫、橋浦の三人は名誉会員に選ばれた。

この雑誌は今は入手できないので、やや長いがさわりの部分を紹介しよう。尻屋は、本土の最東北端下北半島の突き出た岬角地の漁村である。ちなみに尻屋はアイヌ語で断崖絶壁の意味という。

［としより子どもにも平等に分配］

「さて生産物の昆布随他の海草類は、採取する季節が異なりますが、いずれも村民が男女の区別なく総出動して採るのでした。このうち若い男女はいずれも小舟に乗って渚にで、海中に潜って採るのが任務で、他の老少年は磯に待機して船で運ばれてくる品を、それぞれ処理した上、きれいな磯浜の天日で干しあげ製品とするのでした。この程度の共同ならば他にも類似の村はまままあるのですが、とくに注意せねばならぬのは、こうして製品化された品は、男女老壮小の区別なくすべて各自に平等分配されるのみならず、病人ないし妊婦で出動できない人たち、また重病人の看護人にも、また総出で不在となった村の警護役を務める小学教師や村役場の出張所員にもすべて平等の分配を行うことです」

［二度世話になり、一度めんどうをみる］

「壮年と老少とが無差別に平等分配されるのは他地方ではちょっと見られない事なので、その根拠を聞きほじっていたら、次のような標語―俚諺ともいうべき不文の律が昔から伝承されているのが明らかになりました。『人は一生のうちに二度、他人の世話になるが、他人を世話するのは一度だけだ。すなわち少年時代と老後は、他の世話になる。まん中の壮若時代だけ、これら老少の世話を見ることができる。従って若いからといって前後の世話になるのだから、老少より余分の分配を受ける道理はない、平等の分配が一番公平なやり方だ……』というのです」「周辺の各村民は、北海道の鯡漁が始まると、みな出稼ぎで渡道した。しかし尻屋の衆は宿の老人が語るように、昔から一人も出稼ぎする者はいなかった。家により家族の員数に多少の相違はあっても、老人子どもに至るまで皆一様の分配を受けているのだから、子どもが多いからといって貧乏する筈もなく、いえば各戸の収入は平均していて、貧富の差は無いといってよかった。教養は小学校どまり、出稼ぎは一切せず、他出も余りしないから村民の智能もほぼ平均している。従って他村のようにボスという者がいない。各戸から戸主一人宛が出て総代会を構成しているが、会長は一年交代で順繰りに勤めることになっている。鮑（アワビ）や昆布の生育状態を観察する役目の人が何人宛年毎に定められているが、これも順繰りときまっている。少年も大人同様の分配を受けるから家族からも村民からも大切にされて叱られたり軽蔑されることがない。小学校の教師は、夫婦二人で……他村と異なったところはないでしょうかとの質問に、暫く黙考した末に、『七ヵ年勤めているが、その間に村の衆が大声で罵り合ったり喧嘩しているのを見聞したことは一度もない、少年たちは稀に泣くことがあるが、それは遊戯中に転んで生爪を剝がし、痛いといって泣くので、これも喧嘩したことは一度もない、考えて見ると此の村の衆には大人にも子供にも喧嘩口論の原因が皆無といってないし、まずお互いが憎み合わねばならぬという条件もないのだから、或いは村の人には大人にも少年にも、事物を憎むという感情がてんで無いのではないかと思うことが度々ある』『では教育のうち道徳についての解明─教育勅語の説明などどうなされますか』『大人の衆はたまにでも他行されますから話しやすいのですが、小学生は修学旅行で隣村に行く程度ですから信義礼智信とか、勅語の解説などしたって判って貰うことも出来ず一番困ります』とのことだった」

尻屋の山林（共有林）は、他村の山は丸坊主山化としているのに、うっそうと繁ってその境界は一目で見分けられる。

海岸は、無用海草の除去と有用海草の成育は至って良好、従って鮑など収穫量も多く、乱獲もせず、品質も良好で、「日本一の海岸線」と明治末期まに農商務省委託の著名な遠藤博士が評価したという。

「人間と自然との共生のモデルである」

また「近代的諸問題」も相互扶助の基本原則を適用させ、税金は一切村が支払う。借金に利子は付けない。また北前船交易で買う酒は、村全体で一カ月の定量が決められていて、月半ばでもその家が定量に達するとその月内には一切売らないなど「万事がこの村では自治民主の立て前で運ばれている」。

尻屋のことを橋浦は、親交した作家有島武郎の「生まれ出づる悩み」の主人公のモデル、漁師木田金次郎に聞き、一九二五年に訪問。これらの話を堺利彦に報告し、堺のすすめで柳田国男に師事し、民俗学会に紹介した。

橋浦は後年「今日まで沖縄をのぞく全国を歩き回ってみたものの、この村ほど原始共産制を濃厚に伝承してる村はありませんでした」という。

＊生協の班

日本生協運動の「班」は、世界で独自のものである。ヨーロッパの生協危機の中で各国生協の注目をあびている。その班は、尻屋に感動した橋浦が、その協力・協同・助け合いの精神を都市の生協で創造しようと提案し、班としてつくられたのが一九二七年西郊消費組合という（『生協の班の歴史と展望』山本秋・立川正明、生活ジャーナル、一九八九年）。

兄弟組織の武蔵野消費組合（大塚金之助ら）でも、三〇、三一年ころは班活動は活発化して、演劇、音楽、図書室、スポーツ、ピオニール活動などにも取り組み、合同時には八班にもなっていた。他の組合の班ではピクニックや飯の炊き方、講演会なども行った。三一年には、関東消費組合連盟が『消費組合必携』を出し、班を全国的な一般原則とし、かつ組合の基礎単位に位置づけた（執筆者は山本秋書記長）。

そして東京城西消費組合（西郊、武蔵野、落合各組合が併合、組合員〈百五十人〉の一九三二年二月創立総会議案書に、班が日本で最初につくられていく過程がしるされた。

尻屋の協同性は戦後、その風習はなくなったといわれる。が、橋浦は「競い合い、互いに闘い合うことが人間の本性ではない、協力協同して互いに助け合うことこそが人間の本性なのですよ」という。クロポトキンの「相互扶助」思想と共通する。橋浦コミュニズムと人間観は、大正天皇の学友有島武郎に影響を与え、有島をアナーキズムからコミュニズムに転じさせたが、その思想的核心がこの言葉に集約されていよう。

日本の草の根の民衆から生まれ育った尻屋のような「協同労働・相互扶助」を、現代文明の危機にある日本の都市と農村でどう再生させるのか。その現実的根拠と芽は存在する。極限状況にある競争原理、効率万能の新保守革命に対して現代の協同社会をどうめざすか、その中心的思想と人間の生き方がここにある。問題は、全国各地域で豊かな想像・創造力を持った一人〜三人の実践への踏みだしである。実践のためにはできうる限りの小単位であるとか、進行しつつある地方自治の推進、分権革命、地域主義の運動と堅い結合がめざさるべきであろう。

＊中央＝中枢、地方＝末端

「そもそも、中央、地方の語感のなかに、中央は中枢であって、地方は末端という構造感覚、中央は優秀で、地方は後進とする意識があろう」
「地方にまかせるとでたらめなことをやりかねないから、中央で統制しめんどうをみてやらなければならない。というエリートの義務感みたいなものもあるようだ。その考えの延長上に政令都市の特例がある」（『地方』のイメージを拒否する」一九八三年、井手敏彦『エコロジカルな暮らし方』所収、緑風出版、一九九二年）

井手は、ほんものの住民自治・地域主権論者である。

彼は、一九六二年〜四年、日本中が産業・工業立地・誘致に動いた流れに抗し沼津・三島コンビナートに反対する闘争をはじめ、勝利した中心者である。この戦いを契機に全国の反公害住民運動が広がった。また「ゴミの沼津方式」とよばれる行政・清掃労働者・市民参加と協同による運動を二十年前から提案、組織した。自治労東京清掃労組主流は長くこの運動を「労働強化を招くので反対」「市民運動がやることで労働組合の仕事ではない」と反対してきた。東京清掃労組は、区移管反対闘争を通じて転換し始めたのは九四年である。

沼津方式は、市民参加の上になり立っているが、その市民のエネルギーをどう引き出すかが自治の基本だと彼はいう。かつての「首長の善政」としての「革新自治体」との違いである。

勝間田清一（衆議院議員十二期、衆議院副議長、元社会党委員長）は彼を、自分の「後継者」「国会議員」候補に指名したが、拒否して沼津市議‐市長、現生活クラブ生協静岡理事長と地域主義に徹してきた。その実践の中から発したのが、先の思想であった。

＊中央で管理統制する

政治学者の篠原一は、一九八七年東京・練馬の主婦を中心とした市民集会で講演し「分権」について次のように語っている。

「これは、地方自治そのものに関する問題です。近代化は、封建社会の克服の中から生まれたものですから、近代化の歴史は政治的には中央集権化の問題でありました。げんに一九六〇年前半ごろまでは、政治は中央で管理統制できるはずであり、それによって、社会的対立や紛争はすべてうまく処理できると考えられていました。正直いって、六〇年代に、分権が必要だと考えるような学者はほとんどいませんでした」

このときの講演は「篠原一の〈市民と政治〉五話」の第二話『戦後日本と自治を考える――②社会は変貌する〈分権〉〈参加〉〈エコロジー〉〈フェミニズム〉』（有信堂、一九八八年）に収められている。

「政治は中央で管理統制できる」としたのは、六〇年代に限らず今日もそうである。

小沢・新進党、自民党、村山・久保社会党も、共産党、公明党、あるいは新左翼党派も、労働組合の多数もおしなべて負けず劣らず、方法と形態は違うが中央集権主義である。

日本国家の中央集権制（八〇年代には新々中央集権主義とよばれた）と、保革も左右も等しく見合ってきた。

その対極に地域主義の思想と運動はあった。沖縄の自立、或いは独立の運動、社会大衆党のような長いローカル・パーティの先駆をはじめ、九州の故前田俊彦や井手敏彦、富野暉一郎元逗子市長、鳥取倉吉市の山口義行（「地域共和制都市」構想）らが代表する思想、文化、運動のリーダーが活躍してきた。「中央何するものぞ」という「豪族」たちが拠点地域を築いてきたが、しかしそれらは、指折り数えてという状態であった。

＊地方の時代から分権論へ

一方、七〇年代から「地方主権」「地方の時代」「地域主義」の思想と運動は始まり、日本では長洲一二神奈川県知事や、経済学者の玉野井芳郎らが先駆けて提唱した。

八〇年代には保守の県知事宮沢弘（広島）が都府県制の廃止と地方分権をいち早く唱え、ついで恒松制治（島根）、細川護熙（熊本）の各知事とつづき、自民党小沢一郎幹事長はそれらを受け継いで、小選挙区制とからめて、徳川「三百諸侯」に重ねた三百自治体に（全国市町村三二四五を十分の一に）と打ち上げた（『財界と政界、再編への胎動』毎日新聞政治経済部、一九八九年）。さらに小沢戦略を集大成した『日本改造計画』（一九九三年）では、①党、政府の強力なリーダーシップ、②地方分権、③規制緩和を改革三大柱と位置づけている。

細川連立八党派合意事項には地方分権を明記。第三次臨時行政改革推進審議会は、九二年十月「基本法制を目指して、一年をめどに分権方針策定」を決め、その六月には「地方分権の推進に関する決議」が全会一致で決められ、九四年末には村山内閣が「地方分権大綱」（官僚に骨抜きにされたものの）を策定した。

開発独裁といわれた国の中でも韓国は、一九九一年、地方自治制が導入され、三十年ぶりに地方議会選挙が行われた。

＊二一世紀は国家より地域・自治体優先へ

八〇年代に入ってから、地方自治、分権は世界的な課題と流れになり、ヨーロッパ閣僚会議は「ヨーロッパ地方自治宣言」を発表し、国連に「世界地方自治宣言」を出すように要請した。アメリカのレーガン政権は規制緩和とセットの「競争的分権化」をすすめた。

日高六郎はいっている。

「日本だけではなく、世界的に見て、国家よりも地域・自治体優先こそ二一世紀の課題です。とくに環境問題という二一世紀の大問題は、地域の力なしには解決できません。住民の日常生活そのもののペレストロイカを推進する場が地域です。その他、教育・文化・経済等などすべてを地域中心に転換する必要があります」（個人であり人間であり人類的であること——新しい運動にとってラディカル（根本的）とは？『労働情報』九〇年六月一日号）

宮本憲一は「私は発展途上国を含めて二一世紀は地方の時代になると考えている」（「現代的地方自治を求めて——協同組合運動と関連して」〈『生活協同組合研究』九四年所収〉）と。

日高、宮本、井手らの意見は、「下から」の地域主権と実践であり、小沢が代表する「上から」の地方分権とは思想的政治的にまったく違う。

＊地方分権をめぐる二つの道

そして戦後革新勢力を形成した社共両党も、労働組合運動における各派ともにこの面で一部（自治労系）を除いて著しく立ち遅れている。自らがそれぞれの「民主集中制」を名のってきた（社は八〇年代に改訂）中央集権主義の中で育ち、その指導部にいて骨がらみになり、感覚的にも思想的にも、理解不能なのである。また左派系は、小沢一郎らが主導したこともあってオール否定論がまだ多い。

小沢的地方分権は、都府県制廃止論だが――ほかに、道州制、広域県ブロック等もある――強力な党、政府の中央が三百自治体に直結して、今よりさらに権力統制を浸透させようという上からの地方分権である。その特徴の一つが教育で、ドイツでは「文部省」が無くて州政府が教科書を作るのに、小沢は中央機能の一つを崩さず、さらに教員に労働三権を適用しない。すなわち日教組解体をズバリ直言しているのが『日本改造計画』の結論部分であることに、その強権性――「白い革命」が如実に示されている。

われわれの地方分権とは、国家主権を保持したままの地方分権ではなく、地域主権（人民主権）の思想と制度であり、現代のコミューン連合としてのゆるやかな連邦国家である。

日本の骨太のリベラリスト石橋湛山は、一九二二年の「小日本主義」――朝鮮・台湾・樺太など植民地の放棄――と一対で、一九二四年に地方分権を提唱し、敗戦後の一九四五年秋に靖国神社の廃止と元号制の廃止を提唱（一九四六年一月）した。

小沢的（中曽根・渡辺・読売新聞など）大日本主義、政治軍事大国化、改憲と絡み合った上からの地方分権に対抗して、われわれは現代の小日本主義とセットの下からの地域主権―新護憲を目指す。それは、財政的裏付けとして所得税・法人税など主要な税を少なくとも半分は基礎自治体の課税、財政権にゆだねる財政改革を必要とする。だからこそ、世界でも有数の官僚国家が、やすやすと譲歩することはありえない。日本の社会革命の前進をかけた闘争なのである。それが「地方分権をめぐる二つの道」の戦略的戦いなのである。

この闘いは、新たな左翼、市民政党や、労働組合、協同組合の運動・組織論につながる問題でもあり、自らの中央集権的体質の命がけの切開と飛躍を迫られているのである。

＊社会主義と労働組合、生協

私は、七〇～八〇年代実践の敗北総括として、「労働組合・協同組合・社会主義」の三位一体の復権・新生を八八年頃から提唱してきた。ここでは主題ではないが、「いかなる社会主義を、どういう道をとおって」は改めて問われている大テーマである。

朝日新聞は『どうなる社会主義』（一九九一年）、『どう見る社会主義のゆくえ』（一九九二年）を、政治家、学者、作家、経営者等で連載して二冊の単行本とした。その前著で哲学者久野収は次のようにいっている。

「フェビアン主義は最初は漸進主義的な運動だったが、一九三〇年代にラスキやG・D・H・コールがルソーやマルクスをもう一度読み直して、労働党の理論、すなわちイギリス社会主義運動をラジカルにするために力を尽くした。彼らは、職場の労働組合運動と地域の生活協同組合運動を二本足とし、議会での多数派獲得を通じて社会主義を徹底的に実現しようと考えていた。コールもラスキもソ連型社会主義の独裁権力には批判をもっていたが、反ファシズム連合の仲間として公にはソ連への攻撃的批判は控えて、環境が良くなれば直るという希望をもっていた。他方で、アメリカ帝国主義及び半植民地を支配する買弁帝国主義と闘うよう主張し、中国擁護、キューバ擁護にまわった。

モリスの生活社会主義にも、もっと注目する必要がある。マルクスは生産視点から社会主義を考えた。このこと自体は正しかったが、その一方でわれわれの生活は生産と同時に分配と消費を含んでいる。マルクスは分配、とりわけ消費についてはほとんど何もいっていない。モリスは、帝国主義、資本主義がわれわれ人民の全生活をからめ取ろうとしているのだから、生産の場面だけで勝てると思うのは間違いだと言っている。彼は労働組合、生活協同組合の運動を通じて、われわれ自身を美しく豊かにする社会主義を考えていた。僕はコールやモリスが主張する社会主義が、社会主義の本流ではないかと思う。さらにマルクス主義では、オーストリアのマルクス主義にも、目を向ける必要がある」

イギリスは十九世紀「世界の工場」「世界の銀行」として世界の覇権国家として君臨した。二十世紀に市民社会はより成熟し、議会制民主主義は、日本のそれより歴史的諸条件を異にする。それらの相違を踏まえたうえで、この指摘はマルクスの積極的再評価と新たな社会主義思想と労働組合、協同組合のためにも検討されるべき提起である。

【『ブックレット「協同社会」とは何か』協同社会研究会、一九九五年二月】

3　日本のマルクス主義と労働運動（抄）

一❖国家戦略と国労の攻防戦

中曽根行政改革は、新国家主義による国家再編と国際国家への飛躍をめざす国家戦略であり、一内閣の単なる政策の一つではない。それは表裏一体のものとして、社共中軸の戦後革新勢力と社・総評ブロックの解体再編なくしては成立せず、その最大の環こそ両者の中核国労の解体であった。

自民党労働部会長大坪健一郎代議士は、かつて日共東大細胞員であったが、だからこそ事の本質をよく知っている。彼はいう。国労が問題なのではない。そこで力をもつ左翼三派の日共・革同、協会、新左翼こそが最大のガンなのであってそれを一掃することこそ分割・民営の真の目的なのだ、と（朝日新聞）。さきの「特定職員」調査はそのためにこそやられてきたのだ。

敵が五年前から仕掛けた攻防線は、国家権力の戦略意志だからこそ、独占資本と財界、官僚の総意を結集し、政党では自民、民社はもとより公明党が、そしてマスコミ、さらに社、総評をも上からとらえた総攻撃がこの二年間余、集中的にかけられた。国労と支援共闘勢力は、完ぺきに包囲孤立化させられ、当時の山崎執行部ら新右派の降伏路線化に、あわや落城という瞬間、大逆転がまきおこった。

その反撃は、皮肉にも敵が左の活動家封じ込めとレッド・パージの為につくった人活センター（通称「収容所」）から始まった。首を覚悟した背水の陣の戦闘は、箱根山の猛暑下の「修養」行軍の粉砕、国労本部占拠、中執粉砕闘争の勝利と続いたが、いずれも二百～三百人の少数者の決起であった。

そして十月、修善寺臨時大会の大逆転と左翼連合の圧勝を劇的に勝ちとる。この大会の歴史的意義は極めて大きい。すなわち、①レッド・パージ粉砕を決議した日本労働運動史上初めての単産大会、しかも本部案をおおかたの予想をくつがえして大逆転した（国労新潟大会〈一九五一年〉いらい）ものであった。②社・協会――日共・革同――新左翼の連合と共同総決起集会が実現し、③国労社党員協が五一年の民同の左右分裂いらいの決裂、分裂をした。かつて、四八年の革同結成は半年後に労農党結成へ、五一年の民同左右分裂は社会党が左社、右社の分裂に発展したのだ。④総評はいまや死に体化し、指導部自らが解体への道をひたすら歩んでいるが、それに対決する左の次の闘う受け皿としてのナショナル・センター「新生総評」形成の原型、橋頭堡を国労は確立した。⑤世界労連主義による「統一と団結の原理」を実践でのりこえた。

二❖日本―国鉄労働運動の負債と課題

では、その弱点、限界点は何であろうか。それは国労とその各潮流のみのことではなく、まさに日本マルクス主義、社会主義のもつ歴史的弱点にこそある。

（一）戦略なき戦術主義に終始したことである。岩井章の影響力の強かった七〇年代前半までは、岩井的戦略論はそれなりに貫かれていた。が富塚書記長後は、主流からそれは消え去り、とくに今回の大闘争では全くなかった。分割・民営化は敵の断固たる国家戦略だと社共も国労首脳も気が付いたのは、八五年、縄田副総裁、太田常務ら国鉄護持派―各派幹部と気脈を通じていた―が中曽根によって、いとも簡単に首を切られた時であろう。

　戦略的日和見主義とはどういうものか、それは全戦闘にどういう大打撃を与えるか、まさに九〇人の自殺者と十数万人の脱落という血をもってあがなわれた敗北の苦き体験であった。さらに戦術的にも、ついに一度も全国ストライキを打てないように、敵の参謀本部（瀬島龍三）の巧みな術策にのせられ、内外から追い込められて、職場労働者の闘うエネルギーは切歯扼腕する中で封じ込められたのであった。

（二）現代の階級支配と不可分の差別構造との闘いが基本的に弱いことである。女性、被差別部落、在日朝鮮人、外国人、アイヌ、沖縄、障害者等の差別はまさに構造化し、しかも生産労働過程の基層、底辺に組み込まれている。

　それは地域社会と共に国鉄の膨大な下請・孫請労働者問題として日々現象する。「戦略的国労」は、大阪の和田弘子さん（臨時工）の闘いを厄介視し、下請保線区労働者の全日建運輸連帯労組加入と二波のストという画期的闘争を、山崎執行部は機関紙で報道すらしなかった。

（三）職場の力と生産点労働運動論は、一方では単産万能、国労「大国主義」となり、自らの地域社会の農漁・住民の矛盾、悩み、不満、闘いにほとんど無関心、無対応で各級選挙の対策のみの「票」の関係のみとなってきた。

　今回の闘争で多くの地域社会と住民にとって死活の問題であるローカル線廃止闘争をほとんど組織しえないのはそのためである。だがここにこそ国労にとって地域闘争と地域多数派形成の原点があるのだ。

高度成長期をへた今日、地域・生活点は職場・生産点とならぶ日本社会主義と労働運動の戦略点なのである。

以上の二つとも、一九五一年電力九分割と電産解体、電力総連を画期とする日本の企業別労働組合の最大の弱点、欠陥であって国労もまた同じであった。つまり国労の戦闘性とは企業別労組左派であったのである。

（四）生産力の進歩は社会的進歩とする生産力主義の思想と理論に強くとらわれてきた。これはフランスなど世界的に共通するが、日本でも国労でもそうであり、だからこそ今日の核文明、原発、エコロジーや緑の問題に労組はほとんど無関心、無対応であった。（拙著「右翼『労戦統一』反対」柘植書房）

（五）一国主義革命、一国主義労働運動路線は、日本が大陸と切断された海洋国家であることもあって最大の弱点となってきた。脱亜入欧は、福沢諭吉に代表されるもののみでなく、各派の日本マルクス主義もひとしくとらわれてきた。

一九四八年の米占領軍による官公労働者からのスト権はく奪に対して、ほとんどの論者も国労も戦後民主主義と平和の観点のみであって、中国大革命の大勝利が、朝鮮半島の南北分断国家化と日本のスト権はく奪をよびおこした反革命の一環とする、東北アジア革命の思想・方法は皆無に近い。（中略）

今後の戦略的課題と当面の闘いは、近づく大失業時代下に売上税粉砕闘争を中心とする中曽根内閣打倒の実現、国労の新事態での労働条件の闘い、北海道・九州の闘いを貫いて、以上のことと共に、マルクスが晩年に提起した路線、すなわち労働組合・協同組合（消費・生産）・政党の三結合を、歴史的に再発掘し新生発展させる労働運動観の大転換である。
日欧米の帝国主義国の労働運動に共通する未熟練・下請労働の敵視、切り捨てを超克するゼネラル・ユニオン等の再検討と着手、失業反対闘争と結合した生産協同組合（ワーカーズ・コレクティブ）の質的発展と拡大は、全日自労やクラブ生協の先進的実践をその縦系列にとどめず普遍化がめざさるべきである。　それは一方で、いかなる社会主義か、協同思想、人民自治の復権と共に、同時に時代が問うているのである。

【『季刊クライシス』二九号、三〇号、八七年一〇月】

4　国鉄闘争の歴史的総括深化のために
――国家戦略と労働運動戦略をまとめあげた中心人物・瀬島龍三

一❖瀬島戦略の背景をさぐる

戦後史を画する歴史的大闘争であった国鉄をめぐる階級闘争は、分割・民営化→新会社化の貫徹によって階級勢力は敗北した。

新たな戦闘は、労働協約、上からの国家的不当労働行為の慣行化に、国労は守勢に立たされ続けている。

とともに五千人前後の、敵の眼の仇であった「赤色勢力」(革同・独立左派等)は結果として九割ぐらいが職場に残った。そして、国労(多くの企業別労組も同じ)の体質化した年功序列体系は崩れさり、地本・支部・分会の役員は一挙に若返った。これは敗戦直後の組合結成、一九四九年レッド・パージと十万人首切りにつぐ大若返りであり、青年部役員が支部委員長になるなどめずらしくない。青年幹部の大進出は、大きな階級的財産となりうる可能性をもつ。吹き荒れた嵐は若樹を鍛えたし、大地にしっかりと根を張る機会である。そのためには、なぜ敗北したのか、その歴史的総括を徹底してやること、思想と路線、戦略、戦術の確立と結んだ組織の再建が肝要なのである。

明治以来の日本陸軍、海軍の全経験と蓄積を継承した自衛隊は「戦略とはなにか」を、次のように規定している。

「戦略とは、『国家戦略』『軍事戦略』『作戦戦略』の三つを含めている。『国家戦略』とは、国家目標の達成、特に国家の安全を保障するため、平戦両時を通じて、国家の政治的、軍事的、経済的、心理的等の諸力を総合的に発展させ、かつこれらを効果的に運用する方策をいう。

『軍事戦略』とは、一般に戦争の発生を抑制阻止するため、及びいったん戦争が開始された場合、その戦争目的を達成するため、国の軍事力その他の諸力を準備し、計画し、運用する方策をいう。

『作戦戦略』とは、作戦目的を達成するため、高次の観点から大規模に作戦部隊を運用する方策をいう。

『戦術』とは、個々の戦闘におけるわが部隊の運用法であって、戦闘前、戦闘間を通ずる部隊配置、機動などを計画し遂行する術をいう」（防衛研修所編「国防用語辞典」）

クラウゼヴィッツは、プロシャ軍の中枢にあって一七九二年から一八一五年のナポレオン戦争を闘い、その実戦経験に基づいて名著「戦争論」をまとめた。

それ以前は、戦略とは「将軍の仕事で、戦時に大軍を運用して作戦する術あるいは理論」とされ、戦術とは、「戦術における戦闘の指導」ぐらいの規定であったという。

戦略・戦術論は、クラウゼヴィッツやフランスのジョミニによって史上初めて体系化された。それを階級闘争に適用した人がレーニンであり、クラウゼヴィッツの精密な分析をマルクス主義の政治理論に転化し、ロシア革命の実践にのせ、革命の戦略戦術を初めて確立したのであった。

その後違う方法で、ロシアと違って強固な市民社会をもつヨーロッパとくにイタリア革命の中で生み出していったのがグラムシである。そして第三世界の革命の戦略・戦術を体系化し勝利したのが毛沢東である。

日本の革命運動は、この面で極度に弱かったことは一号でふれた。それは日本マルクス主義の思想、方法の根本的欠陥であるが、歴史学者大江志乃夫は、『日本の参謀本部』（中公新書）で次のようにいう。

「戦略論は戦史研究から生まれる。このことは、クラウゼヴィッツの『戦争論』、リデル・ハートの『戦略論』の目次を見ただけでも理解される。兵学が科学であろうとすればそれは経験科学としてのみ成立する。その経験は歴史的経験以外に存在しない。戦史研究が重視されるゆえんである。ところが日本の陸大でおこなったメッケルの教育が戦術中心であったためもあるが、日本の陸大では兵学教官といえば戦術教官が主流であり、戦史研究と戦史教育は冷遇されてきた」。

日本階級闘争の具体的実践・経験をもとにした経験科学の軽視は、日本の左翼イデオロギーの著しい特徴の一つである。明治以来、労働者・人民が革命をめざしてはじめて大衆的に闘った「戦後革命期」の分析はもとより、争議研究やストライキ戦術論がまったくないか、ほとんどないのはそこからくる。

＊ブルジョアジーも経験と勘

一方、日本ブルジョアジーとその政治指導部にも、戦略論が確立してきたわけではない。吉田茂、三木武吉、岸信介、池田勇人、田中角栄、三木武夫らブルジョア政治家・宰相は群をぬいた政略家であったが、それはなみはずれた修羅場をくぐった経験と勘であった。その派閥とそれにむすびついた官僚群が政策をねり、政権獲得の戦略・戦術をねったが、体系としての戦略論ではなかった。

ブルジョアの中の永野重雄（元日商会頭）、桜田武（元日経連代表理事）らもそうである。彼らは、戦後革命期の生産管理、二・一ゼネスト、四九年決戦、六〇年安保、三池等の対決を通じてその戦略を形成していった。それをまとめたのが桜田武である。彼は一九七五年、田中角栄逮捕という大ショック直後に、動揺するブルジョア陣営にむかって、ここさえおさえればといいはなった二つの安定帯論、すなわち①職場秩序（生産点）と、②国家秩序（警察・検察・裁判所等）の二つを戦略点としたものであるが、これまた経験と勘の大成である。

冒頭にあげた国家戦略―軍事戦略―作戦戦略の統一性と同じく、階級闘争、政治闘争の戦略としてまとめあげたのが瀬島龍三である。

それが一九七八年に体系化された総合安全保障戦略であり、労働運動戦略、作戦戦略の統一性とその集中的対決点が一九七九年に最初に構想さた国鉄分割・民営化案とその後の土光臨調であり、国労解体と、日共・革同、新左翼、協会左派の一掃―新レッド・パージ大作戦であった。

＊瀬島龍三の簡単な略歴

その中味に入る前に瀬島龍三という現代日本の参謀総長はどういう男かをみてみよう。瀬島は、富山県出身、陸軍幼年学校、士官学校をへて陸軍大学主席卒業。太平洋戦争開戦と大本営命令起案者であり、海軍の「ニイタカヤマノボレ」と同時の陸軍の「ヒノデハヤマガタ」の暗号命令も彼であった。同戦争の主な作戦にはほとんど関与、二九歳でガダルカナル島（同戦争の天王山）の撤退作戦を起案、

四五年海軍連合艦隊参謀兼任――本土決戦の企画――敗戦直前に関東軍（中国東北地方）参謀。この間大本営参謀六年。

敗戦後、捕虜となってシベリア抑留十一年。国際極東軍事裁判――東条、武藤、松井将軍、広田元首相ら死刑、岸信介、児玉誉士夫ら無罪釈放――の証人としてシベリアから東京によばれ、天皇の開戦責任の有無を問いただされるが、天皇無関係論を押し通して、ブルジョアジーの大きな信頼をうる。

抑留解除後、伊藤忠商事に入り、関西の繊維商社を三井、三菱につぐ総合商社に拡大した功績の越後社長につぐ中心者であったが、社長は固辞して副社長から代表権なき（本人の意志）会長就任、現相談役。東京商工会議所副会長らをへて、土光会長下の臨時行政調査会会長代理、教育審会長代理。中曽根が内閣成立直後、日本首相として初めて韓国入りしたのは、瀬島と韓国陸軍将軍が日本陸軍士官学校の同志の縁で全斗煥に通じ、彼が全てを根回しした。

また、一九八四年九月の全斗煥の訪日の時、朝鮮植民地時代の日本のあり方に「両国間に不幸な過去が存したことは誠に遺憾であり」とした天皇の「お言葉」も瀬島の案文であったとされる。

瀬島の臨調行革入り（実質会長）には田中角栄もその宿敵の福田赳夫も、鈴木善幸、中曽根もみな大賛成、つまりその思想、戦略の大家、憂国の志等において当代日本のその道の第一人者としてひとしく高評価だったという。そして瀬島はその期待と衆望にみごとに応えたのである。

瀬島龍三は参謀（総長）に徹した男である。この数年間彼の論文・著書等をあちこち調べたがついに一つもなかった。あったのは講演記録のみであり、それも一般にはめったに目にふれないところ、すなわち、一つは自衛隊・隊友会での「一九八〇年代の日本の安全保障」（七九年十一月）、一つは『財界フォーラム』（山口比呂志理事長―日共転向者）での「大東亜戦争の教訓と今後の日本のあり方

――激変する国際情勢のなかで日本の針路を考える」（八三年十一月）、一つは、「槇枝総評前議長招請による総評本部での講演」（八四年二月）等である。

瀬島龍三論については、山崎豊子の小説「不毛地帯」のモデルとして登場――山崎は月報ではモデル説を一応否定しているが明らかにそうであるし、あるいは菊地久の「日本を演出する憂国のフィクサー瀬島龍三」など著作もある。この日本を動かす大立者について文芸春秋は、八七年五月号で「瀬島龍三の研究」という特別ルポ大作を発表した。気鋭のノンフィクション作家保坂正康が膨大な金と人と時間をかけて、彼の少年時代から陸軍、シベリア、伊藤忠等を調べまくった。だがその結論は、この人物は不透明、不明の部分が多すぎる、という糾弾とぼやきであった。

だが、これは保坂が、参謀（総長）とは何かの認識があまりはっきりしないからであって、その本質を知らないで取材したのだから、わからないのは当り前である。

＊参謀の無名性

「参謀は表に出るべからず」こそその性格であって、全体が透けて見える参謀（本部）では、そもそも敵に丸みえとなって必ず敗けてしまうのだ。渡部昇一の「ドイツ参謀本部」（中公新書）は、クラウゼヴィッツ理論を実際戦争に応用し、近代参謀本部設立の中心者で歴史に名高い名参謀総長モルトケ（一八〇〇～九一年）が指揮して電撃的大勝利となったオーストリア戦やフランス戦を紹介したのちに、次のように指摘した。

「ドイツ参謀本部が世界の注目を集めるとともに、モルトケもスーパー・スターになった。これはまことに危険な徴候である。参謀本部や参謀総長は相手にマークされないのが一番よいのであるのに、

「参謀の無名性」が失われ始めたのである。ドイツの仮想敵国たちが、まずドイツの参謀本部と参謀総長をマークするようになっては、利点の多くはすでに失われているともいえよう。一八九〇年、モルトケの九〇才の誕生日は国をあげて祝われ、その前夜にはベルリンの市民やベルリン大学生の松明行列まであったという。祝賀当日は、皇帝はじめ諸公・諸将軍が列席し、各方面からの祝詞などは文字どおり山をなした。もちろんモルトケの国家に果たした功績からいえば当然であろう。しかし、プロシャ＝オーストリア戦争（一八六六年）の時は師団長すらモルトケの名前を知らぬ人がいたのに、今や彼はビスマルクと並んでプロイセン第一の名士であったのである。相手国の意表をつくような作戦をたてる仕事をする人が、最も明るい脚光を浴びることこそ危険の徴候であったのではないか」。

モルトケ死後、プロシャ＝ドイツは、二つの大戦で惨敗したのは周知の通りである。「参謀学」をきわめた瀬島龍三は、これらのことに精通しているのであって、「正体」をあらわさないのはしごく当り前なのである。

＊瀬島大本営参謀

三年前ぐらいか、朝日新聞の経済面をみていたら国家予算をめぐる大蔵省と自民党との対立について瀬島龍三行革審委員が調停中という小さな記事があった。かねて瀬島の動向を注目していた私は、その政治力量について、やっぱりそうかという感を深くした。

なぜならこの種の矛盾、対立の調停役は永らく田中角栄ら党・政府の実力者がやってきたことだからだ。

瀬島は陸軍軍人として超エリートであった。二八歳で勤務した「大本営作戦部作戦課という課は、これは全軍の作戦計画をやっているところでございまして、すくなくとも陸軍中央部の一番中枢のところでございました。私は昭和十四年からこの作戦課にまいりまして、終戦まで約六年勤務した……」

昭和十六年十二月一日、天皇の御前会議で米英との戦争決定、翌二日「私は参謀総長に付いて宮中に参内をいたしました。陸軍に関する進攻の命令、十二月八日零時を期してこれこれの進攻作戦を開始せよ、という命令のご裁可を受けたのが、十二月二日午後二時でございました」「陸軍に関する進撃の軍事機密至急親展という、軍事電報では最高の電報を、私は命ぜられまして……当時、私どもは、電報起案は、総て毛筆で書いておりましたが〝ハナハナハナ〟と、仮名で六文字書くのに、私は手が震えました。同時にまた、ただそれだけでは、国の運命がかかっていきますから〝ハナハナハナ〟だけでは気がすみませんで付け加えました。〝ハナハナハナ大御稜威のもとご成功を祈る〟とそれだけ加えました」（「大東亜戦争の教訓と今後の日本のあり方」財界フォーラム、八四年一月）

四二年前の緊張感が伝わる一文である。

ソ連シベリア抑留の十一年間と極東軍事裁判への証人出廷と天皇の戦争責任否定論、帰国後の中途入社した伊藤忠商事で二〇年にして会長にのぼりつめたこと等はよく知られている。

＊**「国家の英雄」**

瀬島が特異な経歴と才能をもつ国士として一躍世にでたのは、山崎豊子の小説『不毛地帯』（全四巻、一九七六〜七八年）の影響であり、主人公壱岐正は明らかに瀬島がモデルである。

小説であるから、もちろんフィクションもあろうが、シベリア——伊藤忠の経歴の大筋はある程度そうであろう。

一読して、彼は日本ブルジョアジーのホープであることがよく分かる。この本が完結した七八年は、総合安全保障戦略が確定した年である。山崎の小説は、その総合安保戦略の立役者・瀬島の歴史の舞台登場の露払いの役を果たしたといえる。

かつて開戦電報起案で手が震えたその瀬島は、今後は、第四の人生として日本国家の参謀総長としてこの十年間、戦略展開の采配をふるってきたのである。彼は中曽根政府の参謀とかブレーンといわれるが、そうではあるまい。

＊瀬島戦略の特徴

財界では、土光敏夫と永野重雄、政界では福田赳夫、田中角栄というライバルが一致しておした如く、瀬島戦略論は、大平—鈴木—中曽根の三代の政府によって支持され展開されてきたのだ。したがって一内閣のというより国家の参謀総長であったし、現にある。

そして、臨調行革という「明治維新とマッカーサー（米占領軍）改革につぐ国家改造」（岸信介）の中心者であった。

瀬島戦略論は、裏の真相は分からないが、体系論は世にでていない。が、いくつかの講演を読むと、どこでもほぼ同じ骨格と内容を展開している。

その特徴は、第一に太平洋戦争敗北の教訓から彼なりにまなんでいること、第二に彼の経歴と同じく政治、社会、経済、外交、教育にいたる全体性の観点を貫いていること、第三に彼が提出したりまとめた相当数は、中曽根政府のトップ・ダウン方式を通じて法制化され実行されてきた――教育と軍事方針は未定――こと、第四に第二次臨調の最大の目玉である国鉄と電電公社とくに国鉄民営化を十年ちかい時間をかけて戦略展開し貫徹したこと等であろう。

*行革の二〇三高地――国鉄

国鉄は百十余年の歴史と総評最強の国労の牙城であったが、その解体を国家戦略として鈴木政府にのませた超重点政策として政治の軌道にのせたのは一九八一年三月であった。「土光は、四つの条件を書きとめた〝念書〟を取りだし、読みあげた。『第一、増税なき財政再建であること、第二、答申をかならず実施すること。第三、国・地方を通して行革を進めること、第四、三公社の民営化をふくむ改革をおこなうこと――この四点は、どうしても守っていただきたい』。鈴木は、反射的に『わかりました。政治生命を懸けて、実現につとめます』と答えた」

毎日新聞の新進気鋭記者の牧太郎は『小説土光臨調――中曽根政権への道』（角川文庫）でこう書いている。

その枠組みと大課題の本質をよみとった中曽根は、その本音をずばりと次のように言った。「行革が成功するかしないかは、じつは国鉄改革にかかっているんです。国鉄は二〇三高地です。これをやり遂げられれば行革は勝ったも同然です」（同）

二〇三高地とは、日露戦争の旅順攻略戦の戦略高地で、連合艦隊の秋山真之参謀は「実に二〇三高地の占領如何は大局より打算して帝国の存亡に関係し候へば是非決行を望む――旅順の攻略に四、五万の勇士を損するも左程大なる犠牲にあらず。彼我とも国家存亡の関する所なればなり」（千早正隆

『日本海軍の戦略発想』プレジデント社）と強調した最重点であった。

世紀の大改革という、あの大鳴りものいりの行革とは、せんじつめれば、国鉄＝国労解体であったのである。

その戦略・戦術を瀬島がつくり、政治にのせ実行したのが中曽根首相――後藤田官房長官ラインであり、自民・民社とともに運輸省、国鉄が結束し、それに助演し主演したのが田辺社会党前書記長や総評首脳、動労・松崎明、そして国労山崎、秋山らであった。マスコミは、それに総動員された。戦前戦後を貫いて、日本ブルジョアジーの国家戦略を党・政・官・財・労を貫いて体系化した最初の男・瀬島龍三はどういう考え、路線なのか。彼は、その本、論文は一冊、一本も世にあらわれず、いくつかの講演があるのみで、しかもほとんどふれる機会のないごく限られた場所のみである。

瀬島構想を、そのいくつかの講演の目次でみてみよう。

〈一九八〇年代の日本の安全保障〉八〇年代は、どんな時代であろうか／現在の世界情勢の枠組みと勢力バランス／どんな情勢が起きたら世界のバランスは崩れるのか／最重要なのは中東問題／世界の石油情勢／総合安全保障四つの杜／戦前の体験について重要な三点（一九七九年十一月、隊友会主催、防衛庁後援の第六回防衛トップセミナー、瀬島の他に加藤寛、山本七平、高品武彦・前統幕議長らが参加）

〈日本の針路〉はじめに／食糧の安全保障／二一世紀へ向けての進路／資源のない大工業国家／日本の国が安全、円滑に二一世紀に向かうには「国際国家」であることが不可欠／国の土台は、すべて安定していなければならない／「先進国病」の予防対策と「増税なき再建路線」／外は「国際国家」内は「活力を持った福祉国家」／臨調答申は大・小課題一三五〇の改革／やらねばならぬ国鉄再建と地方行革／民間活力を高めるための規制の緩和、簡素化／長期にわたる財政再建／二一世紀に向けて教育改革は大事な柱（「財界フォーラム」一九八五年三月例会）

＊日独伊三国同盟

総評本部での講演も、この二番目の講演とほぼ同じ内容である。

瀬島が太平洋戦争の敗北から学んで（中国侵略戦争については、何もふれていないのが特徴）今に生かしたのは総合安全保障戦略であるが、その教訓を次のように言う。

「昭和十六年十二月八日、日本は大東亜戦争へと入ってまいりました。十二月八日に国家が突入していく過程において、一つの大きな分岐点は、昭和十五年九月、日本が日・独・伊三同盟に入ったことであると思います。

当時は、ヨーロッパの戦場においてはドイツ軍が破竹の勢いであり、ロンドンが空襲を受けておるさなかでございます。第二次欧州戦争によって世界は二つ分れて、動き出した。……三国同盟は日本が戦争に入っていく大きなターニングポイントであった。もしそのときに、わが国の指導者、あるいはわが国の政府、大本営に、いまわれわれが考えるような国家の総合的安全保障、政治、外交、経済、軍事、これらをひっくるめた総合安全保障的な理念があったならば、私はおそらく三国同盟に入らなかっただろうと思います。私自身、その時期に参謀本部におりましたが、そういうようなものの考え方はなかったように思います。私の体験から第一に申し上げたいことでございます」（「一九八〇年代の日本の安全保障」）

瀬島は中曽根政府による行革審とともに、教育と安全保障（軍事）の責任者となった。臨時教育審議会と平和問題研究会である。後者は「日本の国家の平和と安全をどのようにして獲得していくか、しかも中・長期的に」というテーマで約一年半をかけて八四年暮れに答申を提出した。それは（一）エネルギーに対する安全保障をどうするか　（二）食糧の安全保障をどうするか　（三）国土の安全保障、防衛をどうするか（「日本の針路」）

ここでも軍事的安全保障に不可欠のものとして石油を中心にしたエネルギーと食糧を一体としてとらえている。

太平洋戦争の教訓である。軍事問題をこのように総合的にとらえるのは一つの見識であって、むしろ左翼の側の軍事理論の一面性が再検討されるべきであろう。

＊〝強盗〟陸軍のエリート発想

だが、三国同盟については、当時の陸軍首脳と参謀本部の重大な誤りを戦後三五年もたってこの程度に認めるのは語るにおちる。

同じ軍隊でも、海軍の米内光政大臣――山本五十六次官――井上成美軍務局長の〝海軍左派〟は文字通り命がけで三国同盟に反対した。

特に井上は、戦後も三国同盟に賛成した海軍の及川元大臣らを面と向かって糾弾し、さらに「どうして日本が、こんなばかな戦争を。ばかどころではない、ことばで尽くせないこの罪悪を犯すようになったかということについて、本当のことを調べようじゃないですか」と、後輩に言い、太平洋戦争を日本の罪悪、二・二六事件を起こした陸軍と仲よくすることは「強盗と手を握るがごとし」とまで

言い切った。（『反戦大将井上成美』徳間文庫）

瀬島の三国同盟についての反省とおよそ大きな質と思想の違いである。井上とちがって彼には太平洋戦争についての根本的反省がなく、戦後体制に馬をのりかえたにすぎない。であれば、瀬島戦略論は〝総合〟がつけ加わったが、その思想と方法は戦中と同じく、日本人民の敵対路線であり、依拠する基盤は、天皇制国家と〝強盗陸軍〟から戦後のブルジョア国家へのそのままの平行移動に過ぎない。したがってその戦略思想と戦略論は、一時的、局所的には成功しても、いずれ大破碇するであろう。彼が包囲殲滅をはかった国労は、満身創痍ながら約五万人の労働者と活動家によって不死鳥の如く階級部隊を残したことは、下からの反撃、抵抗のはじまりであり、敵の戦術的ゆきすぎ、やりすぎからくる詰めの失敗であった。

＊総合安全保障

瀬島総合安保戦略とはなにか、もっとも体系だって本人が論じたのが、隊友会での講演（七九年十一月）である。彼はいう。

「以下四つの問題が、八〇年代のわが国の総合安全保障として非常に大事な柱である。その第一は〝国内社会の安定確保〟という問題……。最近数年間の世界を見まして、国内社会が安定していない。そのために体制が崩壊をしたり、政権が崩壊したり、あるいはそのために外から侵犯を受けたりしておる例は数多くある。……間接侵略、あるいは心理戦という問題を考えると、国内の社会が安定しておるということが非常に大事な安全保障だと思う。

……わが国のように高学歴社会、あるいは中産階級が大部分の社会、こういう社会においては、社会の安定上、非常に大事な問題は国民生活の確保……。そんなために何が一番大事か……わが国の社会では雇用の充足である。働く場がある。それによって収入を得、一家の生活と一家の福祉が成り立っていく。町に失業者が充満することは、わが国の社会を不安定にしてしまう問題だ。

総合的安全保障の第二の柱は……『国際社会における日本の信頼』の確保である。この問題については、国民生活を確保していくことが、国の安全保障の一つ柱である以上、そのためには、資源のないわが国としては、経済上の観点だけからでも、国際的な協調を保ち、国際社会から信頼されていかなければならない……。ましてこれを安全保障という観点でとらえると、ますますわが国は国際社会における協調と信頼を受けるということが非常に大切である……。ことにアメリカを中心とする環太平洋諸国、あるいはASEAN諸国。こういう関係は、その面においては非常に大切……。またエネルギー安定保障という観点でとらえるとすれば、中東に対するわが国の外交政策も安全保障上非常に大切であって、中東の問題はアメリカ任せだ。アメリカがやってくれるのだというような考え方は、非常な間違いである。

四つの柱の三番目は『エネルギーの安全保障』。私は最近経済界の会議でも、政府の方にも申しあげておるが、第一に八〇年代におけるわが国国政上の最重点の問題としてエネルギー問題を位置づけるべきである。このステータスがはっきりしてないと、予算の問題一つとっても、対策が動かない。

現在わが国の総エネルギー中で、石油依存比率は約七五％、残り二五％が原子力、石炭、LNG、LPG……その石油のほとんど、〇〇％が輸入依存で、その七五％が中東依存である。

国家の目標として、一九九〇年に石油依存率七五％を五〇％まで下げる。即ち二五％を非石油エネルギーで置きかえる。もう一つは、七五％の中東依存率を五〇％まで引き下げる。即ち、メキシコ、アラスカ、中国、あるいは日本近海の自力開発とかをする。

一九九〇年に対する国家的戦略目標をつくって、それに対する長期計画を確立し国を挙げてこれに取組んでいくようにするべきである。……エネルギー問題を小手先で、その日暮らしでやってはいけない。国の存在が揺らぐ問題であるのではないか。

第四の柱『軍事的安全保障』。いいかえると『防衛問題』。わが国の防衛問題の原点は憲法にある。別の面からいえば、一億のわれわれがみずからわれわれの国を守っていくのだという意識の問題。恐らく九〇年代のいつの日か、この問題はほっておくことができない状態になるだろう。

わが国の防衛、わが国の自衛隊については四つの問題点がある。

第一、七〇年代に比べ、あるいはその前の六〇年代に比べて考えうる八〇年代の全般的情勢上、わが国の自衛隊は〝有事即応の体制〟にあるべきではないか。

第二、〝情報警戒力〟を完璧にすべきである。わが国は気象衛星を上げているが、警戒衛星を上げて、少なくともわが国の領域に関する情報警戒は、わが国自らの手段によってつかめるようにぜひすべきである。

第三、わが国の経済と安全保障のために〝海上交通路〟は防衛上非常に大事な問題。日本近海はもちろん、南西諸島、小笠原諸島で構成している西太平洋の三角海域などわが国自身の力で海上交通保護をぜひやってほしい。インド洋の海上輸送援護は不可能だが、経済上よりも安全保障上スリランカを考えていくべきである。

第四、ある時期に〝全体を洗い直していく〟こと。南北に長い国土の主要地域ごとに、三軍の統合部隊を配置する。その為に統幕議長の指揮権の付与、また自衛力の縦深の問題、弾薬、燃料、基地の飛行機の掩体等全体を総括的に洗い直す。もっと質の高い、機能的な兵備を……」

＊日本国家の特質

瀬島理論の特徴は、戦前の陸軍教育とくに陸軍大学等の思考・作戦・方法の故かどうか、ものごとを本質的にとらえて単純化する。彼の国家論は、その特徴である。

「基本的な土台として、二一世紀に向かうわれわれの国家はどういう進路と方向をめざすべきか、その為にはまず国家が生きていく現実の観点から、日本国家の特質を一言でとらえた」

「明治の日本は、資源のない農業国家。大正、昭和初期の日本は、資源のない、農業と軽工業の国家。大正時代の小学校教科書では、輸出の第一位は生糸であった。

今日の国家の特質は、資源がない。そして一方では膨大な資源を必要とする大工業国家である。そのスケールは自由世界GNPの一割であり、世界経済の一割国家であるから二一世紀に向かう日本は〝国際国家〟を進んでいくべきである。一方、この特質から約十年間の営みをみると年間約六億トンの資源、原材料を輸入し、約七千万トンの製品を輸出する。輸入のもっともおおいのは石油で二億一〜二千万トン――農業生産で七千万石の米作に六百万トンの石油を使う。太平洋戦争に突入する前年の昭和十五年の石油使用量は、民需軍需合せて六百万トンだった――。この六億トン、七千万トン（一番は自動車の年間五百万台）の循環ぬきに日本経済は成り立たない。

そして、(一)生産(二)流通(三)サービス産業で労働総人口約六千万の(四)雇用が生まれる。さらにこの結果、国家をマネージメントし、全国自治体をマネージメントしていく不可欠の税収――国税、地方税、法人税、所得税がある……」（「財界フォーラム」の講演）

＊社会の安定こそ国家の土台

そしてくり返して、彼の安全保障の原点にたちもどる。いわく「わが国社会が不安定になってはならない。これが国家の土台である。社会不安定になると防衛上の危機が必ずおきる。自衛隊二十六万人を三倍にしても成りたたない」「国内が乱れると、安全保障上の危険度が増える」「そこで社会の安定の為には、国民生活が成りたつこと、失業者がどんどんふえることは社会の安定上最大の禁物である」

その為の第一の政策は、毎年の新規雇用六〇～七〇万人を吸収する為の経済の実質成長率を最小限三％位維持すること。

第二は、福祉社会保障と国民負担のバランスの問題。日本とならぶといわれた西ドイツは、いまや先進国病にかかった。即ち所得に対する国民負担率が四五％、スエーデンは七〇％、フランスは六〇％、イギリス、イタリアは、西ドイツより上であり、四五％をこすと先進国病――働くよりも失業保検という社会――になる。

日本は、いま三四％（そのうち二四％が租税負担）、一〇％が年金や健療保険などの社会保障関連の保険だが、このままでいくと八〇年代のうちに危機ライン四五％をこえる。すると日本も先進国病になり、国家が生きていく仕組が効かなくなる。

だから、二十一世紀に向って一つは国際的国家、一つは活力ある福祉国家として進む。そこで当面の大事は、行政改革、財政健全化、教育改革であり、その実行の為には政治の安定が必要である。

以上が瀬島理論と戦略論の大綱である。もっとも、この総合安全保障戦略は、彼や日本の専売特許ではない。西欧諸国では、国の安全が軍事力だけで保障できるものではないこと、政治、経済をひっくるめた総合安全保障体制が常識化していると言う。

さて、では瀬島戦略論の特徴、本質、そして弱点は何なのか――根本的には、われわれの対抗戦略の確立こそ問題であるが――次に批判を展開しよう。

二❖瀬島龍三による「活力ある福祉国家と階級勢力の一掃」

＊財界の危機感――石油危機、住民運動、労働運動

一九七〇年代末、社会・政治―外交―エネルギー―軍事にわたる日本国家の総合戦略は、瀬島龍三を中心者として形成された。

その最大の契機は、一九七三年のアラブ諸国中心の石油エネルギーを武器とする第三世界の世界史的反撃、攻勢戦略と日本における爆発的な住民運動の噴出であった。反自民・反大企業・反大学の住民パワーは、三〇％に及ぶ敗戦直後につぐ大幅賃上げ大攻勢とスト権ストを打ち抜いた労働運動と結合することを通じて、「企業の存続そのものを脅かす」という危機感を石油危機とあわせて体制側はうけとったのである。

そこで、財界は三年の歳月と約三〇〇人のスタッフ、約二億円の金をそそぎ、戦略研究機関（シンクタンク）をつくって出来上がったのが総合安保戦略であった。

それは財界主流の合意となり、同時に自民党の八〇年代戦略に確定され、その後の三年間に国鉄解

体・民営化を中心とした路線的合意の結果生まれたのが第二臨調であった。

＊総合戦略論

だが、この総合戦略論は瀬島の独創ではない。

すでに太平洋戦争において米軍は、軍隊のもつ戦力とはなにか、という基本認識と方針において総合戦力論であった。その太平洋戦争で海軍最高指令官ニミッツ大将は、――海軍力とはあらゆる兵器、あらゆる技術の総合力である。戦艦や上陸部隊、商船隊のみならず港も鉄道も、農家の牛も、海軍力に含まれる、とした（「失敗の本質」）。

惨敗した日本軍の中でも、一～二の将軍や提督は戦中から総合戦略のなさ、弱さを指摘していた。「石原（莞爾中将、当時陸軍参謀本部作戦部長）の考えを率直に申しますと、陸大では指揮官として戦術教育の方は磨かれて居りますが、持久戦指導の基礎知識に乏しく、つまり決戦戦争はできても、持久戦争は指導し得ないのであります。即ち今度の戦争でも日本の戦争能力と支那の抗戦能力、ソ英米の極東に加ふる軍事的政治的脅威とそれを牽制し得る独伊の威力等を総合的に頭に描いて統轄して、日本が対支作戦でどれだけの兵力を注ぎ込み得るかを判定し、戦争指導方策を決定しなければなりませんのに、その間の判定能力のある人は、参謀本部に一人もいないと思います」

それは「陸大（陸軍大学）の教育が悪いからで、大綱に則り本当の判定をやる人が一人もいないからだと思います。即ち総合的な判断をなし得る知識を、我々はもっておらないのであります」。

――かくの如くして、大日本帝国の存亡をかけた太平洋戦争において、総合的な戦争指導計画は存在しなかったし、政戦両略の一致もなかったのである（海原治内閣国防会議事務局長「戦史に学ぶ」一九六七年～七〇年)。

政治戦略と軍事戦略の一致は「政治家や軍人の常識」(同) にもかかわらずである。

これが、日本陸海軍の大惨敗、解体をくぐった彼らの教訓なのである。その一味であった瀬島は、その失敗の本質に学んで総合戦略に向かったのであった。

＊反面教師

ニミッツや石原莞爾ら一昔前の意見を紹介したのは、われわれ革命運動、労働運動に携わってきた左翼—日共も新左翼も、この指摘と似たような状態であったし、現にそうであるからである。

日本の階級的労働運動を、日本階級闘争と社会主義革命にむけて、政治、社会、経済、外交、文化、教育、軍事の総合戦略として、闘ったことがあったであろうか。一九二二年の日本共産党創立以来、新左翼もまた、何回かの歴史的大闘争、例えば敗戦後の二・一ゼネストや、四九年の百万人首切り、六〇年安保、三池等々、さらには今回の国鉄闘争にいたるまで、一度もなかったのである。

そのことを三たび四たび味わったのが七〇年安保・沖縄闘争の敗北であった。そして今回の国鉄闘争の戦略的敗北である。この「戦略・戦術ノート」をあえて出すきっかけであった。

敵が太平洋戦争から学んだように、われわれも、戦後革命の敗北や、国労・総評解体の敗北からしっかりと学ばなくてはならない。

【「戦略・戦術ノート」第二、三、四号　一九八七年七月、一〇月、一一月】

5　鳩山友愛革命に注目を――地域主権国家と東アジア共同体

月刊『VOICE　9』にのった鳩山由紀夫（民主党代表）「私の政治哲学――祖父一郎に学んだ『友愛』という戦いの旗印」は、刮目すべき綱領的文書である。一〇頁の中に圧縮されたコンパクトなものだが、「友愛革命」という理念、その政策（路線）としての（一）地域主権国家の確立、（二）ナショナリズムを抑える東アジア共同体の二本柱は、保革中道を通じた全政治家の中で一頭地をぬいたものである。

あとでふれるが「友愛」概念――友愛革命、友愛社会は左翼世界がまったく欠落させてきた（自民党主流も官僚、学者の多くも）思想であることを、私は考えさせられた。フランス大革命の「自由、平等、博愛」の中で一貫して「博愛」を無視してきた。

鳩山の盟友小沢一郎が、かなり前から「投票箱による革命」をとなえてきたが、鳩山の理想と政策と人格をかけて小沢、菅らと一体で乾坤一擲の勝負に出たのが今回の衆議院選挙であった。

＊今次総選挙のキーワードは「革命」

「鳩山氏が掲げた選挙戦のキーワードは『革命』だった。衆院が解散された七月二一日。鳩山氏は両院議員総会で『政治主導で新しい日本を起こす。大きな革命的な解散・総選挙だ』と歴史的意義を強調した」「二九日夜、東京・池袋で鳩山氏が行った『最後の訴え』は熱気に包まれ、興奮した同氏は演説後に記者団に語った」「革命的なうねりを感じた。明治維新以来の大きな革命を自分たちで成し遂げようという大きな胎動を、ものすごく強く感じた」（『朝日新聞』八月三一日）

この「革命」をマスコミのほとんどは理解せず、ちょっと大げさな強調、形容詞くらいにとらえていた。マスコミのみでなく、自民党から共産党までの政党と政治家、オール官僚、学者も同様であった。

明治維新をかつてのマルクス主義講座派→日本共産党系（対抗派は労農派・社会党）は、革命とは認めてこなかった。フランス革命とくにロシア革命（一九〇五年）と異なる内容、形態（王政復古や新興ブルジョア階級の存在等）だったこと、そしてコミンテルンが、西洋は文明、アジアは野蛮という判断を根底にもっていたからであった。だが、二六〇年続いた徳川幕藩休制（外国は足利将軍いらい日本の王制と見ていた）を打倒し、廃藩置県や武士階級の廃止と国民皆兵制等あきらかに日本型の政治・社会革命であった。しかし、明治六年政変（いわゆる征韓論）で西郷らが下野し、「大久保政権」となるや、統一ドイツをモデルとした中央集権国家——大内務省中心と朝鮮江華島侵犯（これこそ征韓論の発動）・征台と琉球王国廃止の脱亜入欧が、二大政策・国家路線となって一九四五年大敗戦までつづいた。

戦後大改革は憲法をはじめ労働三法や農地改革、婦人参政権などの歴史的大改革となり、陸海軍は廃止され、内務省は六つの省庁に分割されたが、大蔵省中心の官僚制はそっくり存続し、新官僚制として逆に強化された。それを内外に示したのが吉田茂（外務官僚）、池田勇人（大蔵）、佐藤栄作（運輸）をはじめ福田赳夫、大平正芳（共に大蔵）ら多くの有力首相が官僚出身であったという事実である。その中央集権制・官僚主導国家を「政権交代」によって根本的に変えようとしたのだから確かに「革命」である。

＊地域主権国家

榊原英資（元大蔵省財務官、「ミスター円」、早大教授）は〇八年に『政権交代』（文芸春秋社）を出し、その終章で小沢一郎と対談（「『政権交代』核心対談――小沢一郎民主党代表に聞く」）を行っている。そこで小沢は「日本再生計画」（〇六年）いらいの持論、中央集権制から地方分権制へを改めて強調した。だが地方分権論は小沢一郎の「特許」ではなかった。

七〇年代には長洲一二（神奈川県知事）や玉野井芳郎（東大教授）らがとなえ、私が親しかった井手敏彦（沼津市長一期半）がそうであった。当時の状況下で小沢分権論等の提起は大きな先進性をもっていた。が、新自由主義への傾斜もあって、私は当時「白い革命家」とよんでいた（「協同社会とはなにか」一九九五年）。

鳩山は、小沢のかつての地方分権論を、時代の変化とともに発展させて「地域主権国家」とより正確にさせた。

「私は、代表選挙の立候補演説において『私が最も力を入れたい政策』は『中央集権国家である現在の国のかたちを《地域主権の国》に変革』することだと言った。同様の主張は、十三年前の旧民主党結党宣言にも書いた。『小さな中央政府・国会と、大きな権限をもった効率的な地方政府による《地方分権・地域主権国家》』を実現し、『そのもとで、市民参加・地域共助型の充実した福祉と、将来にツケを回さない財政・医療・年金制度を両立させていく』のだと」

さらに鳩山は国の役割（国家と政府はイコールではない）、国と地方の関係についてより明確にした。「国の役割を、外交・防衛、財政・金融、資源・エネルギー、環境等に限定し、生活に密着したことは権限、財源、人材を『基礎的自治体』に移譲し、その地域の判断と責任において決断し、実行できる仕組みに変革します。国の補助金は廃止し、地方に自主財源とし一括交付します。すなわち国と地域の関係を現在の実質上下関係から並列の関係、役割分担の関係へと変えていきます。この変革により、国全体の効率を高め、地域の実情に応じたきめの細かい、生活者の立場に立った行政に変革します」

＊深くしみわたった中央集権制

中央集権制のかたい制度とその価値観は国民的にしみわたった。国家官庁は「お上」であり「本省」、自治体は「末端」である。政治家の序列は衆・参国会議員→県都道府→市町村となり縦序列は、人間の品格までこの順番に上、中、下に識別された。

民主集中制は中央集権制の一種だが、日本共産党をみても党首──常任幹部会──幹部会──中央委員会と、都道府県会委員──地区委──支部は長らく食堂も役員と一般党員は違い、死んでも墓まで中央委員会の墓と無名戦士の墓に宮本時代から分かれた。

明治以来、右も左も、大企業・大工場も、官僚制も、大なり小なりこういう縦割り集権制に貫かれてきた。これらの中で「国と地域」をいまの上下関係から、並列関係にし、財源、権限、人材を基礎自治体に移すという。

もとより官僚はじめ抵抗が強く、紆余曲折を経るだろうが、鳩山・小沢コンビの理念とパワーに期待したい。と共に下から市民運動、NPO、心ある議員らの連携と党派を超えた運動が必要である。

＊東アジアの大発展と親米入亜

「ナショナリズムを抑える東アジア共同体

『友愛』が導くもう一つの国家目標は『東アジア共同体』の創造であろう。もちろん、日本安保体制は、今後も日本外交の基軸でありつづけるし、それは紛れもなく重要な日本外交の柱である。同時にわれわれは、アジアに位置する国家としてのアイデンティティを忘れてはならないだろう」

また鳩山は、東アジアの経済力の飛躍的向上を次のように規定する。

「日本が先行し、韓国、台湾、香港が続き、ASEANと中国が果たした高度経済成長の延長線上には、やはり地域的な通貨統合、『アジア共通通貨』の実現を目標としておくべきであり、その背景となる東アジア地域での恒久的な安全保障の枠組みを創出する努力を惜しんではならない。

いまやASEAN、日本、中国（含む香港）、韓国、台湾のGDP合計額は世界の四分の一となり、東アジアの経済的力量と相互依存関係の拡大と深化は、かつてない段階に達しており、この地域には経済圏として必要にして十分な下部構造が形成されている」

鳩山ブレーンの寺島実郎は三井物産ニューヨーク所長として長年働き、アメリカの歴史、経済、現況に最も精通する一人である。彼はかつての脱亜入欧→戦後の脱亜入米にかえて、あえて「親米入亜」の外交をとなえている。一〇年くらい前に小沢―横路間で「常時駐留なき米軍」安保と合意されたといわれてきたが、小沢の今春の「第七艦隊だけでいい」（沖縄や本州の陸に基地はいらない論）もその一環であろう。

ある市民運動家（逗子・横須賀）は、昨年の福田・小沢による「大連立論」は「二〇一〇年に日米安保廃棄で合意した」と本名（篠田健三）で、ある環境雑誌に記している。

沖縄名護のヘリポート撤収論の現実化といい、事態はものすごく大きく変わっている。まさに「第二の明治維新の始まり」である。自民党は新指導部も含めて、これらの理念、政策ともものすごく水をあけられた。平成の友愛革命、とくにこの二大政策と沖縄、またCO2二五％削減等々、「静かなる革命」はすすむ可能性が大きい。

＊友愛革命

順序は逆になったが「私の政治哲学」の冒頭は、「友愛とは」から始まる。

「現代の日本人に好まれている言葉の一つが『愛』だが、これは普通（love）のことだ。そのため、私が『友愛』を語るのを聞いてなんとなく柔軟な印象を受ける人が多いようだ。しかし私の言う『友愛』はこれとは異なる概念である。それはフランス革命のスローガン『自由・平等・博愛』の『博愛＝フラタナティ（fraternity）』のことを指す。

祖父鳩山一郎が、クーデンホフ・カレルギーの著書を翻訳して出版したとき、このフラタナティを博愛ではなくて友愛と訳した。それは柔軟どころか、革命の旗印ともなった戦闘的概念なのである」

「『自由』や『平等』が時代環境とともにその表現と内容を進化させていくように、人間の尊厳を希求する『友愛』もまた時代環境とともに進化していく」

「私にとって『友愛』とは何か。それは政治の方向を見極める羅針盤であり、政策を決定する時の判断基準である。そして、われわれがめざす『自立と共生の時代』を支える精神たるべきものと信じている」

これらの上で「友愛革命」の現代的展開を説く彼は、現代の経済社会の活動として「官」「民」「公」「私」を説き、NPOの大きな役割を位置づけている。友愛革命の視点が私もふくむ左翼に全く欠落したことを感じざるをえなかった。清水慎三は八〇年代に『社会的左翼の可能性――労働運動と住民運動』（新地平社、一九八五年六月）という哲学者花崎皋平との対談集を出したが、最後に「社会的左翼の理論課題――社会主義の接点における」で、「組織と人間」「直接民主主義と間接民主主義」「民族・階級・社会」「政治革命・制度革命・文化革命」「前衛・中衛・後衛」等、一〇項をあげ、その第一は「自由と平等」であった。

〈第二〉自由と平等――その相克と調整

両者はフランス革命が人類に残した永遠の普遍的価値であるが、現実社会で両者が無条件に両立することはほとんどありえないとつとに暗示したのはゲーテであった。事実、社会主義は人間の人間に対する搾取、抑圧の自由を認めないし、経済発展は、制度のいかんを問わず、完全な平等を悪平等として拒否する。それならば、何を基準に両者のバランスをとるのか、社会的左翼といえどもマクロ、ミクロ二つの領域で解答を出さねばならない。筆者の試案は、自由は他人の人権を尊重することによって規制を受け、平等は社会的公正の自主的決定力によって調整を受けるべきだと考えている〉

「博愛」はみたとおり何もない。それは清水だけではなくすべての左翼といっていい。二〇～三〇年前には「自由・平等・博愛」も「人権」もブルジョア革命のスローガンで今はもっとすすんでいる、という意見がまかり通っていた。

鳩山一郎、由紀夫の友愛論は、クーデンホフ・カレルギーに依拠したが、その友愛革命的展開はみごとである。われわれも学ばなくてはならない（中西五洲は期せずしてかなり一致している）。

鳩山・小沢の理念と政策はかなり重なり合う。一方鳩山哲学には、自らの経験に規定されて、労働や企業についてては弱い。それらを総体的にとらえかえしたうえで実践運動上、政治上でどうネットワークするか熟慮すべきである。

【『われらのインター』第二六八号、二〇〇九年一〇月一五日】

【著者略歴】

樋口篤三（ひぐち・とくぞう）

1928年、静岡県沼津市で生まれ育つ。44年、海軍甲種飛行機予科練習生（土浦―厚木）。戦後、横浜高商卒。47年民主革命に参加。48年3月産別・東芝堀川町労組書記局。以後、京浜労働運動、川崎生協、日本共産党専従などの中で、党から二回除名、資本から四回首切り。

1975～86年『季刊労働運動』代表、『労働情報』編集人・全国運営委員長。協同社会研究会共同代表、東久留米市民自治研究センター理事長、キューバ円卓会議共同代表、日本労働ペンクラブ会員、「これからの社会を考える懇談会（コレコン）」、「警察・検察の不法・横暴を許さない連帯運動（連帯運動）」などで活動。

2009年12月26日、永眠（81歳）。

著書に『右翼「労戦統一」反対』（柘植書房、1981年）、『日本労働運動―歴史と教訓』（第三書館、1990年）、『めしと魂と相互扶助』（第三書館、2002年、労働ペンクラブ賞受賞）、『靖国神社に異議あり―「神」となった三人の兄へ』（同時代社、2005年）、『社会運動の仁義・道徳―人間いかに生きるべきか』（同時代社、2008年）

オルグ・労働運動・戦略

樋口篤三遺稿集第2巻

2011年7月15日　　初版第1刷

著　者　　樋口篤三
発行者　　高井　隆
発行所　　株式会社同時代社
　　　　　〒101-0065　東京都千代田区西神田2-7-6
　　　　　電話　03(3261)3149　FAX　03(3261)3237
装幀・制作　有限会社閏月社
印　刷　　モリモト印刷株式会社

ISBN978-4-88683-701-1